公民知识产权法律意识的培育研究

祝建辉　肖周录　著

西北工业大学出版社

【内容简介】 本书坚持理论与实践相结合,从法治教育的视角对我国公民知识产权法律意识的培育进行了系统的研究。按照问题提出、理论分析、历史考察、现状分析、培育规划的思路,本书在提出研究问题之后,深入探讨了公民知识产权法律意识培育的基本理论,以此为指导对我国公民知识产权法律意识的历史和现状进行分析和概括,总结出了历史的启示,并对现状的成因进行了理论剖析。在此基础上,从培育目标与内容、培育途径与方法、培育环境与保障等方面规划和构建了全新的我国公民知识产权法律意识培育体系。

本书可作为法治教育、知识产权专业教师、研究生和研究者的参考书,也可为各级教育机构、政府机关、企事业单位的知识产权工作提供有益借鉴。

图书在版编目(CIP)数据

公民知识产权法律意识的培育研究/祝建辉,肖周录著.—西安:西北工业大学出版社,2014.3

ISBN 978-7-5612-3948-3

Ⅰ.公… Ⅱ.①祝… ②肖… Ⅲ.①知识产权法—法律意识—研究—中国 Ⅳ.①D923.404

中国版本图书馆 CIP 数据核字(2014)第 056294 号

出版发行:西北工业大学出版社
通信地址:西安市友谊西路 127 号 邮编:710072
电　　话:(029)88493844　88491757
网　　址:www.nwpup.com
印　刷　者:兴平市博闻印务有限公司
开　　本:727 mm×960 mm　1/16
印　　张:13.375
字　　数:219 千字
版　　次:2014 年 3 月第 1 版　　2014 年 3 月第 1 次印刷
定　　价:36.00 元

前　言

当前，科学技术迅猛发展，已成为衡量一个国家综合国力的重要指标和推动经济增长的重要力量。据统计，科学技术对一国经济增长的贡献率，在20世纪初约为5％，而在21世纪初的一些发达国家已达到80％～90％。[①]马克思认为，科学技术是"历史的有力的杠杆"，是"一种在历史上起着推动作用的、革命的力量"。[②] 在这种"革命的力量"的推动下，人类正在步入一个新的时代——知识经济时代，未来学上称之为"第三次浪潮"。[③] 与传统的工业经济时代不同，知识经济是建立在知识和信息的生产、分配和使用之上的，知识是比工业经济时代的原材料、机器设备更为重要的经济因素。以技术、信息为主要表现形式的知识财富已成为现代社会最重要的财富类型，拥有知识即意味着拥有财富。多年来，比尔·盖茨取代传统工业经济时代的钢铁大王、石油大王、汽车大王进入世界富豪的前列就是一个明证。要使知识成为知识创造者的财富，必须依靠知识产权法律制度的保障。虽然知识产权法律制度并非在知识经济时代才产生，但在知识经济时代知识产权法律制度的重要地位迅速突显出来。完善的知识产权法律制度是知识经济健康发展的必然要求和可靠保证。

目前，我国科技创新对国民生产总值的贡献率仅为45％，只达到发达国家一半的水平；我国文化产品在国际市场上的占有率不足4％；在国际知名品牌500强中我国品牌仅占3％左右。[④] 这种滞后的发展远远不能适应知识经济时代的要求。因此，我国国民经济和社会发展"十二五"规划纲要中指出，要增强科技创新能力，推进创新型国家建设，实施知识产权战略，加

[①]　吴汉东、胡开忠：《无形财产权制度研究》，北京：法律出版社，2001年版，第1页。

[②]　《马克思恩格斯选集》（第4卷），北京：人民出版社，1995年版，第375页。

[③]　阿尔文·托夫勒：《第三次浪潮》（朱志火等译），北京：新华出版社，1996年版，第3-5页。

[④]　吴汉东：《设计未来：中国发展与知识产权》，载《法律科学（西北政法大学学报）》，2011年第4期，第196-200页。

强知识产权的创造、运用、保护和管理。国务院也颁布了《国家知识产权战略纲要》，党的十八大报告也将建设社会主义文化强国、进入创新型国家行列作为今后一个时期的发展目标之一。这些知识产权方面的战略规划的实施离不开全体公民的积极参与。显然，如果全体公民的知识产权法律素质普遍较低，就不能真正、有效地参与到这些战略规划中去，这些战略规划只能成为一堆泡影。具有较高知识产权法律意识的公民是实现这些战略规划的基础和保证。也就是说，当前形势对我国公民的知识产权法律素质提出了较高的要求。

然而，当前我国公民的知识产权法律素质的状况不容乐观。改革开放以来，虽然我国已经颁布了知识产权法律制度，并为适应现实需要进行了几次修订，但公民的知识产权法律素质却与发展知识经济、实行知识产权战略、建设创新型国家的要求远远不符。现实生活中假冒商标横行，盗版光盘、盗版软件和盗版书籍大行其道，未经许可随意使用他人专利技术，知识分子剽窃他人学术成果的行为越来越多地被揭发出来，知识产权的拥有者不知道如何有效地保护自己的知识产权。当看到电视新闻里打击侵犯知识产权行为时展示的一堆堆盗版、侵权商品时，当看到周围诸多侵犯知识产权的"山寨产品"时，尤其当发现许多人花了数千元乃至上万元去购买电脑，却不愿意购买正版软件时，笔者不禁陷入深思：这些现象背后的深层次原因是什么呢？

从公民法治教育的角度来看，这主要是我国公民的知识产权法律意识较为淡薄造成的。马克思指出："全部人类历史的第一个前提无疑是有生命的个人的存在。……任何历史记载都应当从这些自然基础以及它们在历史进程中由于人们的活动而发生的变更出发。"[1] 同样道理，知识产权法律制度制定出来之后，从执法到守法都是人的意愿和行为。知识产权法律制度要想真正落实下去，就必须通过法治教育在受教育者即公民的心目中生根，必须内化为公民的知识产权法律意识。因为"法律既不是铭刻在大理石上，也不是铭刻在铜表上，而是铭刻在公民们的内心里"[2]。也就是说，法律的实现必须全体公民接受和理解法律，将法律规定内化于自己的社会实践意识中，从而在社会生活中自觉遵守法律规定。正如哈罗德·J. 伯尔曼所言："一种不可能唤起民众对法律不可动摇的忠诚的东西，怎么可能又有能力使民众普遍

---

① 《马克思恩格斯选集》（第 1 卷），北京：人民出版社，1995 年版，第 67 页。

② 卢梭：《社会契约论》（何兆武译），北京：商务印书馆，2003 年第 3 版，第 70 页。

愿意遵从法律?"① 刘旺洪教授也认为:"任何一个民族社会主体的法律意识都是社会法律制度得以产生、运作和发展的必要的精神条件,是法律得以高效益实现的内在精神动力。"② 没有与法律制度相适应的公民法律意识的支持,任何一种法律制度的实现和发展都是不可能的。也就是说,在法律条文之后始终存在一种无形的观念和意识在影响着法律规范的实现。在法治教育中,我们必须重视法律规范背后的法律意识。而我国知识产权法律制度就缺少公民知识产权法律意识的内在支撑。在法律意识缺失的情况下,知识产权法律制度不可能由"纸面上的法"变为公民自觉的"行动中的法"。我们在引进、移植国外的知识产权法律制度后,并不是就万事大吉了,还应该对我国公民进行普遍的、深入系统的知识产权法律意识的培育。

因此,研究我国公民知识产权法律意识的培育问题,是新形势下实现国家知识产权战略和建设创新型国家、提升我国国际竞争力的需要;是全面提升社会主义公民素质、推动社会主义精神文明建设和现代化建设的需要;是整合当前思想政治教育和法治教育内容、实现教育内容创新的需要,具有重要的理论意义和实践意义。本书的目的在于研究我国公民知识产权法律意识的培育问题,为解决当前形势对我国公民知识产权法律意识提出的较高要求与公民实际的知识产权法律意识相对薄弱之间的矛盾、提升我国公民的知识产权法律意识水平提供借鉴和建议。

本书以马克思主义的辩证唯物主义和历史唯物主义为指导,坚持理论与实践相结合,从法治教育的视角,采用文献研究法、系统研究方法、多学科综合的方法、案例分析法等,按照问题提出、理论分析、历史考察、现状分析、培育设计的思路对我国公民知识产权法律意识的培育进行了系统的研究。本书深入研究了公民知识产权法律意识培育的基本理论,厘清了公民知识产权法律意识的概念、基本内涵以及与知识产权法的关系,分析了公民知识产权法律意识培育的概念、基本特征和构成要素,详细阐述了公民知识产权法律意识的形成机理,为本书的研究提供理论指导。然后对我国公民知识产权法律意识的历史和现状进行分析和概括,总结出了历史的启示,并对现状的成因从知识产权自身特性、文化因素、历史因素、经济因素、知识产权法治教育等各个方面进行理论剖析,为本书的培育设计提供历史、现实和理

① 哈罗德·J. 伯尔曼:《法律与宗教》(梁治平译),北京:三联书店,1991 年版,第 43 页。

② 刘旺洪:《法律意识论》,北京:法律出版社,2001 年版,第 3-4 页。

论的依据。最后对我国公民知识产权法律意识的培育从整体上进行设计和规划，包括培育目标与内容的确立、培育途径与方法的完善、培育环境与保障的优化几个方面。

公民知识产权法律意识是全体公民正向知识产权法律意识中的共同性方面，它的形成必须在市场经济条件下使公民具备独立自由和理性精神，并且经过感受、服从、认同、内化过程逐步形成。当不具备或不完全具备形成知识产权法律意识所需要的基础和条件时，往往需要外力的推进，这就对公民知识产权法律意识的培育提出了要求。从性质上看，公民知识产权法律意识培育属公民法治教育的范畴，从根本上更属思想政治教育的范畴。从结构上看，公民知识产权法律意识培育系统由培育主体、培育客体、培育介体、培育环体等要素构成。因此，培育公民知识产权法律意识，要从培育主客体、培育目标、培育内容、培育途径、培育方法、培育环境等方面着手进行。全面把握公民知识产权法律意识培育的规律，不但要深入研究培育的基本理论，还要从分析影响公民知识产权法律意识的因素入手。影响公民知识产权法律意识的因素有多个，结合相关理论及我国的实际，主要涉及知识产权自身特性、传统文化、知识产权法律移植、知识产权市场、知识产权法治教育等因素。根据培育的基本理论和公民与社会发展需要，我国公民知识产权法律意识的培育目标要分基本目标和最终目标两个层次确定。基本目标是培育公民健全的知识产权法律人格，主要是培育公民对知识产权法的认同感、依赖感和责任感；最终目标是培育公民的知识产权法律信仰。相应地，我国公民知识产权法律意识的培育内容应凝练为知识产权认知意识、知识产品商品化意识、知识产权尊重意识、知识产权保护意识和知识创新意识五个方面。公民知识产权法律意识培育是一项长期的社会系统工程，以单个人、单个机构之力在短期内是无法完成的。因此，培育公民的知识产权法律意识，要站在宏观、整体的角度作通盘规划。具体来说，开展我国公民知识产权法律意识的培育工作，要在优化培育环境与保障的条件下，采用多种组合的培育方法，加大对家庭培育的重视程度，进一步改革学校培育，完善社会培育，系统规划，协同各条途径的培育力量，形成培育的合力。

本书力图在以下几个方面有所突破和创新：

第一，研究视角的创新。以往的研究是从理论法学、社会学、心理学等角度研究知识产权法律意识，或者从教育学角度研究知识产权知识教育，很少涉及如何培育公民的知识产权法律意识。即使涉及时也只是简单提到"加强宣传教育"，但对如何"加强宣传教育"没有作进一步的研究。本书从思想政治教育及公民法治教育的视角，始终将公民知识产权法律意识培育问题置于思想政治教育和法治教育的理论框架之中，运用思想政治教育的理论和方法对公民知识产权法律意识培育的理论和实践问题进行了全新而深入的研究。

第二，提出研究全体公民的知识产权法律意识及其培育的观点，拓展了知识产权法律意识培育的研究对象和范围。知识产权法律意识一定是某些主体的法律意识，离不开对特定主体的研究。由于公民的多元化和复杂化，以往研究要么只涉及公民中的某些群体的知识产权法律意识，如科研人员的知识产权法律意识、大学生的知识产权法律意识等；要么只是抽象地探讨"我国"的知识产权法律意识，研究对象不明晰。本书从当前国家知识产权战略、建设创新型国家和社会主义文化强国的新形势出发，认为这些战略和规划的实施和实现不仅仅是某个群体的事情，离不开全体公民的积极参与。因此提出将全体公民作为一个整体看待，要研究全体公民的知识产权法律意识及其培育问题，并且克服研究中的困难，取得了相应的研究成果。

第三，对公民知识产权法律意识及其影响因素的观点和理论创新。本书将公民知识产权法律意识界定为正向的、全体公民知识产权法律意识中的共同性方面，研究了公民知识产权法律意识培育的长期性和系统性，并在此基础上从形成的理论基础、形成条件、形成过程、形成模式等方面构建了公民知识产权法律意识的形成机理。本书从知识产权自身特性的角度分析公民知识产权法律意识的影响因素，认为知识产品的公共物品性、无形性、可复制性，以及知识产权的外延扩展、对创造性劳动的依赖等知识产权的特性使得公民知识产权法律意识的形成受到影响。此外，虽然也有学者从传统文化角度分析公民知识产权法律意识的影响因素，但本书进一步将其概况总结为四个方面，尤其是提出了过度的知识共享观念和不全面的知识价值观这些新观点。

第四，从整体上系统研究和规划了我国公民知识产权法律意识的培育，构建了全新的培育理论体系。相比较于已出版的相关书籍的零星、分散研究，本书在确定公民知识产权法律意识培育的主客体的基础上，从培育目标、培育内容、培育途径、培育方法、培育环境和培育保障等方面全面系统地分析和研究了培育问题，形成了较为完整的培育体系。尤其是根据培育的基本理论和公民与社会发展的需要，首次凝练出了我国公民知识产权法律意识的培育目标、内容和方法。具体来说，本书将我国公民知识产权法律意识的培育体系概括总结为"两大目标、五方面内容、三条途径、五个方法、四种环境、四个保障"。

由于水平所限，书中难免存在疏漏和不妥之处，恳请广大读者批评指正。

著　者

2014 年 1 月

目　　录

第1章 导　　论

知识产权法律制度作为激励科技创新、保护知识创造者的利益、优化资源配置的重要法律制度，日益成为决定一个国家经济发展的关键因素之一。当今世界，几乎所有国家都制定了知识产权法律制度。然而，公民对知识产权法律制度及其现象的态度和观点如何、公民的知识产权法律意识如何、公民知识产权法律意识的提升和培育如何，应引起我们的思考。

1.1　公民知识产权法律意识培育的研究价值

1.1.1　理论价值

在当前形势下，研究我国公民的知识产权法律意识的培育问题是整合当前思想政治教育和法治教育内容、实现教育内容创新的需要。

真正实现思想政治教育和法治教育的目标、充分发挥其功能有赖于科学的思想政治教育和法治教育内容。马克思、恩格斯指出："一切划时代的体系的真正的内容都是由于产生这些体系的那个时期的需要而形成起来的。"[①]思想政治教育的每一项内容的发展，都是特定时代要求的反映和体现。因此，思想政治教育的内容本身就是在实践基础上不断丰富、发展、完善的，这其中离不开创新。思想政治教育内容的创新是思想政治教育保持生机和活力的不竭源泉，是思想政治教育的灵魂。长期以来，我国广大思想政治教育工作者坚持用马克思主义的立场和方法来教育和引导群众，为社会主义事业输送了大批政治合格的劳动者和接班人。但是，当前的形势对我们传统的思想政治教育内容提出了新的要求。一方面，有中国特色社会主义市场经济的发展对传统思想政治教育提出了全新的要求。社会主义市场经济要求所有的社会成员都依法以平等的身份和资格参与社会经济生活，突出了社会成员的公民身份。除传统思想政治教育内容外，市场经济更要求培养具备独立、平等、自由、竞争、创新精神和法律意识的现代公民，进行公民教育、法治教

[①] 《马克思恩格斯全集》（第3卷），北京：人民出版社，1960年版，第544页。

育。另一方面，知识经济、科学技术的快速发展要求我们在公民法治教育中更要突出知识产权法律意识教育。

然而，当前我们的思想政治教育被混同于政治教育，在强调教育内容先进性的原则下，片面重视崇高精神的塑造，忽视公民社会公德等基本素质的培育，出现了思想政治教育泛政治化倾向。[①] 也就是说，传统思想政治教育偏重政治教育，主要是为马克思主义意识形态的灌输和党的路线、方针、政策的宣传服务，其突出导向在于培养政治合格、思想过硬的社会主义事业接班人，有政治化、理想化倾向。应该承认，传统思想政治教育这种定位和导向有其历史必然性，但随着形势的发展这一定位也显示出了明显的局限性，它忽视了作为公民的基本要求。公民教育、公民知识产权法治教育其实一直是需要的，只不过市场经济、知识经济的快速发展更加突出了其重要性，因此公民教育的内容被思想政治教育的内容所遮蔽的局面必须有所改观。对此，有人认为传统思想政治教育应向公民教育转型。[②] 笔者认为，公民教育、公民知识产权法治教育是塑造健全的现代人格、造就合格公民的教育，体现了对公民的普遍性要求；传统思想政治教育张扬了马克思主义的世界观、人生观和价值观，捍卫了我国社会的主流意识形态和价值体系，体现了对公民的先进性要求。这两者都具有重要意义，应该兼顾而不能顾此失彼。因此，用"转型"表述这一思想政治教育内容的创新似乎不恰当，应该用"整合"来表述。同时，由于我国现阶段比较特殊的历史、文化和政治渊源，在实践上也不可能完全实现这种转型，但实现思想政治教育与公民教育一定程度的整合，还是有可能的。具体来说，思想政治教育已经形成了完整而成熟的体系，并拥有强大的教育资源和手段，应该在现有思想政治教育框架内整合公民教育及公民知识产权法律意识教育的相关内容。

党的十七大报告强调"加强公民意识教育，树立社会主义民主法治、自由平等、公平正义理念"。把"加强公民意识教育"写入党的代表大会的报告，并从战略高度予以强调，这还是第一次，表明了党和国家对公民意识教育的重视。而公民意识包括公民的法律意识，自然也包括公民知识产权法律意识。党的十八大报告也将建设社会主义文化强国、进入创新型国家行列作为今后一个时期的发展目标之一，也对公民知识产权法律意识提出了要求。

① 张耀灿等：《思想政治教育学前沿》，北京：人民出版社，2006年版，第241页。

② 孔静：《重塑公民教育——论高校传统思想政治教育向公民教育的转型》，硕士学位论文，广西师范大学，2003年。

这说明增强公民意识、公民知识产权法律意识不局限于理论界的关注，已经变成党和国家的意志，是党和国家对我们思想政治教育的新要求。因此，将公民教育尤其是公民的知识产权法律意识教育纳入思想政治教育的内容体系，对适应当前形势进行思想政治教育内容整合、创新具有重要意义。

1.1.2　实践价值

在当前形势下，研究我国公民知识产权法律意识的培育问题也具有重要的实践价值。

一是新形势下全面提升社会主义公民素质、推动社会主义精神文明建设和现代化建设的需要。

社会主义精神文明建设的对象是人，任务是提高人的素质。精神文明建设对社会进步和发展的促进作用，归根到底表现为人的素质的提高。社会主义精神文明建设的根本任务是培育有理想、有道德、有文化、有纪律的社会主义公民，提高全民族的思想道德素质和科学文化素质。可见，精神文明建设不但对公民素质提出了要求，而且所要求的公民素质应该是包括思想、道德、科学、文化等各方面的全面的素质。也就是马克思所认为的"人以一种全面的方式，也就是说，作为一个完整的人，占有自己的全面的本质"①。

在这些对公民的全面素质要求中，当前需要突出提升的是公民的知识产权法律素质与意识。社会主义精神文明为社会主义现代化建设提供精神动力和智力支持。我们现在正在进行的社会主义现代化建设有着丰富的内涵，包括了政治、经济、文化、科技等各个方面的现代化，但人的现代化贯穿并影响着整个现代化的始终。以研究现代化著称的学者阿列克斯·英格尔斯认为："一个国家，只有当它的人民是现代人，它的国民从心理和行为上都转变为现代的人格，它的现代政治、经济和文化管理中的工作人员都获得了某种与现代化发展相适应的现代性，这样的国家才可真正称之为现代化的国家。否则，高速稳定的经济发展和有效的管理，都不会得以实现。即使经济已经开始起飞，也不会持续长久。"② 所谓人的现代化，是适应实践发展需要的人的素质的现代化；不仅是人的知识的现代化，更是人的心理、态度、观念的现代化。马克思认为，在改造世界的物质生产活动中，"生产者也改

① 《马克思恩格斯全集》（第 42 卷），北京：人民出版社，1979 年版，第 123 页。
② 阿列克斯·英格尔斯：《从传统人到现代——六个发展中国家中的个人变化》（顾昕译），北京：中国人民大学出版社，1992 年版，第 131 页。

变着，炼出新的品质，通过生产而发展和改造着自身，造成新的力量和新的观念"。① 人作为现代化的实施者，必须具有现代化的素质和现代化的观念，否则就不可能参与现代化的活动，从而全面实现现代化。在当前社会主义市场经济继续向纵深发展、科学技术被视为第一生产力、知识经济蓬勃发展的形势下，现代化的素质与观念中最需要突出提升的是知识产权法律观念与意识。一方面，市场经济是竞争经济，它要求所有的市场主体都要参与竞争。而要在竞争中获胜，就必须不断创新。为了鼓励创新、规范创新行为和保护创新的成果不受侵犯，就必须制定知识产权法律制度。另一方面，知识经济要求知识作为商品被生产、交易、使用，市场经济环境使这种知识的商品化成为可能，而要真正实现知识的商品化必须具备知识产权法律制度。因为不同于有形物商品，无形的知识产品要作为商品被交易、使用，就必须被他人了解其内容。而知识一旦公开就无法被原生产者所控制、垄断。这样他人就可以随意使用和消费知识产品，使知识的生产者无法得到回报，从而挫伤知识生产者的积极性，使他们不愿再生产知识产品。而知识产权法律制度通过授予知识生产者在一定期限内对知识产品的独占和垄断解决了这个问题。因此，如果说农业经济时代的核心是土地所有权，工业经济时代的核心是资本所有权，那么知识经济时代的核心则是知识产权。知识产权法律制度的完善程度、知识产权保护的水平是反映和衡量知识经济发展水平的重要标尺。② 但是，由于受传统文化、经济条件等各方面因素的影响，当前我国公民的知识产权法律意识还是很薄弱，随意侵犯他人知识产权的现象很普遍，知识产权法律制度在现实中不能很好地得到落实。知识产权法律意识是当前公民素质中最为欠缺的部分。因此，要全面提升公民素质、使精神文明获得快速发展并为现代化建设做好精神动力和智力支持，就必须大力培育和提高全体公民的知识产权法律意识。

二是实现国家知识产权战略和建设创新型国家、提升我国国际竞争力的需要。

在当前经济全球化、知识经济飞速发展的环境下，要实现中华民族的伟大复兴与和平崛起，就必须努力提升我国的国际竞争力。为此，我国做出了许多宏观规划，其中尤其部署了两大战略：一是国家知识产权战略，二是创

---

① 《马克思恩格斯全集》（第 46 卷上册），北京：人民出版社，1979 年版，第 494 页。

② 李京文、李富强：《知识经济概论》，北京：社会科学文献出版社，1999 年版，第 149 页。

新型国家战略。

知识产权是当前国家发展和竞争的重要手段，是关系一国核心竞争能力培育和国民经济长远发展的关键。为此，美、日、欧、韩等国家先后制定了本国的知识产权战略，并把其作为振兴本国经济、增强其国际竞争力的战略措施。在我国，2008 年 6 月 5 日，国务院颁布了《国家知识产权战略纲要》（以下简称《纲要》）。《纲要》在序言中明确指出，当今世界，随着知识经济和经济全球化深入发展，知识产权日益成为国家发展的战略性资源和国际竞争力的核心要素，成为建设创新型国家的重要支撑和掌握发展主动权的关键。《纲要》确定了近期目标和远期目标，近期目标其中之一是全社会，特别是市场主体的知识产权意识普遍提高。《纲要》还指出，战略重点之一是加强知识产权宣传，提高全社会知识产权意识。可见，培育公民的知识产权法律意识不仅仅是公民的个人问题，其重要性已经上升到国家发展战略的高度，已经关系到国家前途和民族未来。因为要想实现国家知识产权战略，就需要各地区、各行业、各部门采取措施去落实，更需要广大公民的参与和支持，而这对公民的知识产权法律意识提出了较高的要求。这就要求我们采取多种途径与方法，开展多种多样的知识产权普及教育，从而大力提高公民的知识产权法律意识。

创新是知识经济的灵魂，是社会进步的动力。在知识经济条件下，在知识创新上占据主导地位就能在国际竞争中占据优势。为提高我国科技创新能力，2005 年 12 月 30 日，国务院发布了《国家中长期科学和技术发展规划纲要（2006—2020）》，明确提出了未来 15 年内我国科学技术发展的目标为增强自主创新能力，建设创新型国家。2006 年 1 月举行的全国科技大会上进一步明确提出了至 2020 年把我国建设成为创新型国家的战略目标。在随后的我国国民经济和社会发展"十一五"和"十二五"规划纲要中，都提出建设和推进创新型国家的战略目标，把提高自主创新能力作为调整经济结构、转变增长方式、提高国家竞争力的中心环节，把建设创新型国家作为面向未来的重大战略选择。激励人们积极从事创新活动是创新型国家建设的重要任务。而创新是做前人未曾做的事情，在探索中有失败的可能，具有较大风险，因此必须有优厚的回报和完善的保护才能激励人们进行创新。在公民中培育知识产权法律意识，使他们认识到在一定期限内独占创新成果可以取得比投入更大的回报，也可以得到他人对创新成果的尊重和保护，这就能激励更多的人去创新，形成良性循环。否则，若全体公民的知识产权法律意识淡薄，就不会去重视和尊重知识产权，也就不能对创新成果进行完善的保护和转化，建设创新型国家也就无从谈起。同时，还必须注意，建设创新型国家不能仅仅依靠少数科研人员和文艺创作者，千千万万的具有较高知识产权法律意识和知识素养的公民更是把创新成果转化为现实生产力的主力军。因此，培育公民的知识产权法律意识是建设创新型国家的基础性环节和重要保障。

1.2 公民知识产权法律意识培育的相关研究

要对我国公民知识产权法律意识的培育展开研究，必须了解当前学术界对这一问题研究到什么程度以及都有哪些可供借鉴的理论资源。综合现有的相关文献资料，学术界对这一问题的研究可概括为两个方面：一是对知识产权法律意识的研究，二是对公民知识产权法律意识培育的研究。

1.2.1 知识产权法律意识的相关研究

从 20 世纪 90 年代开始就有学者关注知识产权法律意识问题，并有少量研究成果，近 10 年才出现较为集中的研究。总体来看，学界对知识产权法律意识的研究主要涉及知识产权法律意识的概念与内容、知识产权法律意识的历史文化分析、我国公民的知识产权法律意识状况的实证研究等方面。除此之外，国内外关于法律意识的研究已经较为成熟，这对知识产权法律意识的研究具有借鉴意义。

1. 知识产权法律意识的概念与内容的研究

对知识产权法律意识的研究，首先面临的问题就是知识产权法律意识的概念和内容。邓超认为，知识产权法律意识体现的是社会主体对法和法律现象的主观心理感受和认知把握状况，是人们对法的情感、意志和信念等各种心理要素的有机综合体，具体包括知识产权取得、使用、保护、管理等意识。[①] 由于"知识产权"本身就是一个法律概念，因此有些学者用"知识产权意识"这一称谓来表示"知识产权法律意识"，并对其展开了初步研究。如何华认为，从总体上看知识产权意识是一种权利保护意识，它属于法律意识的下位概念，从经济学角度来看是一种重要的非正式制度。[②] 郑亮认为，

---

① 邓超：《大学生知识产权法律意识研究》，硕士学位论文，西南交通大学，2009 年。
② 何华：《知识产权意识的制度经济学分析》，载《中南财经政法大学学报》，2007年第 6 期，第 27 - 30 页。

知识产权意识是社会意识的一种特殊形式，是一定的公民对知识产权和知识产权现象的主观把握方式，是社会主体对知识产权的认识、意志和情感的总和。知识产权意识不仅包括知识产权法律保护意识，还包括诚信意识、责任意识、创新意识、世界观、人生观、价值观等。① 刘军认为，知识产权意识应包括遵守知识价值意识，珍惜自己和尊重他人脑力劳动成果的诚信和责任意识，增强国际一体化知识产权方面的法律保护意识，与时俱进、不断创新的意识。② 而有些学者则对"知识产权法律意识"和"知识产权意识"作了区分，认为知识产权意识的外延比知识产权法律意识要广，知识产权意识包括知识产权创造、管理、保护的意识，而不仅仅指知识产权保护的法律意识。这些研究对本文的研究仍然具有重要的借鉴意义。如黄勤南认为，知识产权意识是商品意识、竞争意识、发明意识、创新意识、效益意识和法律意识的总和。③ 何焕锋认为，在当前我国公民中培育的知识产权意识包括知识产权战略意识、创新意识、创造意识、运用意识、管理意识和保护意识。④ 可见，对知识产权法律意识的基本概念和内容，人们还有不同的看法。

2. 从历史文化的角度对知识产权法律意识的研究

有些学者从历史文化的角度对知识产权法律意识的起源、发展及其原因进行了研究。吴汉东经过研究认为，我国早在春秋战国时期就有了朦胧的著作权法律意识，这主要表现在作品的署名权意识和作者身份权意识，但这种意识也仅局限于精神领域而未涉及经济内容。印刷术的发明催生了著作权意识中的经济内容，但宋时"已申上司，不许覆板"的保护措施主要保护的是出版者的利益，作者的利益仅受到间接保护，而且这种保护是具有特许权性质的个别保护，完整的著作权法律意识并未形成。⑤ 对此，美国学者William P. Alford 进行了更加深入的研究，他认为中国古代对出版者利益的零星、个案保护是政府出版审查制度的副产品，其目的是为了帝国对思想传

---

① 郑亮：《论高校大学生知识产权意识的培养》，载《科教导刊》，2011 年第 7 期，第 40 - 41 页。

② 刘军：《大学生知识产权意识及其培养途径研究》，硕士学位论文，东北师范大学，2007 年。

③ 黄勤南：《论提高知识产权意识和完善知识产权法律制度的几个问题》，载《政法论坛》（中国政法大学学报），1992 年第 5 期，第 52 - 57 页。

④ 何焕锋：《我国社会应培育的知识产权意识》，载《法制与社会》，2008 年第 12 期，第 216 页。

⑤ 吴汉东：《关于中国著作权法观念的历史思考》，载《法商研究——中南政法学院学报》，1995 年第 3 期，第 44 - 49 页。

播的控制、维护皇权，并没有自发形成现代意义上的知识产权法律意识。①
Charles R. Stone 进一步认为，在中国文化及其教育体制下人们非常重视引
经据典，只有在自己的著作中大量逐字引用儒家经典才被认为得到成功的教
育。由于所有受过教育的读者都知道引文的来源，因而在引用过程中并不标
注，知识产权没有受到应有的重视，人们的知识产权意识较为淡薄。② 杨屹
东认为，中国古代确实存在一定程度的著作权意识，但并没有形成系统的著
作权体系，造成这种情况的原因主要有儒家学说的影响、出版技术进步缓
慢、中西文化的差异和作者地位低下等。③ 杨利华则认为造成这种情况的原
因主要在于中国长期自给自足的自然经济、封建统治者的思想控制、传统的
思想文化和权利意识，并且中国近现代著作权意识和制度是在西方著作权制
度的影响下产生的。④ 李雨峰认为，中国近代对著作权的保护重点放在立法
上，而忽略了对中国民众知识产权法律意识的培养，这种情况甚至在中华民
国建立之后的很长一段时间内都没有得到改变。⑤ 总之，在这一领域虽然有
一些研究成果，但对我国古代民众知识产权法律意识的认识还不够全面，分
析也不够深入。再者，更多的研究集中于著作权领域，对商标权和专利权法
律意识的历史文化考察研究还比较薄弱。

3. 对我国公民的知识产权法律意识状况的实证研究

还有些学者从现实角度对我国公民的知识产权法律意识状况进行了实证
研究，这为我们进一步研究公民知识产权法律意识提供了较为翔实的资料。
如刘华和周莹对社会公众的创新意识、知识产权认知程度及相关规则意识等
方面调研分析后认为，应加强知识产权文化建设，实施疏导性、系统化的战
略措施，并着力于建立多元化的创新激励平台。⑥ 赵国玲和王海涛调查了社

---

① William P. Alford. *To Steal a Book is an Elegant Offense*: *Intellectual Property Law in Chinese Civilization*. Stanford: Stanford University Press, 1995. pp13 - 26.

② Charles R. Stone. "What Plagiarism Was Not: Some Preliminary Observations on Classical Chinese Attitudes Toward What the West Calls Intellectual Property". *Marquette Law Review*, Fall 2008, pp229 - 230.

③ 杨屹东：《中国古代版权意识与现代版权制度辨析》，载《图书馆学研究》，2006年第 1 期，第 100 - 101 页。

④ 杨利华：《中国古代著作权保护及其成果探析》，载《金陵法律评论》，2004 年秋季卷，第 38 - 48 页。

⑤ 李雨峰：《思想控制与权利保护》，博士学位论文，西南政法大学，2003 年。

⑥ 刘华、周莹：《我国社会公众知识产权意识现状调查分析及对策研究》，载《中国软科学》，2006 年第 10 期，第 103 - 111 页。

会公众对知识产权的认知状况和购买侵权产品状况，认为应适当节制知识产权宣传费用的支出，把重心转向为公众提供合法的满足自己利益的选择，并加大立法和执法力度，提高侵权产品的生产流通成本，以降低其竞争力。[①]赵桂芬和安福元调查和分析了公众对知识产权的了解、尊重、保护及依法维护等意识，结果显示公众对知识产权处于比较模糊的认知状态，对他人知识产权的尊重意识处于较低水平，虽然认识到保护知识产权的重要性，但只有和自身有关的权利才能引起较多关注。[②]

4. 国内外关于法律意识的研究

总体来看，关于知识产权法律意识的研究还不够深入，但国内外关于法律意识的研究已经有十分系统和成熟的研究成果，这将对本书开展研究具有重要的借鉴作用。我国学术界对法律意识的研究最初受苏联学者的影响较大，改革开放后逐渐出现一些新的理论和观点。李步云教授研究了法律意识与法的关系，他认为法属于社会存在的范畴，法律意识是法的反映和法的意识形式，应当先有法，后有法律意识，法律意识决定于法，法是法律意识的本原。[③] 黄稻教授从法律意识与法治意识、公民意识关系的角度研究了法律意识，认为法律意识是人们对于法律、法制及其现象的感觉、心理、认识、知识、理想、信念、态度、评价、主张和要求等，社会主义法治意识、公民意识同属社会主义法律意识的组成部分；社会主义法律、法制及其社会现象是法律意识、法治意识和公民意识共同指向的意识客体，它们之间有内在联系。同时，法治意识、公民意识是法律意识的不同表现形态：法治意识是法律意识的宏观表现形态，公民意识是法律意识的微观表现形态。[④] 刘旺洪教授在总结前人研究成果的基础上，对法律意识进行了系统而深入的研究，认为法律意识是社会主体对社会法的现象的主观把握方式，受多方面的社会文化和法律因素的影响，其中最根本的决定性因素是社会物质生活条件。他还分析了法律意识的结构、功能和社会基础，并对法律意识现代化问题进行了全面的分析和探讨。[⑤]

[①] 赵国玲、王海涛：《公众知识产权意识对知识产权被害控制意识之评估》，载《电子知识产权》，2007 年第 2 期，第 20－26 页。

[②] 赵桂芬、安福元：《我国当前知识产权保护意识现状的实证调查与分析》，载《西北大学学报（哲学社会科学版）》，2008 年第 3 期，第 143－149 页。

[③] 李步云：《法律意识的本原》，载《中国法学》，1992 年第 6 期，第 52－55 页。

[④] 黄稻：《社会主义法治意识》，北京：人民出版社，1995 年版，第 346－350 页。

[⑤] 刘旺洪：《法律意识论》，北京：法律出版社，2001 年版，第 49－153 页。

在西方学者看来，法律的实现程度取决于公众对法律的认知程度和态度，因此他们比较重视对法律意识的研究，但他们一般不对法律意识的内涵和外延进行界定，甚至很少使用"法律意识"这一概念。权威的英文法律词典《牛津法律大辞典》里至今没有"法律意识"的英文词条就说明了这一点。西方学者一般是从法律意识研究范围中的某一方面对法律意识进行研究，这些方面主要有法律文化、法律信仰、法律感情、法律价值、法律理想等。如劳伦斯·M.弗里德曼认为法律文化是指公众对法律制度的了解、态度和举动模式。虽然这种态度和模式各人有所不同，但可以分析一个国家或集团的法律文化。他还分析了法律专业人员这种集团的法律文化，并重点分析了英国和美国的法律文化。① 哈罗德·J.伯尔曼对法律信仰进行了研究，他认为"法律必须被信仰，否则它将形同虚设。它不仅包含有人的理性和意志，而且还包含了他的感情、他的直觉和献身，以及他的信仰"。"正如心理学研究现在已经证明的那样，确保遵从规则的因素如信任、公正、可靠性和归属感，远较强制力更为重要。法律只在受到信任，并且因而并不要求强力制裁的时候，才是有效的；依法统治者无须处处仰赖警察。……总之，真正能阻止犯罪的乃是守法的传统。这种传统又植根于一种深切而热烈的信念之中，那就是，法律不仅是世俗政策的工具，而且还是生活终极目的和意义的一部分。"② 鲁道夫·冯·耶林研究了法律感情，他认为"把所有的权利的心理源泉叫作法感情的称谓是正确无误的。所谓法意识、法信仰是与民众毫不相干的学术抽象物——法的力量完全与恋爱的力量一样，在于感情之中。智慧和见识不能成为有欠缺的感情的填补物。……法感情也一样在未被伤害的状态下，是一般不会意识到其为何物或其中蕴藏何物"。③ 可见，耶林其实将法律意识归结为非理性的心理和感情现象。

综上所述，学术界对知识产权法律意识的研究还处于起步阶段，研究基础还比较薄弱，存在较大的进一步研究的空间。这主要表现在：第一，研究不够深入，研究成果不多。如对知识产权法律意识的基本概念及其包括哪些内容，还有较多分歧。到现在为止，还没有形成一部专门研究知识产权法律

---

① 劳伦斯·M.弗里德曼：《法律制度——从社会科学角度观察》（李琼英、林欣译），北京：中国政法大学出版社，1994年版，第226-248页。

② 哈罗德·J.伯尔曼：《法律与宗教》（梁治平译），北京：三联书店，1991年版，第28、43页。

③ 鲁道夫·冯·耶林：《为权利而斗争》（胡宝海译），北京：中国法制出版社，2004年版，第45页。

意识的学术专著，只有少量的论文。第二，研究内容不够系统。虽然对法律意识已经有比较系统的研究，但对知识产权法律意识还只是一些零星、分散的研究，缺乏对知识产权法律意识形成的理论基础、形成条件、形成过程、形成模式及其现状的成因进行系统的分析和探讨。第三，现有研究大多不是从思想政治教育乃至公民法治教育的角度研究知识产权法律意识的，而是从理论法学、法社会学、心理学等角度研究的。知识产权法律意识一定是某些主体的法律意识，离不开对特定主体的研究。将知识产权法律意识置于公民法治教育的理论架构中，研究公民的知识产权法律意识具有重要意义。由于研究视角不明晰，有些研究甚至抽象和笼统地探讨"我国"的知识产权法律意识。

1.2.2　公民知识产权法律意识培育的相关研究

通过系统分析相关文献资料可以发现，当前学界直接针对公民知识产权法律意识培育问题进行研究的成果较少，大多研究集中于公民知识产权（普及）教育。但在公民知识产权（普及）教育的研究成果中也零星涉及公民知识产权法律意识培育问题，可将其概括总结为三个方面：关于我国公民知识产权法律意识培育中存在问题的分析、对国外培育公民知识产权法律意识的经验借鉴、关于如何培育我国公民知识产权法律意识的研究。

1. 对我国公民知识产权法律意识培育中存在问题的分析

有些学者对我国公民知识产权法律意识培育中存在的问题进行了分析。郭玉琼认为，知识产权教育的对象应为全体公民，应把知识产权教育理解为对公民知识产权意识的教育。在教育中存在的主要问题有重视不够，教育的内容不够全面、深入，学校教育仍有缺陷，知识产权保护的宣传教育工作滞后等。[①] 吴华英和沈蓉认为，知识产权教育包括了观念层面的知识产权意识的培养，目前我国并未形成学前、初等、中等和高等全方位的知识产权教育体系。存在的问题是社会和学校不重视，教师专业素养有待提高、教学方法单一，过于偏重法学知识层面的理论教育等。[②] 由于认为知识产权的专业性较强，中小学阶段较难掌握，更多学者的研究集中于高校在知识产权法律意识培育中存在的问题。如李辉生认为，全社会知识产权法律意识的提高离不

---

① 郭玉琼：《我国知识产权教育的现状及对策思考》，载《广西青年干部学院学报》，2008 年第 4 期，第 62－63 页。
② 吴华英、沈蓉：《专利跨越式发展与知识产权教育战略的调整》，载《中国冶金教育》，2009 年第 5 期，第 13－14 页。

开高校知识产权普及教育，而高校的普及范围还有待拓宽，普及内容不全面、教育效果不理想，并将知识产权普及教育简单归属于法学教育。[①] 李恒川等认为，高校师生的知识产权法律意识淡薄的主要原因是知识产权普及教育的滞后，而知识产权普及教育中存在的问题主要有知识产权师资力量匮乏、知识产权课程设计与教学方法不合理、对知识产权教育重视程度不够。[②] 李晓秋等指出了高校知识产权教育应是国民素质教育的观念未能深入人心，知识产权的大众化工作未被重视这一突出问题。[③] 康利认为高校知识产权教育应包括知识产权法律意识教育，除了指出高校知识产权教育在普及范围、领导和管理人员在认识上的误区以及师资等方面的问题外，还指出只注重知识产权知识的简单传授，忽视人格培养这一教育理念上的问题。[④] 总体来看，虽然学者们对我国公民知识产权法律意识培育中存在的问题进行了探讨和分析，但对造成这些问题的原因分析不够深入，还需进一步研究。

2. 对国外培育公民知识产权法律意识的经验总结

有些学者对国外培育公民知识产权法律意识的经验进行了总结，这主要体现在对美、德、日、韩等知识产权强国和知识产权教育比较发达的国家的学习和借鉴上。金明浩分析总结了美国对公民的知识产权法律意识培育的成功经验，认为美国将保护知识产权的意识教育纳入国民系列教育之中，十分注重对大众自幼开始开展尊重知识产权的自主性教育活动，并通过竞争表彰制度来激发公民的创造能力与兴趣，同时大力建设知识产权相关教育基地，使得知识产权普及教育活动得以持续进行。[⑤] 秦彩萍等认为美国非常重视知识产权的普及教育，表现在中小学生要接受知识产权的启蒙教育，大学均开设"知识产权教育"课程，使学生掌握包括法律在内的社会科学常识，运用

---

① 李辉生：《国家创新战略与高校知识产权教育》，载《中国高等教育》，2006 年第 18 期，第 46 - 47 页。

② 李恒川、王淑梅、王桂平：《浅谈高校知识产权普及教育》，载《科技管理研究》，2010 年第 20 期，第 165 - 166 页。

③ 李晓秋、宋宗宇、李虹秀：《国家知识产权战略背景下的高校知识产权教育改革》，载《重庆工学院学报》，2006 年第 7 期，第 164 - 165 页。

④ 康利：《21 世纪我国高校知识产权教育研究》，硕士学位论文，大连理工大学，2005 年。

⑤ 金明浩：《国外知识产权普及教育的做法及其启示》，载《企业技术开发》，2010 年第 3 期，第 107 - 108 页。

知识和科学的思维方式解决个人与社会问题。[①] 叶美霞等总结了德国知识产权教育的经验，指出德国尤其重视企业对员工知识产权意识的培育，应加强企业知识产权的对外合作与交流，建立良好的知识产权信息渠道，全面提高员工的知识产权意识。[②] 林炳辉研究了日本对公民知识产权法律意识的培育，认为日本采取的是政府、学校、社团和企业结合运作的模式，教育是主要手段。在教育方面的努力主要涉及文部科学省、经济产业省和特许厅三个部门，尤其是特许厅在培育公民知识产权法律意识方面起到了主导作用。[③] 刘鸿锋等进一步研究了日本的知识产权教育体系，认为日本推行的较为完善的三层次教育体系值得我们借鉴，即针对中小学生的知识产权启蒙教育、针对大学生和研究生的知识产权普及教育、针对一般国民的知识产权普及教育。[④] 王珍愚和单晓光认为韩国对公民知识产权法律意识培育方面的突出特点是重视专利意识的培育。韩国特别注重培养学生及全社会的发明意识，在全社会范围内鼓励发明创造，确定"发明日"并强调创新和知识经济的重要性。韩国许多大学还将获得优秀发明奖的高中学生直接保送升入大学，并成立国际知识产权学院，创立国家发明教育中心，为大规模地培养发明创新人才和普及知识产权意识奠定了基础。[⑤] 西方学者除总结西方国家的公民知识产权法律意识教育经验外，还对教育中的不足之处进行了分析。如 Monisha Deka 认为，美国近年来通过制定关于威慑盗版的教育法案、互联网用户教育方案等，使公民的知识产权普及教育规范化，但教育的重点在于针对知识产品的消费者，而忽略了针对知识产权的权利人和创造者的教育。英国的公民知识产权普及教育也存在类似不足之处。[⑥]

3. 对如何培育我国公民的知识产权法律意识的研究

① 秦彩萍、苏春辉、王娟等：《美日知识产权教育的经验及对中国的启示》，载《吉林工程技术师范学院学报（社会科学版）》，2006 年第 10 期，第 31 - 32 页。

② 叶美霞、曾培芳、李羊城：《德国知识产权人才培养模式研究及其对我国的启示》，载《科学管理研究》，2008 年第 5 期，第 83 - 85 页。

③ 刘炳辉：《知识产权文化读本》，北京：知识产权出版社，2008 年版，第 103 - 104 页。

④ 刘鸿锋、李应宁、乔军等：《中国知识产权高等教育论》，北京：知识产权出版社，2010 年版，第 17 - 18 页。

⑤ 王珍愚、单晓光：《略论中国大学知识产权教育的发展与完善》，载《法学评论》，2009 年第 4 期，第 120 - 121 页。

⑥ Monisha Deka. "Pre-professional Intellectual Property Education". *Intellectual Property Law Review*, 2005, pp152 - 158.

关于如何培育我国公民的知识产权法律意识的研究，也存在高等教育阶段进行还是多个教育阶段进行的不同看法。大多数学者将研究重点放在高等教育阶段，如朱玛认为，高校应通过价值导向功能促进全社会知识产权意识的提高，而在知识产权及其意识教育过程中要将知识产权教育与创新教育、素质教育、法治教育等其他类型教育相结合，并通过多种渠道，采取多种方法进行，尤其要因专业施教。[①] 林霖等提出了"知识、意识、能力、行为"四位一体的高校知识产权教育模式，强调多元化的教学目标设立，认为知识产权意识的培养要取得效果，就应与知识产权知识灌输、能力提升、行为矫正结合起来进行。[②] 郭秋梅等认为，高校知识产权教育应包括高校教师和学生的知识产权保护意识的培育，而建立完善的高校知识产权教育制度与体系、结合素质教育进行、加强知识产权师资队伍及教材建设是培育过程中要重点贯彻的几点。[③] 对于知识产权师资队伍建设问题，台新民提出要借助校企合作，打造专兼结合的知识产权师资队伍。[④] 有些学者在研究高校培育知识产权法律意识的同时，对高校之外的其他因素也适当进行了考虑。如罗青兰等认为，国家与地方政府要重视和大力扶持高校知识产权教育，来提高知识产权意识，要出台并完善与知识产权保护相关的法规与制度，并发挥新闻媒体的宣传与舆论导向作用，将知识产权教育融入各学科当中进行。[⑤] 但有些学者直接研究了在多个教育阶段如何培育公民的知识产权法律意识。如刘华认为，由于知识产权侵权人学历层次多元化和知识产权意识养成的周期性和持续性等原因，仅仅依赖高等教育阶段的知识产权教育不能满足社会对公众知识产权意识的需求，科学的知识产权教育模式应该是贯穿于多个教育层次。[⑥] 陈美章进一步提出了小学的知识产权启蒙教育、中学的知识产权基础

---

① 朱玛：《国家知识产权战略与高校知识产权教育》，载《教育评论》，2010 年第 3 期，第 20 - 21 页。

② 林霖、张英杰、胡允银：《"知识、意识、能力、行为"四位一体的知识产权高等教育模式研究》，载《科技管理研究》，2010 年第 13 期，第 148 - 149 页。

③ 郭秋梅、杨晓研、牛广召：《高校知识产权教育状况调查分析与对策研究》，载《西安建筑科技大学学报（社会科学版）》，2009 年第 3 期，第 68 - 70 页。

④ 台新民：《校企合作：高职院校开展知识产权普及教育的路径探析》，载《教育理论与实践》，2011 年第 7 期，第 19 - 20 页。

⑤ 罗青兰、苏春辉、秦彩萍：《高校知识产权教育的现状与对策研究》，载《情报科学》，2007 年第 8 期，第 1169 - 1170 页。

⑥ 刘华：《对我国知识产权教育问题的探讨》，载王立民、黄武双：《知识产权法研究》（第 3 卷），北京：北京大学出版社，2006 年版，第 237 - 239 页。

教育和大学的知识产权普及教育的培育体系。① 杜荣霞和刘冰也认为要在全社会培育知识产权法律意识，而针对知识产权侵权较为普遍的现状，关键是要树立尊重知识产权、崇尚创新、诚信守法的知识产权文化氛围，同时应通过经济杠杆、完善知识产权法律制度并严格执法来培育公民的知识产权法律意识。② 总之，对中小学阶段培育公民知识产权法律意识的研究还是较少的。此外，除通过学校教育培育公民的知识产权法律意识外，家庭和社会也应该有所作为，但针对这两方面的研究成果也不多。

综上所述，虽然学术界已经意识到了培育公民知识产权法律意识的重要性，并进行了一些初步探讨，但现有的研究还是比较薄弱的，还存在许多不足和有待进一步研究之处。这主要表现在以下几方面：第一，有针对性的研究较少。现有研究大多是从整体角度研究公民知识产权教育的，只是在研究知识产权教育过程中零星涉及公民知识产权法律意识的培育，专门研究公民知识产权法律意识培育的较少。第二，现有研究大多关注了学校对公民知识产权法律意识的培育，而忽略了家庭和社会的培育，研究不够全面。家庭和社会如何规范化地培育公民知识产权法律意识，值得我们进一步去研究。即使在学校培育方面，现有研究也将重点放在了高等教育上，对中小学培育公民知识产权法律意识的关注较少。第三，对公民知识产权法律意识培育的理论层面研究较为薄弱，现有研究大多集中于培育的实践操作层面的分析。公民知识产权法律意识培育的概念、特征、构成要素，以及公民知识产权法律意识的形成机理等这些理论层面的问题如不做深入研究，实践操作层面的研究就缺乏指导，难以深入。第四，缺乏对公民知识产权法律意识培育的整体设计。培育公民的知识产权法律意识，必然要涉及培育主体要具备什么条件、我们的目标是培育什么样的公民、向公民宣扬的知识产权法律意识具体包括哪些意识、通过哪些途径和方法来培育、需要哪些保障条件和什么样的环境来培育等问题，但现有文献对此仅属于点的研究，面上的研究较少。也就是说，学术界目前还缺乏从整体上对公民知识产权法律意识的培育主客体、培育目标、培育内容、培育途径、培育方法以及培育的环境和保障体系等问题进行系统全面的分析和研究，从而形成较为完善的体系。

---

① 陈美章：《中国高校知识产权教育和人才培养的思考》，载《知识产权》，2006年第 1 期，第 5 - 9 页。
② 杜荣霞、刘冰：《从群体性侵权透视知识产权文化意识的培植》，载《河北法学》，2010 年第 6 期，第 162 - 164 页。

1.3　研究思路与主要内容

本书的研究沿着问题提出、理论分析、历史考察、现状分析、培育设计的思路来展开，从理论到实践，层层推进，对我国公民知识产权法律意识的培育问题进行全面、系统的研究。本书首先在分析研究的背景、价值、相关研究的基础上提出问题；接着深入研究公民知识产权法律意识培育的基本理论，为研究提供理论指导；然后对我国公民知识产权法律意识的历史和现状进行分析和概括，并对历史的启示和现状的成因进行理论剖析，为培育设计提供现实和理论依据；最后对我国公民知识产权法律意识的培育从整体上进行设计和规划，包括培育目标与内容的确立、培育途径与方法的完善、培育环境与保障的优化几个方面。

具体而言，本书共分七章展开论述。第一章，导论。首先阐述研究的背景和价值，提出问题，并对相关研究进行分析和简评。然后在此基础上确定本书的研究思路与内容。第二章，公民知识产权法律意识培育的基本理论。本章首先厘清了公民知识产权法律意识的概念、基本内涵以及与知识产权法的关系，这是整个培育理论的逻辑起点。然后分析了公民知识产权法律意识培育的意蕴、三重特质和构成要素，这是培育理论的基础。最后从形成的理论基础、形成条件、形成过程、形成模式等方面详细阐述了公民知识产权法律意识的形成机理，这是培育理论的核心。第三章，我国公民知识产权法律意识的历史考察。本章分清末以前、清末至民国、建国至改革开放、改革开放初期等四个历史阶段考察我国公民的知识产权法律意识，并揭示出其历史发展对培育公民知识产权法律意识的现实启示，为深入认识我国公民知识产权法律意识、规划好知识产权法律意识培育提供历史借鉴和启示。第四章，我国公民知识产权法律意识的现状及其成因分析。本章首先从总体水平、认知程度、均衡性、认同和信仰等方面对我国公民知识产权法律意识的现状进行分析和概括，为培育设计提供现实依据。然后从知识产权自身特性、文化因素、历史因素、经济因素、知识产权法治教育等各个方面对现状的成因进行深入分析，这是全面掌握培育规律、进行培育设计和规划的理论依据之一。第五章，我国公民知识产权法律意识培育的目标与内容。本章首先根据培育的基本理论和公民与社会发展需要确立了我国公民知识产权法律意识培育的目标，包括基本目标和最终目标两个层次。然后规划了我国公民知识产权法律意识培育的内容，包括知识产权认知意识、知识产品商品化意识、知识产权尊重意识、知识产权保护意识和知识创新意识五个方面。第六章，我国公民知识产权法律意识培育的途径与方法。本章首先从家庭培育、学校培育和社会培育三方面对我国公民知识产权法律意识培育的途径进行了深入分析，并对如何改革和完善培育途径进行了研究。然后紧密结合知识产权及其法律意识的特性，对我国公民知识产权法律意识培育的方法进行了研究，提出理论教育与体验教育相结合的方法、法治教育与道德教育相结合的方法、常规教育与主题教育相结合的方法、思想意识教育与利益引导相结合的方法、普适性与差异性相结合的方法。第七章，我国公民知识产权法律意识培育的环境与保障。本章首先从经济环境、制度环境、文化环境、执法与司法环境等方面对我国公民知识产权法律意识的培育环境进行了优化，然后从组织保障、队伍保障、制度保障、物质保障这几方面对我国公民知识产权法律意识培育的保障体系建设提出了建议。

第 2 章　公民知识产权法律意识培育的基本理论

对公民知识产权法律意识培育的基本理论研究是培育公民知识产权法律意识的前提和基础。从学理上厘清公民知识产权法律意识的概念是这一基本理论的逻辑起点，公民知识产权法律意识培育的概念、特征和构成要素是这一基本理论的基础，而公民知识产权法律意识的形成机理是这一基本理论的核心。

2.1　公民知识产权法律意识的概念

2.1.1　公民知识产权法律意识的概念探析

概念是思维的工具，列宁曾形象地将其比喻为"认识和掌握自然现象之网的网上纽结"。[①] 公民知识产权法律意识，从理论逻辑上涉及"法律意识"和"公民知识产权法律意识"这两个具有自身内在规定性的范畴。

"人不可能没有法律意识，每一个意识到世界上除他之外还有其他人存在的人，都具有法律意识。"[②] 学界对法律意识的理解可归结为两种观点。一种观点认为法律意识是人们对法和法律现象的思想、观点、知识和心理。如朱景文等认为："法律意识是社会意识的一种特殊形式，是人们关于法律现象的思想、观点、知识和心理的总称。"[③] 又如沈宗灵认为："法律意识，泛指人们关于法的思想、观点、知识和心理的总称，其含义相当于我国日常生活中所称的'法制观念'。它的内容非常广泛，包括人们探索法律现象的各种法律学说、对法的本质和作用的观点，以及对人们的行为和权利义务关系的法律评价，等等，但主要的是指反映对现行法的态度的思想、观点、知

---

① 列宁：《哲学笔记》，北京：中共中央党校出版社，1990 年版，第 98 页。

② 伊·亚·伊林：《法律意识的实质》（徐晓晴译），北京：清华大学出版社，2005 年版，第 5 页。

③ 朱景文、李正斌：《法律意识的概念与本原辨析》，载《中央政法管理干部学院学报》，1995 年第 1 期，第 50 页。

识和心理。"① 还比如黄稻认为："法律意识是人们关于法律、法律制度以及其他法律现象的思想观点、知识和心理的总和。"法律意识主要表现为人们的法律学说、法律评价、法律动机、法律知识等。"② 这种观点虽然揭示了法律意识的基本属性，但也存在不足之处：其一，法律思想、观点、心理等在外延上存在重叠、模糊之处，用它们来解释法律意识并不合理。其二，法律知识不应当是法律意识的组成部分。法律知识不是纯粹的主观范畴，是形成法律意识的基础之一，但不是法律意识本身。其三，法律评价已经超出了法律意识的范畴，属于一种行为，应该是经过法律评价之后可形成法律意识或者法律评价过程中体现法律意识。另一种观点从心理学角度解释法律意识，认为法律意识是特定心理要素的综合。如张文显认为："法律意识主要指人们对法律现象（外在客体）的内在领悟及领悟到的感觉、知觉、观念、态度和情感等心理观念因素。"③ 又如刘旺洪认为："法律意识是一种特殊的社会意识体系，是社会主体对社会法的现象的主观把握方式，是人们对法的理性、情感、意志和信念等各种心理要素的有机综合体。"④ 意识、法律意识是社会的产物，同时也是人脑的机能与属性，本身就与人的心理密切相关，从心理学角度解释法律意识有利于全面理解法律意识的本质而具有合理性。因此，我们认为法律意识是在一定社会条件下，社会主体关于法和法律现象的认知、情感、意志、信念等主观心理要素的总称。

法包括许多法律部门和分支，其中知识产权法是现代社会非常重要的一个法的分支，它是有关知识产权的法律规范的总称。知识产权是一种有别于有形物财产所有权的无形财产权，译自英文"Intellectual Property"。知识产权是人们对于自己的智力活动创造的成果和经营管理活动中的标记、信誉依法享有的权利。⑤ 知识产权的客体是无形的知识产品，是人们在科学、技术、文化等精神领域所创造的产品，具有发明创造、文学艺术作品等各种表现形式。⑥ 根据知识产品的不同类别，知识产权可分为专利权、商标权、著

① 沈宗灵：《法学基础理论》，北京：北京大学出版社，1994 年版，第 261 页。
② 黄稻：《社会主义公民意识》，沈阳：辽宁大学出版社，1987 年版，第 17 页。
③ 张文显：《法哲学范畴研究》，北京：中国政法大学出版社，2001 年版，第 239 页。
④ 刘旺洪：《法律意识论》，北京：法律出版社，2001 年版，第 49 页。
⑤ 吴汉东：《知识产权基本问题研究（总论）》，北京：中国人民大学出版社，2009 年第 2 版，第 5 页。
⑥ 吴汉东：《知识产权基本问题研究（总论）》，北京：中国人民大学出版社，2009 年第 2 版，第 39 页。

作权（即版权）、商业秘密权、地理标志权、集成电路布图设计权、植物新品种权、商号权等，其中专利权、商标权和著作权是最主要的三种知识产权。

公民作为现代社会最普遍、最基本的社会主体，是有理性、有感情的社会动物，自然会对知识产权法及其法律现象产生法律意识。因此，公民知识产权法律意识是指在一定社会条件下，公民关于知识产权法和知识产权法律现象的认知、情感、意志、信念等主观心理要素的总称。作为主观心理要素，公民知识产权法律意识不能独立存在，往往外在表现在公民的知识产权法律行为、语言、知识、态度、评价之中。

2.1.2 公民知识产权法律意识的基本内涵

准确理解和把握公民知识产权法律意识的科学内涵是提高公民知识产权法律意识培育有效性的前提条件。具体来说，公民知识产权法律意识具有下列内涵。

1. 公民知识产权法律意识是其知识产权法律意识中的共同性方面

根据法律意识主体范围的不同，法律意识可分为个体法律意识、群体法律意识和社会法律意识。个体法律意识考察的是具体的个人的法律意识；群体法律意识考察家庭、团体、行业、阶层、民族、政党等不同的社会集合体的法律意识；社会法律意识则是将全体社会主体作为一个整体来考察他们共同的法律意识，是社会中的个体法律意识、各种群体法律意识相互融合的产物，是个人和群体法律意识的内在的共同特质。

公民知识产权法律意识自然也可作如此分类，因为在不同语境下，"公民"可以分别指个体、群体和全体。但本文中的"公民知识产权法律意识"是从公民思想政治教育及法治教育的角度进行研究的，是将一国公民作为一个整体考察的，特指全体公民的知识产权法律意识，其实就是社会法律意识。那么，全体公民能否形成共同的知识产权法律意识呢？当然，每个公民所处的社会环境不同，在生活、学习和工作中与知识产权接触的深浅程度就不同，每个公民的人格特质也不同，这样就会形成不同的知识产权法律意识。同样，公民中的每个群体也会形成不同的知识产权法律意识。但是，这种差异性只是公民知识产权法律意识的一个方面，我们必须同时看到公民知识产权法律意识中的共同性。即每个公民总是处在一定的社会条件下，相同的知识产权法律文化背景、共同的社会生活和知识产权法律实践体验、共同的利益要求等，就会形成共同的公民知识产权法律意识。在社会主义社会，公民相同的社会政治经济地位，使形成共同的公民知识产权法律意识更加成为可能。因此，本书中的"公民知识产权法律意识"，特指公民知识产权法律意识中的共同性方面，是一个国家知识产权法律意识状况的总体反映。

2. 公民知识产权法律意识是正向的知识产权法律意识

由于认识问题的角度和方法等不同，公民的知识产权法律意识从价值角度判断有正确和错误之分。公民的有些知识产权法律意识有利于经济社会发展，是正确的；有些不利于经济社会发展，是错误的。我们把公民对知识产权法和知识产权法律现象正确的认知、情感、意志等主观心理要素的总称叫正向知识产权法律意识，如对他人商业秘密保护的认知意识、将自己的发明创造及时申请为专利并对专利法有依赖感、发现销售盗版光盘向工商部门举报的意识等；把公民对知识产权法和知识产权法律现象错误的认知、情感、意志等主观心理要素的总称叫反向知识产权法律意识，如认为计算机软件可随意下载使用、对网上音乐和小说的收费行为感到厌恶、心安理得地购买盗版书籍等。公民正向知识产权法律意识是公民对知识产权法和知识产权法律现象的符合客观规律的科学认识，是与经济社会发展的要求相适应的；公民反向知识产权法律意识是公民对知识产权法和知识产权法律现象的虚幻和错误认识，是与经济社会发展的要求不相适应的。严格来说，任何一个公民不可能没有知识产权法律意识，公民反向知识产权法律意识仍然属于知识产权法律意识，只不过是一种虚幻的、错误的认识罢了。

但是，公民思想政治教育、法治教育的目的是在公民中树立对经济社会发展起推动和促进作用的正向知识产权法律意识。因此，本书中对公民所培育的是正向知识产权法律意识，即使当我们提到"当前公民知识产权法律意识淡薄"时，也是指正向知识产权法律意识的淡薄。现实中公民知识产权法律意识的正向含义和反向含义都在被使用，为了防止引起认识上的混乱，有必要对此进行界定。

3. 公民知识产权法律意识属于社会意识的范畴，是知识产权法领域产生的特殊社会意识

社会意识是人们对一切社会生活的过程和条件在观念上的反映。[①] 社会意识总括了人的一切意识要素和观念形态，以及社会的全部精神现象和过程，如经济意识、政治意识、法律意识、宗教意识、文化意识、道德意识、

---

① 李秀林、王于、李淮春：《辩证唯物主义和历史唯物主义原理》，北京：中国人民大学出版社，1990 年第 3 版，第 415－416 页。

伦理意识等。显然，法律意识属于社会意识的一种。而属于法律意识的公民知识产权法律意识自然也属于社会意识的范畴。与人们形成社会意识一样，具有社会性的公民也会对知识产权法及知识产权法律现象这种社会现象形成一定的看法、情感、态度等主观心理要素，这就是公民的知识产权法律意识。当然，公民知识产权法律意识与其他社会意识有明显不同，是一种特殊的社会意识。如公民知识产权法律意识是在出现现代意义上的公民和知识产权法之后才全面形成的，而其他社会意识大多都比公民知识产权法律意识产生得早。又如公民知识产权法律意识反映的是社会现象的一个侧面，即关于知识产权这种无形财产权的法律现象，而其他社会意识则从艺术文化、道德伦理、宗教哲学等不同角度反映社会现象的其他方面。

认识到公民知识产权法律意识属于社会意识的范畴，这就启示我们理解公民知识产权法律意识时要始终以马克思主义的社会存在和社会意识的辩证关系原理为指导。而认识到公民知识产权法律意识是一种特殊的社会意识，有助于我们培育公民知识产权法律意识时采取有针对性的措施。

2.1.3 公民知识产权法律意识与知识产权法的关系

要全面和深入理解公民知识产权法律意识，必须认清公民知识产权法律意识和知识产权法的关系。因为培育公民知识产权法律意识，不可避免地要涉及知识产权法在培育中的地位和作用问题。

关于法律意识和法的关系，学者们有不同看法，概括起来主要有两种观点。第一种观点对社会存在作了扩充解释，认为"社会存在是独立于人们的社会意识之外的现实社会生活中全部社会现象及其发展过程的总和"，"社会存在的主要内容包括社会主体（个人与群体）、社会家庭、社会生产、社会生活、社会组织、社会制度、社会秩序、社会规范、社会活动，等等"。因而法属于社会存在的范畴，而法律意识属于社会意识的范畴，根据社会存在决定社会意识，可知法是法律意识的本原，法与法律意识是第一性和第二性的关系，先有法后有法律意识。[①] 第二种观点认为，法律意识的形成是法的形成的前提条件，法是根据法律意识建立的，而法形成之后又对法律意识起着积极的作用。[②] "只有人们，特别是立法者的头脑中具有了社会关系应当是怎样的模型，以及具有了应当创制什么样的法律规范和法律制度的观点和

---

① 李步云：《法律意识的本原》，载《中国法学》，1992 年第 6 期，第 52 - 55 页。

② 孙国华：《法理学教程》，北京：中国人民大学出版社，1994 年版，第 248 页。

看法，才可能制定和创造出相应的法律制度和法律规范。没有社会的法律意识，就不可能有任何形式的法律和法律制度。"① 第一种观点的推导过程是没什么问题的，但其前提性认识即法属于社会存在的范畴是值得商榷的。"社会存在是指不以社会意识为转移的社会生活的物质方面。标示同自然界的存在相区别的社会存在，它的最本质的东西，就是社会生产方式。……把物质生活资料的生产方式规定为社会存在的本质内容，并不意味着把人口和地理环境完全排除在社会存在之外。"② 可见，社会存在主要是指社会生产方式，同时还包括地理环境、人口因素，社会存在中并没有给法留下存在的空间。但这种观点认识到法对法律意识的作用和影响，这一点是值得肯定的。第二种观点认识到了人们根据法律意识创制法律，并不是机械地反映物质条件，但过于强调法律意识的前提性而有所忽略法对法律意识的影响力。法与法律意识的关系不应从第一性和第二性关系的角度来理解，而是应注意到，它们是同属于上层建筑中的政治上层建筑和思想上层建筑的关系，法和法律意识都根源于经济基础。法在法律意识的指导下创制，通过人们的法律意识而形成，法的实施和修订也离不开法律意识的积极作用；同时，法创制后又影响着人们法律意识的形成和完善。法与法律意识是互为条件、相互作用的关系。

在知识产权领域，公民知识产权法律意识和知识产权法也是互为条件、相互作用的关系，只是从公民法治教育的角度来看，这两者的相互作用与影响的程度有所不同。一方面，公民知识产权法律意识确实会超越知识产权法，对知识产权法的创制、实施和修订产生影响。如不论在古代的东方还是西方，知识产权法出现之前，作者们往往会在其作品上署名，体现了著作权中的署名权意识，这就会对知识产权法的创制产生影响。在当代社会，信息网络技术、生物技术等高新技术的快速发展对现行的知识产权法产生空前的冲击，使知识产权法相对于知识产权法律意识和新技术往往处于滞后的状态，如现在我们的数字版权和基因技术的专利立法就很滞后。正如西奥多·罗斯扎克所说："法律试图跟上技术的发展，而结果总是技术走在前头，这几乎是一个永恒的规律。"③

① 刘旺洪：《法律意识论》，北京：法律出版社，2001 年版，第 70 页。

② 肖前、李秀林、汪永祥：《历史唯物主义原理》，北京：人民出版社，1983 年版，第 11 - 12 页。

③ 西奥多·罗斯扎克：《信息崇拜——计算机神话与真正的思维艺术》（苗华健、陈体仁译），北京：中国对外翻译出版公司，1994 年版，第 167 - 168 页。

这样，知识产权法律意识就超越了具体的知识产权法的规则，公民可以根据知识产权法律意识评价现有的知识产权法，知识产权法律意识也可以在现有的知识产权法存在缺失时指导公民行为，成为公民自觉维护公平与正义的精神动力。但从公民法治教育的角度来看，我们也不能过分夸大公民知识产权法律意识对知识产权法的作用和影响。因为我们所指的公民知识产权法律意识是全体公民知识产权法律意识中的共同性方面，与知识产权法的研究者、立法者、司法人员的法律意识相比，对知识产权法的作用和影响要小一些。另一方面，知识产权法必将约束公民的行为选择，并使公民逐步形成新的行为习惯和观念，最终影响了公民的知识产权法律意识的形成和完善。相比知识产权法的研究者、立法者、司法人员的法律意识，对公民知识产权法律意识的要求要低一些，因此我们培育公民知识产权法律意识要更多地借助知识产权法对公民的影响力。总之，我们培育公民知识产权法律意识，不能局限在现行知识产权法的框架内，但也不能忽视知识产权法的作用，要以现行知识产权法为主要蓝本进行培育。

2.2　公民知识产权法律意识培育论析

2.2.1　公民知识产权法律意识培育的意蕴

所谓公民知识产权法律意识培育，是指家庭、学校、社会遵循公民知识产权法律意识的形成发展规律，有目的、有计划、有组织地对公民进行知识产权法律意识的培养和教育，使公民形成符合社会需要的知识产权法律人格和法律信仰的社会实践活动。"公民知识产权法律意识培育"中使用"培育"，而没有用"教育"，是从两方面考虑的：一是"教育"从狭义理解时指的是学校教育，而公民知识产权法律意识培育除学校教育外，还包括家庭和社会的培育。当然，从广义理解"教育"时，"培育"和"教育"所指相同，两者可以互换使用。二是"培育"是培养和教育的意思，除我们平常所理解的正规课堂教育的含义外，还有潜移默化地感染、熏陶被教育对象的含义，这两方面结合起来才是对公民知识产权法律意识培育的全面理解。此外，由于公民知识产权法律意识培育是针对全体公民而言的，所以在知识产权普及教育和知识产权专业教育这两者之间，它与知识产权普及教育的联系更为紧密。

从根本上看，公民知识产权法律意识培育属思想政治教育的范畴。张耀灿等学者认为，思想政治教育主要包括世界观、人生观、政治观、道德观、法制观五个方面的教育，法制观教育是这五个方面之一。① 在之后的研究中，他们进一步将思想政治教育概括为思想教育、政治教育、道德教育、心理教育四个方面，在其中的政治教育中包括了公民教育和法制观念教育。② 而公民法律意识的培育一直是法制观念教育的核心。所以，公民知识产权法律意识培育属公民法治教育的范畴，从根本上更属思想政治教育的范畴，只不过我们在长期的思想政治教育泛政治化倾向下，对公民的知识产权法律素质和意识的要求有所忽视而已。

公民知识产权法律意识培育过程中有两个规律，一是公民知识产权法律意识的形成发展规律，二是公民知识产权法律意识培育的规律。公民知识产权法律意识的形成发展规律是从受教育者的角度而言的，公民知识产权法律意识培育的规律是从教育者的角度来说的，这两个规律是一个问题的两个方面，有紧密联系。③ 这两个规律相比较而言，公民知识产权法律意识的形成发展规律更具有基础性地位。因为如果不遵循公民知识产权法律意识的形成发展规律，就不可能从受教育者的实际出发进行适宜的公民知识产权法律意识培育。所以，公民知识产权法律意识的形成发展规律是培育公民知识产权法律意识过程中要遵循的最基本规律。

2.2.2　公民知识产权法律意识培育的三重特质

公民知识产权法律意识培育的特质是其可供识别的特殊的征象和标志，这些征象和标志体现在最为基本的三个方面：培育主体的专业性、培育客体的普遍性及培育的长期性和系统性。

1. 培育主体的专业性

主体是在有目的、有意识的实践活动和认识活动中居于主导地位的人，公民知识产权法律意识的培育主体就是具有一定培育能力并对公民进行知识产权法律意识培育活动的人，是公民知识产权法律意识培育活动的发起者、组织者和实施者。培育主体是有目的、有意识地组织和实施公民知识产权法

---

① 张耀灿、陈万柏：《思想政治教育学原理》，北京：高等教育出版社，2001 年版，第 137 页。

② 张耀灿、郑永廷、吴潜涛等：《现代思想政治教育学》，北京：人民出版社，2006 年版，第 261－262 页。

③ 张耀灿、郑永廷、吴潜涛等：《现代思想政治教育学》，北京：人民出版社，2006 年版，第 6－7 页。

律意识培育活动的人，那些不经意间对公民知识产权法律意识的形成产生积极影响的人不是培育主体。如法院知识产权庭法官的公正审判、知识产权行政执法人员的依法行政等都会有利于公民形成知识产权法律意识，但他们不能被视为培育主体，否则会导致培育主体的范围过宽，从而使对培育主体的研究失去意义。当然，这也不是绝对的，当法官、行政执法人员下到社区、学校对公民进行知识产权法律意识培育时，他们就可以被看作培育主体了。

公民知识产权法律意识培育主体的专业性是从培育主体的素质和能力角度而言的，具体是指除具备一般思想政治教育主体的主导性、主动性、创造性等要求外，培育主体还须掌握一定的知识产权专业知识，具备基本的知识产权法律意识。培育主体不懂一定的知识产权专业知识，没有知识产权法律意识，培育工作就很难开展，这是显而易见的。随着信息网络时代的来临，作为培育客体的公民获取信息和知识更加便捷、及时和全面，这就对知识产权法律意识培育主体的专业性提出了更高的要求。当然，这不是说只有知识产权领域内的专业人员才能担任公民知识产权法律意识的培育主体。培育主体所掌握的知识产权专业知识只是最基本的知识产权法律知识，如知识产权包括哪些内容、受到哪些保护、知识产权中的创新性、利用他人知识产权应该通过市场交易的方式等。因为我们所培育的是一种法律意识，而不是法律知识，与知识产权专业教育不同。

同时还必须注意到，对不同培育主体的专业性要求的程度是不同的。根据思想政治教育主体的构成形式，公民知识产权法律意识的培育主体可分为个体和群体两大类。相对于培育群体，对培育个体的专业性要求可以低一些。如在家庭培育中对家长的专业性要求应该比培育团体、机构的要求低。而培育群体又可进一步分为正式群体和非正式群体，正式的培育群体具有权威性和系统性的特点，因此它的专业性要高于非正式的培育群体。当然，由于知识产权本身的专业性较强，即使掌握最基本的知识产权法律知识也需要接受专门的培训或学习。这就要求我们要通过各种途径和方法加强对知识产权法律意识培育主体的培训，以提高他们的知识产权法律素质和培育能力，更好地为公民知识产权法律意识的培育工作服务。

2. 培育客体的普遍性

公民知识产权法律意识培育客体是培育的接受者和受动者，是培育主体的作用对象，因此也可称为培育对象。公民知识产权法律意识的培育客体是全体公民，具有普遍性。

公民的普遍性是随着历史发展不断演进的结果。"公民"作为一个政治法律概念最早产生于古希腊民主城邦时代，并为古罗马所沿用。亚里士多德把它定义为参加司法事务和自治机构的人们，他们参与城邦公共管理事务，同时承担守卫城邦的责任。① 那时"公民是城邦的主人，他们有'执干戈以卫社稷'的义务，同时有权参加城邦内议事或审判的职能"②。但是，那时的公民仅指社会成员中极少数享有特权的奴隶主和自由民，不具有普遍性。如广大奴隶依附于奴隶主，只是"会说话的工具"，不是城邦的公民，妇女、侨民和未成年人也被排除在公民范畴之外。正如恩格斯所指出的："如果认为希腊人和野蛮人、自由民和奴隶、公民和被保护民、罗马的公民和罗马的臣民（指广义而言），都可以要求平等的政治地位，那么这在古代人看来必定是发了疯。"③ 封建专制的中世纪时期，等级身份制度是对公民身份的全面否定，不存在公民，更谈不上普遍性。资产阶级革命时期，资产阶级启蒙思想家为了反抗封建专制，宣扬主权在民、天赋人权的思想，把全体社会成员视为公民，主张公民的普遍性。对于我国来说，公民概念是一个地道的舶来品。中华人民共和国成立后，1952 年 2 月 11 日中央人民政府委员会第二十二次会议通过的《中华人民共和国全国人民代表大会及地方各级人民代表大会选举法》中第一次正式使用"公民"概念，此后的 1954 年宪法及以后的法律文件中都统一使用"公民"概念。但此时对"公民"的内涵和外延都未做出明确界定。而且由于历史原因，"人民"概念实际上一度取代"公民"被广泛使用，"公民"概念并未得到应有的重视，甚至被遗忘。随着民主政治的发展，1982 年宪法再次明确规定了公民的基本权利和义务，"公民"一词又回到人们的视野。根据当前《中华人民共和国宪法》（简称《宪法》），凡具有中华人民共和国国籍的人都是中华人民共和国公民，具有明显的普遍性。而且社会主义社会建立在生产资料公有制为主的经济基础之上，这就使公民在政治上、法律上的真正平等和普遍成为可能。

公民知识产权法律意识培育客体的普遍性意味着全体公民，从国家元首、政党领袖到各级行政官员，从工人、农民到知识分子都应当是培育对象，任何人都不应游离于公民知识产权法律意识的培育之外。培育客体的普遍性也说明了在公民知识产权法律意识培育中，培育主体和培育客体的角色和地位是相对的，在一定条件下可发生相互转换。因为这些普遍的培育客体

---

① 亚里士多德：《政治学》（吴寿彭译），北京：商务印书馆，1997 年版，第 126 页。
② 顾准：《希腊城邦制度》，北京：中国社会科学出版社，1986 年版，第 13 页。
③ 《马克思恩格斯选集》（第 3 卷），北京：人民出版社，1995 年版，第 444 页。

中的一部分公民总会去担任培育主体，在一个环境和条件下是培育客体，在另一个环境和条件下很可能又是培育主体了。当然，这种相互转换是有限制的，一般来说，培育主体都能够而且应该转换为培育客体，但培育客体中只有具备知识产权法律意识培育能力的那部分才能转换为培育主体。

3. 培育的长期性和系统性

培育公民的知识产权法律意识，就是使公民的知识产权法律意识从反向转为正向，这就涉及公民的意识、观念、态度的改变，涉及对知识产权的情感、信念的养成。与获取知识产权知识不同，这些复杂的意识、观念的质变，是在渐进的量变基础上产生的，都是公民在长期的生活、工作实践中逐渐形成的，需要长期的积累。而且要使公民形成所期望的知识产权法律意识，有时甚至会使公民的个人利益受到影响，如公民不使用盗版就要付出更多的金钱去购买正版。这样，公民在意识和观念上就容易出现抵触甚至反复。我们的知识产权法律制度是在短时期内从外部引进和移植的，但公民的知识产权法律意识却来自内生，需要与国家的历史传统、民族文化漫长而曲折地融合，需要长期的培育才能形成。因而公民知识产权法律意识的培育是一个长期的循序渐进的过程，不可能一蹴而就，不能期望一个普法教育的"五年计划"就能解决问题。犹如一粒种子要长成参天大树，必须在各种条件和适宜的环境下一天一天地成长。正如国家知识产权局局长田力普所说，我们用二十年建立起一套完整的知识产权法律体系和工作体系，但社会公众知识产权意识的根本提高，至少需要三五代人的时间。[①]

根据马克思主义的唯物辩证法，事物是普遍联系的，"世界表现为一个统一的体系，即一个有联系的整体，这是显而易见的"[②]。马克思主义哲学中已经内含着系统性原则。系统论创始人贝塔朗菲认为系统是相互作用着的若干要素的复合体，系统论是关于"整体"的一般科学。[③] 系统具有整体性、关联性、层次性、统一性等本质属性，系统思想的核心问题是如何根据系统的本质属性使系统最优化。公民知识产权法律意识的培育就是一个复杂的系统，它是由培育主体、培育客体、培育目标、培育内容等若干要素组成并按一定规律运行的整体。公民知识产权法律意识的培育主体涉及家长、学

---

① 田力普：《自主创新与知识产权》，载《中国知识产权报》，2005 年 11 月 30 日，第 3 版。

② 《马克思恩格斯全集》（第 20 卷），北京：人民出版社，1971 年版，第 662－663 页。

③ 冯·贝塔朗菲：《一般系统论——基础、发展和应用》（林康义、魏宏森等译），北京：清华大学出版社，1987 年版，第 51 页。

校、社区，知识产权行政主管部门，科技文化行政管理部门、党、团、工以及新闻媒体等各行各业的力量；培育客体是全体公民，涉及面更广；培育目标的制定者也许和具体培育工作的实施者不是一个主体。这样一项浩繁、复杂的社会实践活动，在培育中必然会存在大量不协同因素，从而削弱培育的力度。只有将其视为一个复杂系统，在系统的形式中研究其各构成要素的层次、关联、相互作用，才能使公民知识产权法律意识的培育系统得以优化，从而大大提高培育的整体功能，增强其实效性。此外，知识产权作为公民知识产权法律意识培育中的核心，是对知识时代的响应，与现代科学技术的发展的关系极为密切。而系统科学也是现代科学技术思维的产物，两者有着时代亲近性和关联性。① 这就更加需要我们从系统视角认识公民知识产权法律意识培育。

2.2.3　公民知识产权法律意识培育的构成要素

公民知识产权法律意识培育的构成要素是与其培育的系统相对而言的。公民知识产权法律意识培育系统是诸多相互联系、相互作用的要素所构成的有机整体，要素则是构成这个有机整体而相互作用的部分。公民知识产权法律意识培育的各构成要素一方面是局部的、有差别的，但另一方面又不是孤立的，具有不可分割性。从系统的角度来认识公民知识产权法律意识培育的构成要素，可使我们的认识更加丰富和清晰，并对公民知识产权法律意识的培育具有重要的指导作用。

作为思想政治教育的公民知识产权法律意识培育，到底由哪些要素构成，这还得先分析思想政治教育的构成要素。目前学界对思想政治教育的构成要素有不同观点，归纳起来主要有"三要素说""四要素说""五要素说"和"六要素说"。"三要素说"认为思想政治教育系统是由教育者、受教育者、教育要求构成的。② "四要素说"认为思想政治教育系统的基本要素主要有四个，即思想政治教育的主体（教育者）、客体（受教育者）、介体（教育内容与方式）和环体（教育环境）。③ "五要素说"认为思想政治教育的基

---

① 杨雄文：《系统科学视野下的知识产权》，北京：法律出版社，2009 年版，第 98 - 101 页。

② 陆庆壬：《思想政治教育学原理》，上海：复旦大学出版社，1986 年版，第 116 页。

③ 张耀灿、郑永廷、吴潜涛等：《现代思想政治教育学》，北京：人民出版社，2006 年版，第 236 - 241 页。

本要素是思想政治教育主体、教育客体、教育内容、教育方式和教育目标五大要素。[①] "六要素说"认为思想政治教育的构成要素应该包括思想政治教育者、思想政治教育对象、思想政治教育目的、思想政治教育内容、思想政治教育方法和思想政治教育情境。[②] 综观这些不同观点,"三要素说"没有全面概括思想政治教育的构成要素,除了教育者和受教育者这两个要素外,教育要求过于模糊和泛化,现在已经不被多数学者所接受。与"四要素说"相比,"五要素说"中的教育内容、教育方式和教育目标可归结为"四要素说"的介体,主要不同在于将教育环境排斥在外。"六要素说"意识到了思想政治教育环境的育人功能,但否定教育环境是构成要素,为了与教育环境区分,提出了思想政治教育情境要素的概念,其余要素与"五要素说"完全相同。情境是从主观上予以规定和把握的环境。[③] 用教育情境取代教育环境,其实还是与教育环境有千丝万缕的联系。因此,这些不同观点的焦点就是是否认为教育环境是思想政治教育的构成要素。对于公民知识产权法律意识培育来说也是如此,培育主体、培育客体、培育介体(培育目标、内容、方法等)无疑应该是其构成要素,关键也是确定培育环境是否是其构成要素。

一个系统总是由若干子系统组成的,该系统本身又可看作是更大的系统的一个子系统,这就是系统的层次性。因此,一个要素相对于它所在的系统是要素,但相对于组成它的要素则是系统,关键是看它处于哪一层系统之中。从系统的视角来看,公民知识产权法律意识的培育环境可分为两种,第一种是对公民的知识产权法律意识的形成有较为直接影响的环境,如公民成长的家庭环境,公民接受知识产权法律意识教育的学校环境,公民知识产权法律意识的形成所需要的经济环境、文化环境、制度环境、执法司法环境,等等。这种环境是对培育主体和公民而言的,同时又被培育主体和公民所认识、利用和改造,渗透在培育系统之中,自然应该是公民知识产权法律意识培育系统的构成要素。第二种是对整个公民知识产权法律意识培育系统而言的,是这一培育系统之外的环境,对公民的知识产权法律意识的形成仅有间接影响,如国际经济、政治环境等。第二种培育环境处于培育系统之外,属

---

① 孟志中:《思想政治教育要素论》,载《中国青年政治学院学报》,2003年第3期,第17-18页。

② 沈壮海:《思想政治教育有效性研究》,武汉:武汉大学出版社,2008年版,第61页。

③ 沙莲香:《社会心理学》,北京:中国人民大学出版社,2006年版,第49-50页。

于培育系统之外的更大的一个社会系统，自然不应该是公民知识产权法律意识培育系统的构成要素。因此，不能笼统地说培育环境是或者不是公民知识产权法律意识培育的构成要素，而要看是哪一层次的培育环境。本书中所研究的是第一种培育环境，这种培育环境虽然相对于培育主体和公民而言是外在的，但却渗透在公民知识产权法律意识培育系统之中。我们就可以说培育环境是公民知识产权法律意识培育的构成要素，"四要素说"基本概括了培育的构成要素。

公民知识产权法律意识的培育主体涉及许多个体和群体，培育客体是全体公民，具有普遍性和广泛性，这必然导致培育介体中的培育方式非常复杂，具有多样性。为了对培育方式进行深入研究，我们将培育方式细化为培育途径和培育方法，它们与培育目标、培育内容共同构成培育介体。因此，按照"四要素说"的思路，公民知识产权法律意识培育的构成要素有培育主体（培育者）、培育客体（受培育者，即公民）、培育介体（培育目标、培育内容、培育途径和培育方法）、培育环体（培育环境）。

2.3　公民知识产权法律意识的形成机理分析

公民知识产权法律意识的形成机理是培育公民知识产权法律意识过程中要遵循的最基本规律。形成机理是系统在形成过程中，关键要素对系统整体的影响方式，主要包括影响系统形成的关键要素、系统形成的过程和模式等。因此，公民知识产权法律意识的形成机理包括形成的理论基础、形成条件、形成过程和形成模式。

2.3.1　公民知识产权法律意识形成的理论基础

公民形成知识产权法律意识，必须以两大理论作为基础：一是社会存在与社会意识的辩证关系原理，二是创造性劳动价值论。

1. 社会存在与社会意识的辩证关系原理

社会存在与社会意识的辩证关系原理是马克思主义社会历史观的基本理论。首先，社会存在决定社会意识，社会意识是社会存在的反映。马克思指出："物质生活的生产方式制约着整个社会生活、政治生活和精神生活的过程。不是人们的意识决定人们的存在，相反，是人们的社会存在决定人们的意识。"① 其次，社会意识对社会存在有相对独立性，表现为社会意识与社会存在发展变化的不完全同步性、社会意识发展的历史继承性，最为突出的表现是社会意识对社会存在的能动的反作用。先进的社会意识促进社会的发展，落后的社会意识阻碍社会的发展。②

社会存在与社会意识的辩证关系原理对我们认识公民知识产权法律意识的形成具有重要的指导意义。首先，这一原理揭示了一切社会意识形成发展的最一般规律。公民知识产权法律意识属社会意识的范畴，这就要求我们研究公民知识产权法律意识的形成时，必须以社会存在与社会意识的辩证关系原理为理论基础，必须在社会存在、在社会物质生活条件、在公民的实际生活过程中去寻找根源。其次，由于社会意识的相对独立性，有可能形成超越社会经济发展水平的公民知识产权法律意识，这就为我们的培育工作留下了发展空间，并且应该注意从历史文化传统的角度认识公民知识产权法律意识的形成。最后，根据社会意识的能动的反作用性，我们要重视公民的知识产权法律意识，要通过培育使公民形成促进社会发展的、正向的知识产权法律意识。

2. 创造性劳动价值论

劳动价值论是马克思最辉煌的理论成果之一，是马克思在批判地继承古典政治经济学相关理论的基础上建立起来的。马克思的劳动价值论指出，劳动是价值的源泉，劳动创造价值，"只有劳动才是我们在任何时候都能够用来估计和比较各种商品价值的最后的和现实的唯一尺度"。③ 商品具有使用价值和价值二因素，劳动具有具体劳动和抽象劳动二重性，即"生产交换价值的劳动是抽象一般的和相同的劳动，而生产使用价值的劳动是具体的和特殊的劳动"④。商品的价值量由生产商品的社会必要劳动时间决定，即"只是社会必要劳动量，或生产使用价值的社会必要劳动时间，决定该使用价值的价值量"⑤。

在马克思所处的时代，还没有完整的知识产权概念，知识产权仅处于萌芽状态。例如世界上第一部知识产权国际公约——《保护工业产权巴黎公

---

① 《马克思恩格斯选集》（第 2 卷），北京：人民出版社，1995 年版，第 32 页。
② 李秀林、王于、李淮春：《辩证唯物主义和历史唯物主义原理》，北京：中国人民大学出版社，1990 年第 3 版，第 441－447 页。
③ 《马克思恩格斯全集》（第 23 卷），北京：人民出版社，1972 年版，第 60 页。
④ 《马克思恩格斯全集》（第 13 卷），北京：人民出版社，1962 年版，第 24 页。
⑤ 《马克思恩格斯全集》（第 23 卷），北京：人民出版社，1972 年版，第 52 页。

约》——直到 1883 年马克思去世那年才签订。当时更不存在我们今天所常见的集成电路布图设计权、计算机软件著作权、基因专利权等知识产权种类。因此，马克思的劳动价值论中所指的商品主要是有形商品，没有对知识产权的客体——无形的知识产品——展开深入分析，也没有对生产无形知识产品的这种特殊的劳动专门进行研究。但是，马克思主义理论是开放的理论体系，是与时俱进的，需要我们不断地丰富和发展。因而有些学者以马克思的劳动价值论为基础，提出了创造性劳动价值论或类似理论。①

对于劳动，马克思认为："劳动首先是人和自然之间的过程，是人以自身的活动来引起、调整和控制人和自然之间的物质变换的过程。"② 可见，马克思这里的劳动是指生产物质产品的劳动。马克思谈到社会平均劳动时间时，将劳动分为简单劳动和复杂劳动，"比较复杂的劳动只是自乘的或不如说多倍的简单劳动，因此，少量的复杂劳动等于多量的简单劳动"③。马克思有时也将劳动分为体力劳动和脑力劳动，但任何劳动都是脑力劳动和体力劳动的结合。这里的劳动还是指生产有形的物质产品的劳动，没有涉及生产无形知识产品的劳动。

因此，引入创造性劳动的概念，将劳动分为创造性劳动和重复性劳动就显得很有意义。创造性劳动是在创造性思维的支配下，探索、发现人类不曾使用过的知识、技能、手段、材料、工具，创造出新的思想、理论、知识、设计、作品、发明创造等无形产品的劳动。重复性劳动使用以前已经存在着的知识、技能、手段、材料、工具进行劳动，并且不会创造出新的无形产品。不能将创造性劳动和复杂劳动完全等同，创造性劳动固然都是复杂劳动，但许多重复性劳动如操纵非常复杂精密的高科技仪器，也需要接受专门的教育和培训，也是复杂劳动。也不能将创造性劳动和脑力劳动完全等同，创造性劳动固然都可以认为是脑力劳动，但许多重复性劳动如教育活动，只是重复以前的知识，也是脑力劳动。其实，劳动的内涵并不是一成不变的，

① 曾绪宜：《创造性劳动价值论》，载《探索》，1994 年第 1 期，第 73－78 页；曾绪宜：《对〈创造性劳动价值论〉的再思考》，载《涪陵师范学院学报》，2002 年第 4 期，第 109－113 页；冯骊：《创造性劳动与劳动价值论——对马克思劳动价值公式的补充》，载《河南师范大学学报（哲学社会科学版）》，2008 年第 5 期，第 16－19 页；张香珍、程林章：《论知识的价值及补偿》，载《武汉大学学报（人文社会科学版）》，2000 年第 3 期，第 309－313 页等。

② 《马克思恩格斯全集》（第 23 卷），北京：人民出版社，1972 年版，第 201－202 页。

③ 《马克思恩格斯全集》（第 23 卷），北京：人民出版社，1972 年版，第 58 页。

而是一个历史的范畴。从历史上看，在农业社会只有农业、手工业劳动才被认为是劳动，进入工业社会才扩大到工业劳动。将创造性劳动作为一种基本的劳动形式是知识经济时代人类劳动条件和形式发生质的重大变化的需要。

知识产权的客体——无形的知识产品——不是人脑天生固有的，而是人类创造性劳动的产物。因为根据知识产权法规定，专利必须具有创造性和新颖性，作品必须具有独创性，商标必须具有显著性。当然，无形的知识产品要被我们感知必须借助于有形的物质载体而存在，如图纸、光盘等。对于创造性劳动和知识产品，仍然可以用马克思的劳动价值论来进行分析。知识产品也具有使用价值和价值的二因素。一方面，无形的知识产品能满足人的某种需要，具有有用性，因而具有使用价值。例如作品能满足人们求知的需要，给人带来精神上的享受；专利能满足人们掌握科学技术的需要，从而提高和发展社会生产力或给人们使用商品带来便利；商标能满足人们区分同类商品或服务的需要，并可以起到广告宣传、表明商品和服务品质的作用。另一方面，知识产品作为创造性劳动的成果，凝结了人类一般劳动，可以在市场上交易、转让，具有价值。如市场上大量存在的技术贸易、版权交易、商标转让行为就证明了这一点。创造性劳动也具有具体劳动和抽象劳动的二重性。从一方面看，创造性劳动是具体劳动，具有多样性，生产出知识产品各种各样的使用价值；从另一方面看，创造性劳动是抽象劳动，是人的脑力和少量体力的耗费，凝结为知识产品的价值。

重复性劳动可由不同的人和企业多次进行，可批量生产商品，此时存在一个社会必要劳动时间来决定商品的价值量。[①] 但创造性劳动具有一次性特点，如果重复就毫无意义。劳动的创造性和一次性、知识产品的唯一性决定了不可能存在多个劳动者，也就只有个别劳动时间，没有通过竞争形成社会必要劳动时间的可能性。因而知识产品的价值量不能以社会必要劳动时间来决定。为了解决这一问题，许多学者从各个角度进行了有益的探索。有学者认为可以通过测度知识产品对于现有知识总体的比较创新程度来确定它的价值量。有学者认为确定知识产品的价值量除了要考虑个别劳动时间外，还要考虑创造性劳动所产生的社会需求、创新程度、劳动者自身的综合素质。[②]还有学者认为可以通过考虑知识产品的生产成本、目标利润和预期应用效益

---

① 程广云：《知识经济与知识价值论初探》，载《哲学动态》，1999 年第 5 期，第 25 页。

② 陈林：《劳动价值论与知识价值论》，载《江西财经大学学报》，2002 年第 2 期，第 39 - 40 页。

来确定知识产品的价值量。①

当然，在人类历史上，创造性劳动早已存在，但在知识产品进入市场交换以前，在知识产权法出现以前，创造性劳动不能得到很好的认可和保护。使公民理解创造性劳动价值论，意识到创造性劳动也创造价值，认可、尊重并保护创造性劳动及其结晶知识产品，自然而然就能形成知识产权法律意识。因此，创造性劳动价值论是公民形成知识产权法律意识的一个重要理论基础。

2.3.2　公民知识产权法律意识的形成条件

马克思认为："人的本质不是单个人所固有的抽象物，在其现实性上，是一切社会关系的总和。"② 公民知识产权法律意识的形成过程本身就是人的社会化过程。这就告诉我们，公民的知识产权法律意识是在公民相互间的经济、思想、文化等关系中，在公民的实践活动过程中，通过家庭、学校、社会等各方面的综合影响而形成的。因此，必须科学把握和深刻揭示知识产权法律意识与社会经济、思想、文化之间的内在联系，可将公民知识产权法律意识的形成条件归结为公民自身的思想文化条件和客观的社会经济条件两方面。

1. 思想文化条件

要使公民树立起知识产权法律意识和观念，将自己的创造性劳动成果即知识产品作为自己的财产和商品看待，并且能够尊重和保护他人的知识财产，从思想文化角度看，必须具备独立自由和理性精神。

人的社会性并不排斥人的全面而自由的发展和独立自由的精神。独立自由精神是近代私法的精神内核，主要包括两方面含义：第一，每个人都是独立的，具有独立的人格，国家和各种组织、团体也是由个人组成的集合体；每个人的意志、行为都是自由的，每个人的民事行为由自己决定，不受他人的干涉。第二，人与人之间享有平等的法律地位和权利，可自由选择是否参与法律关系。当然，没有不受任何限制的独立自由，不能把独立自由狭隘地理解为脱离社会的"随心所欲"，以自己的所谓独立自由去损害他人的利益，损害社会整体利益。知识产权作为财产权具有私权属性，而个人的独立和自

---

① 汪向阳、汪碧瀛：《知识价值论是对劳动价值论的深化和发展》，载《西安电子科技大学学报（社会科学版）》，2002年第4期，第4页。

② 马克思恩格斯选集（第1卷），北京：人民出版社，1995年版，第56页。

由是整个近代私法体系得以确立的重要条件。亨利·梅因对古代法到近代法的转变提出过两个基本观点，一个是从身份到契约，另一个是从家庭到个人，个人不断代替家族成为民事法律所考虑的单位，即强调个人的独立自由。① 这也是知识产权法律意识和知识产权法在西方得以最早形成并发展的一个重要条件。而在中国传统社会，并不主张个人的独立和自由，财产的家族所有压抑了独立的个人财产权利意识。② 这就遑论具有私权属性的知识产权法律意识了。因而知识产权法没有在中国自发形成并发展，而是在近代从西方输入的。具体来说，独立自由精神作为公民知识产权法律意识形成的思想文化条件表现在以下几方面：第一，知识产权是一种私人财产权，不是神授也不是君主授予的结果，而是作者、发明创造者创造性劳动的产物。知识产权的源头——封建特许权，能够转变为私人财产权之一的知识产权，能够从公法领域进入私法领域，一个重要原因是受独立自由精神的影响。第二，知识产权是具有独立人格的特定民事主体所享有的私人权利，而不是一切人共享的公共权利。第三，思想意志自由保障了知识的研究、创造、交流和进步，以及人们认知能力的提高，是近代知识产权法律构建的灵魂。③

人是具有理性的动物，理性精神蕴含在法律之中，是近代法律得以确立的思想条件之一。理性的基本内涵包括两方面：一是指合乎人类主体的必然性和规律，按照人类自身的内在规定性和本质行事，寻求自身的需要和目的的实现，表现为人在社会和自然中的主体地位、人的需要和利益等。二是指合乎社会历史和自然世界的必然性和规律，表现为社会的发展与进步、人与自然的和谐统一。④ 知识产权虽然具有私权属性，保护知识产品创造者的利益，但同时也体现人们促进知识传播和社会进步的理性追求。如最早的著作权法——英国的《安娜女王法令》——中就在保护作者利益的同时，规定了文学艺术的公共领域。⑤ 知识产权法从诞生之日起，就体现了理性精神，就

---

① 亨利·梅因：《古代法》（沈景一译），北京：商务印书馆，1959 年版，第 95 - 97 页。

② 刘丕峰：《中国古代私有财产权的法律文化研究》，济南：山东人民出版社，2011 年版，第 94 - 111 页。

③ 吴汉东：《知识产权法律构造与移植的文化解释》，载《中国法学》，2007 年第 6 期，第 51 - 52 页。

④ 吴汉东：《知识产权基本问题研究（总论）》，北京：中国人民大学出版社，2009 年第 2 版，第 116 页。

⑤ L. Ray Patterson, Stanley W. Lindberg. *The Nature of Copyright*：*A Law of User's Right*. Atlanta：The University of Georgia Press, 1991, pp49 - 55.

肩负着调节知识产品创造者的利益和社会公共利益的使命。知识产权并不像所有权那样是绝对化的私权，它既存在保护又存在限制，即在保护知识产品创造者权利的基础上寻求个人利益与社会利益的平衡。[①] 知识产权的时间限制、地域限制、强制许可制度、合理使用制度、法定许可等都是为了社会公共利益而对知识产品创造者的权利所作的适当限制，而这些无一不是以理性精神为基础的。因此，公民要理解知识产权法，形成完整、全面的知识产权法律意识，就必须以理性精神为前提条件。

2. 社会经济条件

公民知识产权法律意识属社会意识的范畴，它的形成和发展由社会物质生活条件尤其是社会经济形态所决定。在自然经济条件下，不可能形成知识产权法律意识。如在我国长期的封建社会中，以小农经济为主体的自然经济是社会的基本经济形式，虽然我们创造出以"四大发明"为代表的大量创造性劳动的结晶，但最终并没有形成知识产权法律意识，制定出知识产权法来保护这些知识产品。只有在商品经济及其充分发展形式——市场经济——条件下，才可能形成知识产权法律意识。近代西方是在自然经济开始向商品经济和市场经济转化后，人们才率先逐渐形成知识产权法律意识，从而制定出知识产权法的。如根据市场经济和技术进步的要求，人们逐渐酝酿出了专利权法律意识，英国在 1623 年制定出了世界上第一部专利法——《垄断法规》。在商品经济条件下人们形成了将作品看作商品而谋取经济利益的意识，1709 年世界上第一部著作权法——英国的《安娜女王法令》——就体现了利用作品来取得经济收入的意识。随着近代商品生产与市场经济的发展，为了适应工业革命和市场的国内外扩张的要求，在对商号和商业标记的朦胧意识的基础上人们形成了商标权法律意识，并且法国在 1857 年制定出了世界上第一部商标法——《关于以使用原则和不审查原则为内容的制造标记和商标的法律》。

具体来说，作为公民知识产权法律意识形成的重要先决条件，商品经济（市场经济）的重要性表现在以下两个方面：第一，在商品经济（市场经济）条件下形成知识产权法律意识的内容。知识产权法律意识的重要内容之一就是将人们的创造性劳动成果当作有形商品一样自由地在市场上交易。如果没有商品生产和市场交换，人们的创造性劳动成果就只能以"祖传秘方""传

[①]　吴汉东：《知识产权法律构造与移植的文化解释》，载《中国法学》，2007 年第 6 期，第 54 页。

男不传女"的方式被封闭在家庭作坊中，就不能对其形成法律上的权利意识了。同时，知识产权法律意识内容中对知识产权的保护和尊重意识的形成也离不开商品经济（市场经济）条件下对财产权利的认可和保护。第二，商品经济（市场经济）孕育出了形成知识产权法律意识所必需的平等、自由、独立和理性等思想文化观念。在商品经济（市场经济）下，商品生产和交换只遵循等价交换的价值规律，承认参与主体的平等、自由的权利，不承认任何等级和特权。马克思认为"商品是天生的平等派"①，他还认为"平等和自由不仅在以交换价值为基础的交换中受到尊重，而且交换价值的交换是一切平等和自由的生产的、现实的基础"②。可见，自由、平等观念只有在商品经济和市场经济条件下才能真正得以形成。市场经济也促进了人的独立人格和独立意识的形成。市场经济条件下人的依赖关系解体，人成为具有独立人格和独立经济利益的主体，并产生尊严感和价值感。市场经济是竞争经济，要在竞争中立于不败之地，就必须开拓创新，进行大量创造性劳动，而这也正是形成知识产权法律意识所需要的。市场经济也是以理性规则为基础的法治经济，其实质就在于把市场的等价交换原则纳入理性的法律关系之中。"市场是理性的母体"③，这种理性精神也是形成知识产权法律意识所必需的。因此，商品经济（市场经济）条件是形成公民知识产权法律意识的内容和价值观念取向的重要社会经济条件。

2.3.3 公民知识产权法律意识的形成过程

公民知识产权法律意识的形成过程是公民对知识产权法及其法律现象的认知、情感、意志、态度从简单到复杂、从低级到高级、从量变到质变，从而形成相对稳定的知识产权法律意识的动态过程。这一过程不但是公民作为受教育者主体内部矛盾运动的过程，而且受到以思想政治教育为主的社会因素的影响。美国社会心理学家凯尔曼关于态度形成过程的研究对我们有重要启示，他认为态度的形成经过了服从、同化、内化的过程。④ 我国学者对思想政治素质的形成过程进行了研究，其中有代表性的观点认为思想政治素质

① 《马克思恩格斯全集》（第 23 卷），北京：人民出版社，1972 年版，第 103 页。
② 《马克思恩格斯全集》（第 46 卷上册），北京：人民出版社，1979 年版，第 197 页。
③ 张中秋：《中西法律文化比较研究》，南京：南京大学出版社，1999 年版，第 316 页。
④ 侯玉波：《社会心理学》，北京：北京大学出版社，2002 年版，第 102 - 103 页。

的形成过程是一个感受、分析、选择的过程。① 结合知识产权法律意识的特性和认识论原理，我们认为公民知识产权法律意识的形成经过感受、服从、认同、内化过程。

首先，公民在社会实践的过程中，必然要接触到大量与知识产权法及其法律现象有关的信息，这些信息通过各种渠道作用于公民的感官，这样就会形成直接的感官反应和表象，这就是感受阶段。根据认识论原理，反映个别现象的个别属性的感性认识是形成科学概念的基础。认识过程开始于感觉和感受，正如列宁所说："不通过感觉，我们就不能知道事物的任何形式，也不能知道运动的任何形式。"② 这种感受虽然是公民的一种感性认识，也许是简单的、片面的、肤浅的，但它是公民形成知识产权法律意识的基础和开端。

其次，在感受的基础上，公民会对自己的行为进行一定的约束，具体表现为采取与知识产权法的要求相一致的行为，这就是服从阶段。服从的原因可能是迫于知识产权法的强制力，为了避免受到法律制裁而服从，也可能是为了利用知识产权法获取物质和精神利益而服从，如专利权人为了获取专利许可使用费而服从和遵守知识产权法的要求与他人订立规范的许可合同。服从是暂时的、被动的、表面的顺从，不是公民自己的真实意愿，而是外在因素造成的。当外在强制力或利益因素消失时，就会从服从转变为不服从。因而处在服从阶段的公民，在认识和理念上与知识产权法的要求并不完全一致。

再次，在认同阶段，公民不是被动而是自愿接受知识产权法所要求的行为、观念，使自己的认识和态度与知识产权法的要求相一致。知识产权法维护的是社会发展的长远的、根本的利益，体现的是社会价值，有可能与公民个人的短期需求和利益产生矛盾。但公民可以通过接受法治教育等方式对知识产权法的要求进行分析、理解和接受，对知识产权法形成新的认识，从而达到认同。这种新的认识虽然体现了公民对知识产权法要求的自觉和主动趋同，不同于特定情势下的盲从和外部压力下的被动服从，但还没有完全与公民原有的全部意识体系相融合，还需要一个内化的过程。

最后，公民真正从内心深处接受知识产权法的要求，并将其全部纳入自己的意识体系，成为自己意识体系的一个有机组成部分，从而形成相对稳定

---

① 鲁杰、王逢贤：《德育新论》，南京：江苏教育出版社，1994 年版，第 273 页。
② 《列宁全集》（第 18 卷），北京：人民出版社，1985 年版，第 316 页。

的知识产权法律意识，这就是内化阶段。内化是在已经获得的对知识产权法要求的新认识的基础上，公民经过实践体验和思想矛盾运动，其内心深处真正发生了变化，彻底而自觉地吸收、选择和接受知识产权法的要求。此时，在认同阶段对知识产权法要求的新认识会升华并融入公民稳定的意识体系，并成为支配和控制公民思想、情感、行为的内在力量和准则，具有相对稳定性。

公民知识产权法律意识形成过程的几个逐渐递进的阶段，揭示了公民知识产权法律意识形成的规律和复杂性、长期性，也说明了这一过程本身就是个体的社会化过程，离不开对公民的法治教育。掌握公民知识产权法律意识的形成过程，也有利于我们有目的、有针对性地对公民的知识产权法律意识进行培育。

2.3.4　公民知识产权法律意识的形成模式

纵观世界各国公民知识产权法律意识的形成，根据形成的动力来源不同，可将公民知识产权法律意识的形成模式分为自发为主型和推进为主型两种。

自发为主型的形成动力来源主要是公民对知识产权的意识观念的自发改变，是公民对传统财产权法律意识的自我否定和变革。公民能够主要靠自发形成知识产权法律意识，是一国社会内在因素促进的结果，也就是说一国社会具备了公民形成知识产权法律意识所需要的基础和条件。这些基础和条件有以下几方面：商品经济（市场经济）的充分发展；独立自由和理性精神的深入人心；科学技术的快速发展；公民意识到创造性劳动也创造价值，认可、尊重并保护创造性劳动及其结晶——知识产品。公民知识产权法律意识属于社会意识的范畴，根据社会存在对社会意识的决定作用，以及其他社会意识对法律意识的影响和作用，只要这些基础和条件具备了，公民就较容易形成知识产权法律意识。比如，一个经常在市场上接触并参与专利转让、收取专利许可使用费、将专利作价投资入股的公民，能不容易形成知识产权法律意识吗？自发为主型的形成模式的典型代表国家是英国、法国、德国、美国等近代以来知识产权一直较为发达的西方国家。当然，自发为主型的形成模式只是说公民在形成知识产权法律意识时主要是靠自发形成，并不排斥政府、学校等外力的介入，并不是说这些国家就不需要对公民进行知识产权法律意识的培育了。在国家将形成公民知识产权法律意识所必需的基础和条件创造好之后，只要投入少量的培育工作就能收到较大的效果。

推进为主型的形成动力来源主要是政府、学校、家庭等外力的推进，表现为公民受到外来知识产权法律意识的输入，往往是外来知识产权法律文化观念冲击的结果。公民形成知识产权法律意识主要需外力的推进，说明一国社会发展较为迟缓，不具备或不完全具备形成知识产权法律意识所需要的基础和条件。但是，在两种情况下，公民会在推进为主型的模式下形成知识产权法律意识。一种情况是，近代发展较为落后的国家在西方知识产权法律文化观念的冲击下，被迫接受知识产权法律制度，采取外力推进的模式使公民形成知识产权法律意识。这些国家大多是近代西方列强的殖民地。对此，亨廷顿认为："对一个传统社会的稳定来说，构成主要威胁的，并非来自外国军队的侵略，而是来自外国观念的侵入……君主被迫推行现代化并试图变革社会，因为他担心自己不这样做，别人就会取而代之。"[①]另一种情况是，现代发展较为落后的国家在西方知识产权法律文化观念的冲击下，为了经济、政治利益和社会长远发展，为了避免发展速度太慢而丧失机遇，主动选择西方知识产权法律制度，采取推进为主的模式努力使公民形成知识产权法律意识。如我国改革开放以来，先恢复和引进已在我国中断几十年的知识产权法律制度，加入许多已有的国际知识产权公约，后来加入世界贸易组织后又认可世界贸易组织的《与贸易有关的知识产权协议》（即 TRIPS 协议）。在这个过程中我国公民知识产权法律意识的形成模式就是推进为主型，政府、学校经常会对公民进行知识产权普及教育和宣传。总之，不管是哪种情况，结果都是推进为主型模式。在推进为主型模式下，虽然不具备或不完全具备形成知识产权法律意识所需要的基础和条件，但根据社会意识对社会存在的相对独立性原理，也是可以形成知识产权法律意识的。当然，推进为主型模式只是以外力推进为主，并不否定公民自发形成知识产权法律意识的情况存在。当具备一部分基础和条件时，也会存在少量自发形成的情况。

自发为主型模式具有深厚的社会基础和完备的社会条件，从而表现出足够的持续性和稳定性；推进为主型模式并不完全具备这些基础和条件，因而较易受到外部因素的干扰和影响而偏离其正常运行轨道。我国公民知识产权法律意识的形成模式是推进为主型模式，这是客观决定的。这也就要求我们在思想政治教育、法治教育的过程中，要重视和加强对公民知识产权法律意识的培育工作，并且保证此项工作正常、稳定进行而不动摇。

---

① 塞缪尔·P.亨廷顿：《变化社会中的政治秩序》（王冠华等译），北京：三联书店，1989 年版，第 141 页。

第3章 我国公民知识产权法律意识的历史考察及启示

当代公民的思想和意识不可避免地受到传统的影响，是像基因一样传承下来的。当代公民对于知识产权的法律意识自然也受传统观念和意识的影响，打上了深深的历史烙印。因此，对我国公民的知识产权法律意识进行历史考察，是认清和培育当代公民知识产权法律意识的前提条件。需要注意的是，虽然"公民"一词最早起源于古希腊，但我们今天所说的"公民"则源自资产阶级革命，反映的是个人与国家的内在关系，强调平等性和普遍性。显然，我国古代的等级社会不存在我们这里所说的"公民"，而民国时期一般又称为"国民"。因此，为了称谓上的方便，本章在对清末及民国以前时期知识产权法律意识的历史考察中统一使用"民众"这一称谓，而1949年中华人民共和国成立后使用"公民"。

3.1 我国公民知识产权法律意识的历史演变

对于我国公民来说，现代知识产权法律制度是地道的舶来品。但是，我国古代创造了大量丰富而灿烂的科技和文化，到了近代也大量引进了西方的科技、文化和商业模式。在这个发展历程中，公民不可能不对与知识产权有关的现象产生认知、态度、看法和评价，不可能不形成知识产权法律意识，哪怕这种法律意识是朦胧的、初级的和不完整的。因为公民知识产权法律意识与知识产权法律制度是互为条件、相互作用的关系，公民知识产权法律意识可以适当超越知识产权法律制度，对知识产权法律制度的创制、实施和修订产生影响。否则，没有知识产权法律意识的指导，怎么可能想起需要知识产权法律制度？怎么可能制定出知识产权法律制度？经过对我国公民知识产权法律意识发展历程的总结，我们分四个阶段来考察我国公民的知识产权法律意识。

3.1.1 萌芽时期：清末以前

在清末以前漫长的历史阶段，人们逐渐形成了朦胧的、极不完整的知识产权观念，包括对知识产品的财产权和人身权的追求意识，这可视为知识产权法律意识的萌芽。

1. 专利权法律意识的萌芽

早在春秋战国时期，据《韩非子》记载，为了防止冬天冻坏手，一个世代以洗染为业的家族研制了一种"不龟手之药"，秘不外传。一个谋士以千金巨资买走了药方，后来他带兵打仗，配置了"不龟手之药"给本国将士使用，该国士兵使用了该药，手足没有被冻坏，大大增强了战斗力，最终打败了强敌，该谋士也封官晋爵。① 这种将知识产品视为财产和商品，并进行商品交易的朦胧意识，是一种知识产权法律意识的萌芽，类似于今天的非专利技术交易，尽管它具有偶发性和不完整性。较为稳定的"专利"行为是从西汉时期开始的对盐、铁、茶、丝、瓷器等实行官办或商办的垄断经营和专卖。这种做法只是国家对经济活动进行管理和控制的方式而已，与今天激励发明创造的专利思想相去甚远。但是，其中所体现出的独占权意识与今天的专利有接近之处。其实，我国古代有着灿烂而辉煌的科学技术和发明创造，火药、指南针、造纸术、印刷术、舟车、造笔、瓷器、缫丝、制茶、酿酒等。其中火药、指南针、造纸术和印刷术被认为是加速了西方从黑暗中世纪向现代社会转变的最重要发明。在缺乏专利制度激励和保护的环境下，广大民众所做出的各种各样的发明创造只能以商业秘密的方式自我保护起来。如大量存在的"祖传秘方""传男不传女""传媳不传女"（因为儿子和儿媳终究是自家人，而女儿终将嫁人而成为外人）就说明了这一点。这种对发明创造的自我保护方式虽然原始而简单，但毕竟孕育了民众知识产权中初级的商业秘密权利意识的萌芽。

2. 商标权法律意识的萌芽

中国古代还出现了在物品上刻以标记的做法，这可视为商标权意识的萌芽。春秋战国时期，由于列国之间连年征战，武器的重要性得以凸现。为了保证武器的质量，逐步形成了"物勒工名"的管理制度。这种制度要求将武器的监造者、主造者、直接制造者的名字刻在武器之上，如在秦国的武器上就发现刻有"五年，相邦吕不韦造，少府工室令丞冉，工九"。② 通过这种做法，"物勒工名，以考其诚。功有不当，必行其罪，以穷其情"③，给追究

---

① 转引自龙文懋：《知识产权法哲学初论》，北京：人民出版社，2003 年版，第 75 页。
② 余俊：《商标法律进化论》，武汉：华中科技大学出版社，2011 年版，第 50 页。
③ 出自《礼记·月令》。

产品责任提供了依据。这就建立起了一套产品责任标记制度，有效地保障了产品质量。除了武器之外，"物勒工名"制度也广泛应用到了铜容器、漆器、砖瓦等产品之上。[①] "物勒工名"制度虽然最初是为了保证产品质量，但技术高超的著名工匠所制造的产品往往会成为人们竞相追逐的对象，因此这种标记其实也起到了标示产品的不同来源和广告宣传的作用，在这个意义上有点类似于今天的商标了。例如当时有名的被人们争相求之的标有"干将""莫邪"的宝剑，就是名为"干将"和"莫邪"的两位铸剑大师铸造的。在南北朝后期北周的出土文物中也发现有以陶器工匠"郭彦"署名的土定（一种精陶器）。此外，有些产品上还标记了产地，这可视为今天地理标志中的原产地名称的萌芽。例如，湖北云梦睡虎地秦墓出土的漆器上有"咸亭""咸包""许市""郑亭""亭""亭上"等产地烙印，四川荥经古城坪M1战国晚期至秦代墓葬出土的漆器上有"成亭"烙印，汉代漆器上有产地烙印的现象也非常多见。[②] 作为瓷器生产大国，古代中国的瓷器上往往有生产年代的标记（以皇帝年号为主）和特殊的图案标记，也起到了区分同类物品的作用。被认为与现代商标最为接近的是北宋时期山东济南刘家功夫针铺所使用的标识，在针的包装纸上印有"白兔捣药"的图形和"济南刘家功夫针铺""兔儿为记"等字样。[③] 这一标识已经不是简单的符号了，除了有生产者的名称，还有图形与文字的组合，已经较为完整了。当然，以上这些标记还不能完全等同于今天的商标，因为附有标记的物品不一定全是用来进行商品交换的。因此，在物品上进行标记的意识只能是商标权意识的一种萌芽，这种状况一直持续到清末。

其实，在中国古代，由于商品经济不甚发达，商品种类和数量较少，人们对商品的选择往往通过"招牌""字号"等商号的方式进行经验判断，生产者也凭借商号来取信于人。因此，古代民众对商号的重视程度要远远高于商标，甚至出现过零星的、偶然的政府出面保护商号的情况。如清初顺治年间，松江府布商金三阳控告沈青臣假冒三阳号记，苏州府布商朱嘉义等也联名请求苏州府解决"假号横行之事"。应布商所请，苏、松两府联合布告，

---

① 袁行霈、严文明、张传玺、楼宇烈：《中华文明史》（第1卷），北京：北京大学出版社，2006年版，第244－247页。

② 转引自余俊：《商标法律进化论》，武汉：华中科技大学出版社，2011年版，第52－53页。

③ 吴汉东：《知识产权基本问题研究（分论）》，北京：中国人民大学出版社，2009年第2版，第334－335页。

严禁"私翻摹刻，以伪乱真，丑布射利"的行为，要求布商"各照本记字号印刷贸易，不许沟通混冒"，如再有触犯，必予严惩。① 这虽然有别于现代的商标权保护，但已经具有商标权保护的某些特性，可从中看出古代民众初级的商标权意识的萌芽。

3. 著作权法律意识的萌芽

古代著作权法律意识的萌芽首先体现在著作权中的人身权方面，在作品上的署名意识是其一个典型表现。春秋战国时期，百家争鸣，诸子百家的著作开创了古代署名权的先河。例如，《老子》《孟子》《韩非子》等著作不但署上了作者的姓名，甚至直接以作者姓名作为作品的名称。又如，《论语》是孔子的弟子和再传弟子所记录的孔子的言行，虽然只署了孔子的姓名，但也应视为一种初级的署名意识。即使这些署名不是出于作者本意，只是弟子门人所为，也不能否认弟子门人的署名意识。与今天不同的是，这种署名行为基本与经济利益无关，而是为了宣传自己的思想和主张，表明作者身份或学术派别。② 汉代人们逐渐习惯在作品上署名，到了晋代更是达到著作卷端无不署名的地步。③ 据余嘉锡所著《古书通例·案著录第一》记载："自《诗》分为四，《春秋》为五，乃提姓氏于传之上以为识别，其后一传之中，又多别自名家，各为章句故训，于是复提其姓氏。盖其初由后人追提者，久而变为著者自署矣。其初只称氏者，久而并署姓名矣。今虽不能考其所自始，要是汉晋以后之事。"当然，汉晋之后作品署名行为更是被士人稳固地沿袭下来。此外，有些士人对剽窃、抄袭他人作品的行为给予了谴责。这是著作权中人身权意识萌芽的另一个表现，虽然这种谴责的态度并不多见。如南朝文学批评家钟嵘编撰的《诗品》中收录了诗人宝月的诗作《行路难》，曾记载："《行路难》是东阳柴廓所造。宝月尝憩其家，会廓亡，因窃而有之。廓子赍手本出都，欲讼此事，乃厚赂止之。"④ 总之，在作品上署名表明作者意识到了自身与作品之间的关联，这种关联具体来说就是意识到作者自身是创作主体，作品是创作客体。树立起了作者是创作主体的意识，自然

---

① 赵毓坤：《民国时期的商标立法与商标保护》，载《历史档案》，2003 年第 3 期，第 119 页。

② 吴汉东：《关于中国著作权法观念的历史思考》，载《法商研究》（中南政法学院学报），1995 年第 3 期，第 44 - 45 页。

③ 杨利华：《中国古代著作权保护及其成因探析》，载《金陵法律评论》，2004 年秋季卷，第 40 页。

④ 曲辰：《困扰古人的著作权纠纷》，载《著作权》，1993 年第 2 期，第 23 页。

也就会谴责混淆创作主体的剽窃、抄袭行为。当然，署名意识只是一种自发、朴素的著作权中的人身权意识萌芽，体现了作者对于自身创作地位的认知、对于名誉的珍爱、对于宣传自己思想的需求，还没有涉及财产权意义上的权属意识。

东汉蔡伦造纸术的发明，使人们逐渐告别在竹简、丝帛上书写的习惯，是书写载体的一次革命。唐代中期雕版印刷的发明，改变了以人工抄写为主的图书制作方式。这些变革使得图书的生产周期缩短、价格更加便宜，图书市场和图书交易开始出现。① 尤其是宋代毕昇活字印刷术的发明，大大加快了图书的生产和复制速度，提高了生产和复制数量。在此种环境下，著作权中的人身权意识继续萌芽，更为重要的是催生了著作权中的财产权意识的萌芽。这种意识是在对非法出版行为的态度中体现出来的。当图书出版的数量众多，并且包括官刻、坊刻和家刻在内的出版主体也较多时，利益上的竞争在所难免，一些盗版、翻刻等非法出版行为就出现了。如元稹曰："白氏《长庆集》者，太原人白居易之所作。……而乐天《秦中吟》《贺雨》《讽谕》等篇，时人罕能知者。然而二十年间禁省观寺，邮侯墙壁之上无不书，王公妾妇、牛童马走之口无不道。……其甚者有至于盗窃名姓，苟求是售，杂乱间厕，无可奈何。"② 可见盗版已经达到非常猖狂的地步。宋代著名文学家苏轼的诗文也遭到盗版，当时坊间有专门以盗刻苏轼、黄庭坚的文集而达到生活饱暖无虞的刻工。著名学者朱熹的著作更是屡遭盗刻，就连他受托为已逝的理学家张栻编刊的文集也遭到盗刻。③ 有些不但盗刻，而且为了牟利对原作做了改动，破坏了原作的完整性。如傅增湘指出：宋时闽中刊本"版式行格皆同，盖人士喜诵苏诗，风行一时，流播四出，闽中坊肆遂争先镂刻，或就原版以摹刊，或改标名以动听，期于广销射利，故同时同地有五六刻之多，而于文字初无所更订也"④。还有更加大胆的，如庆历二年正月杭州上言："知仁和县太子中舍翟昭应将《刑统律疏》正本改为《金科正义》，镂板印卖。"⑤ 面对这些非法出版行为，不论是作者、出版者，还是政府都表示出不认可的态度。政府甚至采取禁令的方式进行了打击，体现出初步的著作

① 吴汉东、王毅：《中国传统文化与著作权制度略论》，载《法学研究》，1994 年第 4 期，第 18 页。
② 转引自陈传夫：《著作权概论》，武汉：武汉大学出版社，1993 年版，第 32 页。
③ 郭孟良：《中国版权问题探源》，载《齐鲁学刊》，2000 年第 6 期，第 31 页。
④ 出自傅增湘：《藏园群书题记》卷 13。
⑤ 出自《宋会要辑稿·刑法》二之二六。

权法律意识的萌芽。

作者的态度主要是忧虑、谴责和愤恨，以主张著作权中的人身权为主。如苏轼对盗版自己作品的行为表达了忧虑和不平："世之蓄轼诗文者多矣，率真伪相伴，又多为俗子所改窜，读之使人不平。"① 他甚至想采取"欲毁其版"的行动去制止："某方病市人逐于利，好刊某拙文，欲毁其版，矧欲更令人刊耶。当俟稍暇，尽取旧诗文，存其不甚恶者为一集……今所示者，不惟有脱误，其间亦有他人文也。"② 朱熹面对自己的作品被盗版，也表现出了愤恨："编集未成而后生传出，致此流布，心甚恨之。"③ 他比苏轼前进了一步，将其"欲毁其版"的想法付诸行动，具体是"亟请于县官，追索其板"④。朱熹还曾对一所学校私刻他的著作，在面谈制止失败后，采取了自己掏钱把已刻之版全部买下销毁的无奈办法。⑤ 到了清代郑板桥这里，这种愤恨已经达到了极致："板桥诗刻，止于此矣。死后如有托名翻版，将平日无聊应酬之作，改窜注入，吾必为厉鬼，以击其脑！"⑥ 可见，作者的忧虑、谴责和愤恨主要不是为了经济利益，而是担心随意增删、错讹百出的盗版误导读者，同时也是为了维护自己的声誉和学术声望，大致相当于今天著作权中的保护作品完整权、修改权、发表权等人身权意识的萌芽。如朱熹的出资买版然后销毁的反盗版行为，不但获得不了任何经济利益，甚至还要自己倒贴钱财，人身权意识非常明显。当然，从现有的文献资料来看，像朱熹这样采取反盗版行动的作者只是极少数，大多作者至多只是忧虑和谴责而已，甚至只要盗版不是随意增删、错讹百出的话，他们连忧虑和谴责都会很少，对盗版表现出极大的宽容。这是因为作者并不是主要以出售作品为生，没有将作品视为财产，他们有其他稳定的收入。这一其他收入主要来源于科举制的保障。中国古代之所以有灿烂的文化、丰富的作品，被许多学者归结于科举制度。"在漫长的封建社会中，为中国文化的丰富发展做出了巨大贡献的一切伟大的政治家、思想家、文学家、史学家以及其他学问家，很少不是通过科举考试而跻身社会上层，由此获得了做出贡献的活动基础……"⑦ 因此，

---

① 出自苏轼：《答刘沔都曹书》。
② 出自苏轼：《与陈传道书》。
③ 出自朱熹：《答吴斗南》。
④ 郭孟良：《中国版权问题探源》，载《齐鲁学刊》，2000 年第 6 期，第 32 页。
⑤ 曹之：《朱熹反盗版》，载《出版参考》，2003 年第 15 期，第 24 页。
⑥ 出自郑板桥：《板桥集·后刻诗序》。
⑦ 金净：《科举制度与中国文化》，上海：上海人民出版社，1990 年版，第 1 页。

中国古代特别是隋唐以后的士人被认为具有知识分子和官僚的双重角色。①作为知识分子，具有创作的才能；作为官僚，"由于文章写得好坏，是否受到统治阶级、上层官僚的欣赏，常常与作者本人的政治命运相关，所以作者反而欢迎作品的复制、流传以扩大自己的影响"②。"科举制度使得古代的读书人加入到政府，成为文人官僚。这样，中国古代读书人的创作活动从整体而言，是有制度性保障的。官俸等财源即可使他们生活无忧、相对富足，而不需为维持生计，要求限制别人的复制行为，实现自己的经济利益。"③ 也就是说，科举制度通过功名将具有创作潜力的知识分子吸纳到官僚集团中来，他们不论是为了自己的政治命运，还是为了流芳百世的理想，抑或是为了陶冶情操、调节性情，总之是具有了创作作品的动力。而功名、官僚身份所带来的较为丰厚的经济收入，使他们并不需要依靠出售作品为生，并不将自己的作品视为用来获利的商品。他们更多地将注意力集中在了作品能否流传、流传作品的完整性和正确性、作品的社会影响等精神领域，因此只能看作不完整的著作权中人身权意识的萌芽。当然，作者对自己作品的这种意识状况还有一个更为重要、更为基础的原因，那就是缺乏商品经济的土壤，这将在后文详细论述。

　　政府主要是采取禁令的措施应对非法出版行为，不论是中央政府还是地方政府都有类似的记载，体现出了著作权保护意识的萌芽。关于中央政府的保护，被学者们所重视的具有典型性的事例是宋代国子监颁发的禁止翻版《丛桂毛诗集解》的公据。"行在国子监，据迪功郎新赣州会昌县丞段维清状，维清先叔朝奉昌武，以《诗经》而两魁秋贡，以累举而擢第春官，学者咸宗师之。印山罗史君瀛尝遣其子侄来学，先叔以毛氏诗口讲指画，笔以成编。本之东莱《诗记》，参以晦庵《诗传》，以至近世诸儒。一话一言，苟足发明，率以录焉，名曰《丛桂毛诗集解》。独罗氏得其缮本，校雠最为精密。今其侄漕贡樾锓梓，以广其传。维清窃惟先叔刻志穷经，平生精力毕于此书，倘或其他书肆嗜利翻板，则必窜易首尾，增损音义。非惟有辜罗贡士锓梓之意，亦重为先叔明经之玷。今状披陈，乞备牒两浙、福建路运司备词约

---

①　阎步克：《关于士大夫的"二重角色"》，载许纪霖：《20 世纪中国知识分子史论》，北京：新星出版社，2005 年版，第 44 页。

②　徐言：《中英两国早期版权保护的比较研究》，载郑胜利：《北大知识产权评论》，北京：法律出版社，2004 年版，第 195 页。

③　马晓莉：《近代中国著作权立法的困境与抉择》，武汉：华中科技大学出版社，2011 年版，第 56 页。

束，乞给据付罗贡士为照。未敢自专，伏候台旨。呈奉台判牒，仍给本监。除已备牒两浙、福建路运司备词约束所属书肆，取责知委文状回申外，如有不遵约束违戾之人，仰执此，经所属陈乞，追板劈毁，断罪施行，须至给据者。右，出给公据付罗贡士，樾收执照应。"[1] 可见，这份中央政府对版权的保护文告还是比较完整的。首先指出政府保护的依据是作者投入了大量的精力："口讲指画，笔以成编"，"一话一言，苟足发明，率以录焉"，"平生精力毕于此书"；其次指出保护的直接目的在于防止盗版者"窜易首尾，增损音义"，从而违反作者原意，造成作者"明经之玷"；最后指出保护方式是向国子监提出申请，给付"执照"，对盗版者"追板劈毁，断罪施行"。显然，这一公据主要以保护著作权中的人身权为主。同时，从禁止"其他书肆嗜利翻板"也可以看出客观上也保护了出版者的财产权，只不过这一意图居于次要地位而已。关于地方政府对版权的保护，被学者们所重视的具有典型性的事例是《方舆胜览》所记载的宋代地方政府发布的两个保护性榜文。祝穆刊印了《方舆胜览》，首先是两浙转运司发布了禁止翻刻的榜文。"两浙转运司录白。据祝太傅宅干人吴吉状：本宅见雕诸郡志，名曰《方舆胜览》及《四六宝苑》两书，并系本宅贡士私自编辑，数载辛勤。今来雕板，所费浩瀚，窃恐书市嗜利之徒，辄将上件书板翻开，或改换名目，或以《节略舆地纪胜》等书为名，翻开挽夺。致本宅徒劳心力，枉费钱本，委实切害。照得雕书，合经使台申明，乞行约束，庶绝翻板之患。乞给榜下衢、婺州雕书籍去处，张挂晓示。如有此色，容本宅陈告，乞追人毁板，断治施行。奉台判，备榜须至指挥。右令出榜衢、婺州雕书籍去处，张挂晓示，各令知悉。如有似此之人，仰经所属，陈告追究，毁板施行，故榜。"[2] 时隔 20 多年，当《方舆胜览》再版时，福建转运司又一次发布了禁止翻刻的榜文。"据祝太傅宅干人吴吉状称：本宅先隐士自编《事文类聚》《方舆胜览》《四六妙语》，本官思院续编《朱子四书附录》，进呈御览，并行于世。家有其书，乃是一生灯窗辛勤所就，非其他剽窃编类者比。当来累经两浙转运使司、浙东提举司，给榜禁戢翻刊。近日书市有一等嗜利之徒，不能自出己见编辑，专一翻板，或改换名目，或节略文字，有误学士大夫批阅，实为利害。照得雕书，合经使台申明状，乞给榜下麻沙书坊，长平熊屯刊书籍等处，张挂晓

---

[1]　周林、李明山：《中国版权史研究文献》，北京：中国方正出版社，1999 年版，第 4 页。

[2]　周林、李明山：《中国版权史研究文献》，北京：中国方正出版社，1999 年版，第 3 页。

示，仍乞贴嘉禾县，严责知委。如有此色，容本宅陈告，追人毁板，断治施行，庶杜翻刊之患，奉运使判府节制，待制修史中书侍郎，台判给榜，须至晓示。右令榜麻沙书坊，张挂晓示，各仰通知，毋至违犯，故榜。"① 这两个地方政府的保护性榜文除继续以保护著作权中的人身权为主外，从"所费浩瀚，窃恐书市嗜利之徒……致本宅徒劳心力，枉费钱本，委实切害"等处可以看出，对作者和出版者的财产权也给予了一些关注。此外，政府的这种保护版权的禁令往往是基于作者或出版者的请求而发布的，这可以从"据迪功郎新赣州会昌县丞段维清状""据祝太傅宅干人吴吉状"等处可看出，至今尚未发现明令禁止翻印他人之版的法令。正如叶德辉在《书林清话》中所评价的："当时一二私家刻书，陈乞地方有司禁约书坊翻板，并非载在令甲，人人之所必遵。特有力之家，声气广通，可以得行其志耳。"② 也就是说，政府的保护以个别禁令为主，并非政府规范而持久的行为，只能算是偶尔、零散的保护。尤其是《方舆胜览》由于"进呈御览"而得到地方政府的两度重视和保护，其他书籍有没有这么幸运就很难说了。

对于政府规范出版行为的做法，有些学者认为就是版权保护，尽管历史上没有制定出成文的版权保护法，但政府以禁令形式保护出版者，出版者的利益甚至在宋代活字印刷术出现后一度被作为民事权利受到保护。③ 这种看法有明显的几个不足之处：一是政府的禁令只能算是一种封建出版特许权，而且这种特许权并没有上升到稳定的、规范的法律制度层次，只是零散的、局部的保护；二是这种禁令更多地关注了出版者的权利，对作者权利的关注很少；三是这种禁令还主要处在保护版权中的人身权阶段，对其中的财产权只是偶尔涉及，与真正意义上的版权保护还有很大差距。但是，我们不能因此而忽视政府的这种禁令对民众形成著作权法律意识萌芽的积极意义。因为，毕竟通过这种方式至少使民众意识到版权是可以独占和垄断的，要尊重他人的脑力劳动成果，要想获得他人的尊重就需要创作出新的东西，而不是重复和模仿他人等。有些学者认为中国古代有关出版的禁令只不过反映了帝国控制思想传播的努力，并不是版权保护，对思想控制的目的也是导致中国

---

① 周林、李明山：《中国版权史研究文献》，北京：中国方正出版社，1999 年版，第 3 页。

② 周林、李明山：《中国版权史研究文献》，北京：中国方正出版社，1999 年版，第 8 页。

③ 郑成思：《知识科权论》，北京：法律出版社，1998 年版，第 14 页。

无法产生版权法以及知识产权法的主要原因。① 确实，中国古代政府对出版的管理和控制是比较严格的，表现出了明显的控制思想传播、维护皇权的意图。在唐代，由于历法、历书、部分宗教书籍以及可能被用于预测的其他材料会对皇权的稳定产生不利影响，这些书籍未经审查授权是禁止民间随意印刷出版的。如东川节度使冯宿到四川上任时，发现民间印有许多历书，因此奏请："准敕，禁断印历日版。剑南、两川及淮南道皆以版印历日鬻于市。每岁司天台未奏颁下新历，其印历已满天下，有乖敬授之道。"② 唐文宗针对冯宿所奏，颁布了"敕诸道府不得私置历日版"③ 的禁令，规定历日的颁制权在司天台。到了宋代，这种严格的审查控制制度继续施行，并且扩展到地图、经学、涉及科举用书、涉及国家机密和兵法的书籍等。如政府曾诏令："自今民间书坊刊行文籍，先经所属看详，又委教官讨论，择其可者，许之镂板。"④ 又如涉及科举用书、儒家经书、正史，是封建社会士子们必读之书，也是科举考试命题的依据，历来都要由政府校勘颁雕。为了防止民间出版商以营利为目的而翻刻，并且随意缩小版式，造成文字差讹、有违经义，贻误士子，政府对书籍的出版和流通加以严格管制。明代前中期，政府对出版控制也是比较严格的，如明嘉靖年间，福建建宁书坊为了营利，曾刻了一些适应士子应付科举考试的书籍。但其中一些书如《四书》《五经》有一些文字讹误，并变通缩小版式，受到提刑按察司的干预，并发下牒文，明令禁止。⑤ 但到明代末期，封建统治动摇，政府的出版控制又有所松弛。这种对出版的控制一直持续到清末，只不过在不同时代控制的程度有所不同而已。尽管政府对出版进行了控制，但所控制的书籍主要只是涉及历法、历书、宗教、地图、兵法、国家机密等对皇权统治构成威胁的书籍，对其他书籍的出版控制并不严格。对其他书籍有时甚至会给予一定的保护，如前文对《丛桂毛诗集解》和《方舆胜览》两书的禁止翻印，虽然这种保护忽视了作者基本的财产权利。

其实，最先产生著作权法律意识及著作权法的英国又何尝不是推行了以

---

① 　William P. Alford. *To Steal a Book is an Elegant Offense*：*Intellectual Property Law in Chinese Civilization*. Stanford：Stanford University Press，1995. pp18 - 20.

② 　出自《全唐文》卷 624。

③ 　出自《旧唐书·文宗本纪》。

④ 　出自《宋会要辑稿·刑法》二之一五一。

⑤ 　邓建鹏：《宋代的版权问题——兼评郑成思与安守廉之诤》，载《环球法律评论》，2005 年第 1 期，第 76 页。

思想控制为目的的出版审查制度呢？在中世纪以至近代西欧，罗马教会和世俗政权共同针对出版业进行思想观念传播的控制，这种严格控制的程度绝不亚于古代中国。英国的图书出版审查制度始于亨利八世统治时期，他于1529年首次开列了一份禁书名单，并于次年建立了政府控制的出版许可制度。紧接着玛丽一世于1557年授权建立伦敦书商公会，进一步加强了政府对印刷出版的控制。后来的伊丽莎白延续了这种制度，并在1586年颁布了印刷秩序管理法令，严格控制图书出版。17世纪初，统治英国的斯图亚特王朝采取了更为严厉的宗教政策和图书印刷出版控制制度，并颁布了控制内容更多、范围更广的图书管理法令。此后经过漫长的斗争和反复，才在18世纪初的英国出现了世界上第一部维护作者权益的著作权法——《安娜女王法令》。[①] 从整个过程来看，英国著作权法的诞生经历了从国王的特许状到真正的版权法这一历程。"在这一过程中，受保护的权利主体逐渐由出版印刷商向作者过渡，作者逐渐由幕后走向前台。简而言之，在保护方式上，这是一个由针对性的特许到普适性的法律，即由个别到一般的过程；在受保护的对象上，这是一个由主要保护部分出版者到同时保护作者和包括社会下层出版者在内的出版者，而趋势是主要为作者的过程。"[②] 因此，我们不能因为政府的思想控制、维护皇权，而认为这全是对著作权法律意识的压抑，毕竟出版特许和专有对形成著作权法律意识也有有利的一面。英国政府虽然基于控制思想传播的考虑，但其授予的出版特权却为《安娜女王法令》的制定奠定了基础。同样，古代中国政府规范出版行为做法的出发点虽然是思想控制、维护皇权，但在客观上却有有利于孕育著作权法律意识萌芽的一面。虽然这种作用和影响是零散的、不规范的、有限的，但至少这种出版特许权有助于著作权中作者人身权意识和出版者的财产权意识的形成。

随着印刷技术的发展，图书的印刷数量快速增多，所需资金投入也相应地提高，作者已经无力印刷出版自己的书籍了。这样，具有一定资金实力的人独立出来成为出版者，他们协调印刷、装订和销售，统筹兼顾整个图书的生产与销售过程。当然，出版者的印刷出版行为是以营利为目的的。当面对翻印等非法出版行为时，出版者有动力去阻止他人印制发行同一类书籍。一些出版者为了维护自己的合理权益，就开始诉求于政府保护，寻求政府的公

① 黄海峰：《知识产权的话语与现实——版权、专利与商标史论》，武汉：华中科技大学出版社，2011年版，第21-25页。
② 马晓莉：《近代中国著作权立法的困境与抉择》，武汉：华中科技大学出版社，2011年版，第19页。

力救济。他们对所要禁止盗版之书向政府提交保护申请，申请通过后由政府出面来制止，这体现出了出版者对著作权中财产权的追求意识。如宋代光宗年间，四川眉山刻印的王偁《东都事略》，其目录后用墨框分两行刻有"眉山程舍人宅刊行，已申上司，不许覆板"十六个字。[①] 可见，出版者通过政府保护自身财产权益的意识非常明显，不但标明了授权机关，而且有出版者姓名、版权保留声明。又如明万历年间所刻《唐诗类苑》的扉页上有"陈衙藏板，翻刻必究"字样。明《月露音》上有"静常斋藏板，不许翻刻"牌记，并有"杭城丰乐桥三官巷口李衙刊发，每部纹银八钱。如有翻刻，千里究治"的印记。明《骈枝别集》上有印记"凡吾绅士之家，或才堪著述，或力足缮梓，雅能创起，绝不翻袭。倘有好徒，假冒煽惑，重究不贷"。明《皇明经世文编》上有印记"本衙藏板，翻刻千里必究"。[②] 到了清代，这种出版者寻求政府保护财产权益的做法依然存在。如康熙年间《唐诗贯珠》的扉页牌记上刻有"本衙藏板，翻刻必究"字样；康熙年间《经史序录》的扉页牌记上有"思训堂藏板，翻刻必究"字样；道光年间《镜花缘》的扉页牌记上有"道光元年新镌，翻刻必究"字样，并且《镜花缘》刚刻成，就发现有人翻刻，因而采取了"赴县禀办"的公力救济措施。[③] 受此影响，"版权所有，侵权必究"已经成为我国维护著作权的专门术语，沿用至今。正如前文所述，虽然古代出版者"翻刻必究"的呼声很高，实际上并没有形成稳定、有效的版权保护，但出版者要求政府严禁他人翻刻特定书籍的努力体现了一定程度的版权意识。如果我们进一步对出版者寻求政府保护的理由作一番考察，就会发现一个有趣的现象。由于政府管制出版的出发点是思想控制、维护皇权的政治意图，而不是对出版者的财产保护和补救。所以出版者为了得到政府的保护，往往站在政府的角度提出自己的诉求，尽量使自己的诉求与政府的意图相契合。如出版者在请求政府禁止他人翻刻时，往往以盗版者"窜易首尾，增损意义""节略翻刻，织毫争差，致误读者"的违法行为作为理由，似乎出版者摇身一变成为了统治者。事实上他人的盗版行为是否导致诸如误导学者等后果并不是出版者考虑的范围，出版者考虑的是保护自己的利益。为引起政府的重视与关注，他们通过夸大随意盗印书籍的危害

---

① 周林、李明山：《中国版权史研究文献》，北京：中国方正出版社，1999 年版，第 2 - 3 页。

② 周林、李明山：《中国版权史研究文献》，北京：中国方正出版社，1999 年版，第 13 - 14 页。

③ 袁逸：《书色斑斓》，长沙：岳麓书社，2010 年版，第 27 - 28 页。

性，将自身利益包装在王朝的政治利益之下，间接借用法律的惩罚功能实现对版权的保护。他们的真实用意，即保护出版者的版权利益不得不掩藏在这种"正大光明"的口号之后。出版者采取这种曲折的方式，将私人版权利益涂抹上与王朝利益一致的色彩，从而使得版权保护的真实理由不得不退居二线，甚至在提交官府保护时显得可有可无。[1] 这一现象一方面体现了在封建政治利益主导的环境下，出版者的著作权权益所受到的压抑；但另一方面出版者打着为政府考虑的旗号来寻求保护自身利益，在夹缝中求生存，体现了古代出版者著作权中财产权意识的顽强的萌芽。

面对翻印等非法出版行为，出版者还采取了一种自我救济的方式，即在书籍上加印专号标志的方式来保护自己的利益，这其实已经相当于商标了。如明代浙江萧山来氏宝印斋刻本《宣和印史》，在其书前牌记上就有"恐有赝本，用汉佩双印印记，慧眼辨之"的说明；福建熊氏种德堂刻本《历朝纪要纲鉴》，在其书前也说明"四方君子玉石辨焉，请认种德堂牌记"，并有该堂八卦标志；福建黄仁溥源泰堂刻本《新刻皇明经世要略》，在书前也说明"初刻自本堂，买者须认源泰为记"。[2] 比起"已申上司，不许覆板""陈衙藏板，翻刻必究"等公力救济方式，这种私立的自我救济和保护方式基于对自己书籍质量、品牌的自信，同时也表现出对翻刻者的无奈。但是，更重要的，这也体现出了出版者积极主动追求自身利益的强烈的知识产权法律意识的萌芽。

4. 小结

总之，如果要对中国古代民众的知识产权法律意识做一个概况和总结的话，我们需要注意以下几点：

首先，中国古代民众的知识产权法律意识虽然仅仅是朦胧的、偶发的、极不完整的萌芽，但我们不能否认它。不要认为只有具备知识产权认知意识、知识产品商品化意识、知识产权尊重意识、知识产权保护意识和知识创新意识等完整的财产权和人身权方面的现代权利意识，才算是具有知识产权法律意识。我们不能用现代的知识产权法律意识和观念去要求古人，毕竟清末以前只存在知识产权法律意识的萌芽。

其次，中国古代没有发展出完整的知识产权法律制度，民众的知识产品

① 邓建鹏：《宋代的版权问题——兼评郑成思与安守廉之争》，载《环球法律评论》，2005年第1期，第76页。
② 袁逸：《书色斑斓》，长沙：岳麓书社，2010年版，第25页。

得不到有效的制度性保护，此时简单的、初级的知识产权法律意识萌芽也是受到政府的压制的。由于长期奉行"重农抑商"政策和儒家的"重义轻利"等观念，所以民众知识产权中的人身权和财产权意识往往是受到压抑的。政府的所作所为都以维护其政治统治和对经济进行管制为出发点，并没有考虑民众的知识产权权益，因此这种压制是非常普遍的。在这样的环境下，容易给人造成一种错觉，似乎古代民众知识产权法律意识中人身权意识远远高于财产权意识。其实，这里面更多的是一种无奈，因为缺乏维护财产权的环境和条件。如前文所述，出版者站在政府的角度提出自己的诉求，尽量使自己的诉求与政府的意图相契合，以此来维护自己的权益，就是一个知识产权法律意识萌芽受到压抑的典型表现。当然，在这种环境和条件下还能存在知识产权法律意识的萌芽，更显得难能可贵。

最后，古代知识产权法律意识的萌芽在民众中的普及程度是有限的。创造无形的知识产品，需要在创造性思维的支配下，以一定的知识、技能、手段、材料、工具，创造出新的思想、理论、知识、设计、作品、发明创造等。相对于有形物品的生产制造，这不但对知识产品的创造者提出了较高的要求，而且对试图理解创造知识产品的人提出了较高的要求。在民众文化水平普遍不高的古代社会，政府又缺乏对民众进行知识产权法律意识宣传和教育的动力，知识产权法律意识的萌芽只能更多地存在于手工业、商业、出版业、知识界等与知识产品的创造和流通有密切关系的行业人士和精英之中。因此，我们一方面要认识到古代社会确实存在知识产权法律意识的萌芽，另一方面也不能过分夸大知识产权法律意识的萌芽在民众中的普及程度。

3.1.2　初步形成时期：清末至民国

鸦片战争以后，西方的坚船利炮打开了中国的大门，西方的经济、科技、文化、法律同时侵入。西方列强为了便于对中国的控制和保护在中国的自身利益，将知识产权的国际保护制度和西方的知识产权法律制度强加给中国。一些国内的先进知识分子也意识到，只有学习西方才能救国和强国。这就极大地刺激了中国资本主义因素的增长，使得科技、商业、出版、文化事业得以繁荣，为中国知识产权法律意识的发育和知识产权法律制度的诞生提供了必要的条件。

1. 专利权法律意识的初步形成

清末至民国时期知识产权法律意识发展变化中的一个显著特征是专利权意识开始逐渐形成。洪仁玕在《资政新篇》中提出了引进西方资本主义国家的科学技术、奖励私人发明、实行专利保护的主张。例如，他认为，"倘有能造如外邦火轮车，一日夜能行七八千里者，准自专其利，限满准他人仿做"，"坚固轻便捷巧为妙，或用火用气用力用风，任乎智者自创。首创至巧者，赏以自专其利，限满准他人仿做，若愿公于世，亦禀明发行。"他还主张："有能造精奇利便者，准其自售，他人仿造，罪而罚之。即有法人而生巧者，准前造者收为己有，或招为徒焉。器小者赏五年，大者赏十年，益民多者数加多，无益之物，有责无赏。限满他人仿做。"① 显然，洪仁玕利用专利来激励发明创造、保护专利的意识已经接近现代专利意识了。他还提出将专利分为大专利和小专利，并明确了各自的保护期限，这些意识都是非常超前的。遗憾的是，他的思想只是存在于理论之中，随着太平天国运动的失败，《资政新篇》也遭到禁毁，并没有付诸实施。但他的专利思想对民众专利权意识的启蒙意义是不容忽视的。

随着洋务运动的发展，一些有识之士意识到西方专利制度在社会进步中的重要作用，逐渐形成了自己的专利意识。郑观应提出"凡有能讲求商务独出心裁者，准其领照自做，官为保护，他人不得挠夺"，对创新要"禁别家仿制以培植之"②。郑观应还在现实中获得了织布工艺方面的 10 年专利："公禀傅相，奏设上海织布局，限期是十年，不准他人挽夺。如期限内有欲添设者，或另开纺纱厂，均由该局代禀，酌抽牌费，津贴创办开销、改造织机，专用化棉历年耗费。"③ 薛福成也比较注重专利权，他认为西方的工业发达，专利保护功不可没。他提出了应该实行专利保护的思想："如有能制新奇便用之物，给予凭单，优予赏赐，准独享利息若干年，不许他人仿制，而又酌其资本，代定价值。"④ 陈炽也意识到实行专利保护的重要性，他将中国与其他国家进行比较，指出缺乏专利保护是中国与其他国家拉开差距的一个重要原因。"泰西诸国百年前与中国等。……西人自有给凭专利之制，非止兵械精工，而百废俱兴，遂以富甲寰瀛，风行海外……而其原皆自给凭专利一法开之……而中国独自安简陋……受外人之盘剥……然转移而补救之

---

① 茅家琦：《太平天国通史》，南京：南京大学出版社，1991 年版，第 307 - 309 页。
② 郑观应、夏东元：《郑观应集》上册，上海：上海人民出版社，1982 年版，第590 页。
③ 中国史学会：《洋务运动》第 1 卷，上海：上海人民出版社、上海书店出版社，2000 年版，第 566 页。
④ 薛福成：《筹洋刍议》，沈阳：辽宁人民出版社，1994 年版，第 114 页。

者，固亦非难也。无他，劝工而已。劝工之法奈何，仿各国给文凭专利而已。"① 洋务运动中的专利权意识是在官督商办模式下洋务企业运作中产生的，因此有些学者认为这种专利既是营业执照，也是专利证书，它是洋务派将西方专利引入过程中为了自身利益而加以歪曲形成的一种封建垄断特权，与西方的专利还有一些差距。② 但是，比起古代中国对盐、铁、茶、丝、瓷器等实行官办或商办的垄断经营和专卖，洋务派的专利意识中毕竟有了鼓励创新、发展工业、注重期限性等思想，已经具有现代专利权意识的部分因素了。

专利权意识在维新运动中又向前发展了一步。针对洋务派所主张的以仿制为主的专利，维新派提出了批评，认为洋务派"向外洋购置机器不下千百万金，而与创造本原并未领略"，结果只是"事事依样葫芦，一成不变"。③ 维新派代表康有为在其奏折中建议"奖励工艺，异以日新"，并对"创新器者，酌其效用之大小，小者许以专卖，限若干年，大者加以爵禄"④。紧接着光绪帝下诏表示保护专利："自古致治之道，必自开物成务为先。近来各国通商，工艺繁兴，风气日辟。中国地大物博，聪明才力不乏杰出之英。只以囿于旧习，未能出自新奇。现在振兴庶务，富强至计，首在鼓励人才。各省士民，著有新书及创建新法制成新器，果系堪资要用者，允宜奖赏，以为之功，或量其才能授以实职，或锡之章服表以殊荣。所制之器，颁给执照，酌定年限，准其专利售卖。"⑤

在此基础上，中国第一个鼓励发明创造的专利法规《振兴工艺给奖章程》于 1898 年 7 月颁布。该章程明确规定："如有自出新法，制造船、械、枪、炮等器，能驾出各国旧用所用之上"，"应如何破格优奖，伺临时酌量情形，奏明请颁特奖，并许其集资设立公司开办，专利五十年"；"如有能造新器，切于人生日用之需，其法为西人旧时所无者，请给工部郎中实职，许其专利三十年"；"或西人旧有各器，而其制造之法尚未流中土，如有人能仿造

---

① 刘锦藻：《清朝续文献通考》，上海：商务印书馆，1936 年版，第 11304 页。
② 徐海燕：《中国近现代专利制度研究（1859—1949）》，北京：知识产权出版社，2010 年版，第 59 - 60 页。
③ 张商策：《清朝末期对专利制度的两种意见》，载《知识产权》，1996 年第 2 期，第 35 页。
④ 汤志钧：《戊戌变法史》，北京：人民出版社，1984 年版，第 359 页。
⑤ 朱寿朋：《光绪朝东华录》，北京：中华书局，1958 年版，第 4115 页。

其式，成就可用者，请给工部主事职衔，许其专利十年"。① 可见，此时所授予的专利权已经意识到要按照发明创造的创新程度给予不同的专利期限，这是一个明显的进步。此外，虽然这里的专利仍然具有专营的性质和赏赐的方式，但其激励发明与创新的意识已经非常明显了。这在 1906 年商部的一个上奏中得以印证："查欧美当二百年前，所有新法新器，绝少发明。自英国首定创新法，制新器者，国家优予奖励之例，自是各国踵行。其奖励最优者，乃至锡爵。此例既颁，人人争自琢磨，讲求艺术。每年可出新器，多至千数百种。论者谓欧美实业盛兴，其本原皆在于是。……亟宜因势利导，设法提倡。其有创制新法新器，以及仿各项工艺，确能挽回利权，足资民用者，自应分别酌予奖励。"② 由于受封建垄断特权思想的影响，民众的专利权意识与立法者所宣扬的专利权意识还有一些差距。民众即使设厂生产的是没有任何创新的普通物品，也希望捷足先登，去官府申请专利保护，将专利等同于行政垄断特权。而一些地方政府由于缺乏必要的专利审批能力等原因也往往照准，从而形成一些不必要的垄断，反而不利于工商业的发展。这种与西方差距较大的专利引起清政府的忧虑和重视。为了规范专利审批，使专利在振兴工商业中真正发挥作用，商部在 1904 年发布《咨各省呈请专利办法略》。该咨文称："中国风气初开，商民渐知专利之益，往往寻常仿制物品，率行禀请专利，核与各国通例不符。本部综理商政，提倡不遗余力，所有各项公司局厂，凡有关振兴商业，挽回权利之举，正宜设法劝办，俾得逐渐推广。间有创办公司，本部准予专办者，然均指定地方，范围极狭，实于力兴维持之中，仍寓严示限制之意。盖先办之人一经准其专利，则虽有资本雄厚者，且将坐视垄断，无所措手，殊与振兴宗旨相背……现在各省商人呈请专利，往往即行照准，或咨部立案办理，殊属参差。急宜著定办法，以昭划一。嗣后各省呈请专利者，接到此次部文之日为止，无论华洋商人均需咨报本部，先行备案，俟专利章程施行后，再行核办。"③ 可见，此时兴办实业的民众虽然已经有了专利权保护的意识，但不论是为了自身利益考虑还是对专利理解上的偏差，他们往往更愿意将专利视为保护自身利益的行政特权，这与带有普遍性质的专利保护是完全不同的。民众的知识产权法律意识与思想家、立法者的知识产权法律意识之间的差距在这里体现出来了。

---

① 朱寿朋：《光绪朝东华录》，北京：中华书局，1958 年版，第 4128 - 4130 页。
② 朱寿朋：《光绪朝东华录》，北京：中华书局，1958 年版，第 5574 页。
③ 刘锦藻：《清朝续文献通考》，上海：商务印书馆，1936 年版，第 11303 页。

北洋政府时期，资本主义商品经济快速发展，民众的专利权意识也得到发展。北洋政府颁布了一系列保护和奖励工商实业的政策和法规，1912 年颁布的《奖励工艺品暂行章程》就是其中重要的一部。在这部章程中明确规定将专利授予工艺品的首先发明者和改良者，即"自己发明或改良之制造品得向本部呈请奖励"，"也有同样制品呈请在先者"不在奖励之列。显然，这体现了申请在先原则，已经与现代知识产权法比较接近了。将专利授予最先发明者和改良者，不但有利于激励创新，而且使本来很难获得垄断特许权的民族资本有机会获得专利，从而与官僚资本展开平等竞争，促进了工商实业的快速发展。更为重要的是，这使民众意识到只要最先将发明创造拿去申请，就有可能获得专利，启蒙和培育了民众的专利权意识。此外，该章程还规定了专利权的转让："受奖励权利得让与之"；规定了专利权人必须实施专利的义务："自发给执照之日起，逾一年未开始营业或专卖年限内无故休业一年者，其奖励权应归消灭"；规定了伪造和冒用他人专利所受的处罚；等等。这些规定使民众对专利的申请、审查、转让、实施、责任等有了一个初步的认识。当然，该章程不保护制造方法、饮食品和医药品，强调"奖励"，将专利称为"专卖"。这些都说明还未将专利权看作私有财产权，仍然具有个人申请、政府赐予恩惠的痕迹。在此基础上，1923 年工商部对《奖励工艺品暂行章程》进行了修订，并将之更名为《暂行工艺品奖励章程》。修订后的章程进一步明确了申请在先原则："呈请人所发明或改良之物品有一部分与先行呈请之物品相同者，其相同部分应准先行呈请者享有专利权"；将制造方法、改良或应用外国成法制造物品纳入奖励对象；正式使用"专利"这一概念，不再使用"专卖"概念；禁止外国人在我国申请专利，"享有奖励权利者以中华民国人民为限"；规定了专利权可以继承："专利权得继承或转移之"；规定了专利权取消的情形；等等。与此同时，还颁布了《暂行工艺品奖励章程施行细则》，加强了章程的可操作性。[①]

在北洋政府专利法规的激励之下，一批企业家涌现出来，并形成了不少企业家群体，如荣氏集团、南洋兄弟集团、永安企业集团等。这些企业家为了保护自己的创新，成为中国近现代专利制度建立的直接诉求者。他们的专利权意识逐渐从封建垄断特许权转向现代专利权意识，并且也在社会上影响了民众专利权法律意识的形成。如南洋兄弟烟草公司对日本卷烟机加以改

---

① 徐海燕：《中国近现代专利制度研究（1859—1949）》，北京：知识产权出版社，2010 年版，第 94 - 95 页。

进，制成改良车，提高车速达 50%；荣家企业的福新四厂最初出粉只有 3 000 包，他们改进设备，自制圆筛设备，使麦心不湿，出粉量一下子提高到 38 000 多包。又如范旭东创建了天津永利系统，最先用苏尔维法生产出纯碱，后来又研制并生产出硫酸、硫酸铵、硝酸等化工产品。后来侯德榜还为永利集团研制出"侯氏制碱法"。吴蕴初创建了上海天厨味精厂，并在当时发明了我国第一粒味精。天厨味精厂的味精产量在 1928 年甚至达到 51 000 公斤，使中国在当时成为世界第二味精生产大国。除了在国内申请专利外，吴蕴初还在 1926—1927 年先后分别向英、美、法等国申请了专利，并获得了授权。[①] 可见，吴蕴初对知识产权的地域性已经有深刻认识，这使他的专利权意识已经具有了国际性。这些具有创新意识和知识产权意识的实业家带动了民众的创新意识和知识产权意识，促进了民众的知识产权法律意识的初步形成。如 1912 年颁布《奖励工艺品暂行章程》时，人们对专利的认知不够，核准的专利数量为零。但从 1913 年开始逐步增加，1913 年达到 6 项，1914 年为 9 项，1915 年达到 14 项。截止到 1923 年，核准的专利总数达到 97 项，获得褒奖的专利总数达到 144 项，涉及机械及工具、电器、化学物品、矿冶、交通工具、家具、印刷及文具以及其他 8 大类。[②] 虽然仿照外国技术而获得的褒奖要多于自己发明创造而获得的，虽然比起现在来核准的专利数量还很少，但民众对专利的认知已经开始从封建垄断特许权向保护和激励发明创造、可以继承的私有财产权转变。

国民政府时期，资本主义商品经济进一步发展，技术进步的速度加快，在动力机械、交通工具、化工、冶金等领域的技术进步尤为明显。在这样的环境下，国民政府多次颁布和修订专利法规，民众的专利权意识也进一步发展并得以初步形成。1928 年南京国民政府的农工商部对北洋政府的《暂行工艺品奖励章程》进行了修订，并将之更名为《奖励工业品暂行条例》。该条例增加了专利保护期限的种类，将原来的 3 年和 5 年两种保护期限增加为 15 年、10 年、5 年和 3 年四种。显然，这种规定同时将专利保护期限的上限大大延长，对于激励民众做出更多的发明创造具有重要作用。此外，该条例还在其他方面加强了对专利权的保护，尤其是增加了被侵权时专利权人可以获得民事赔偿和请求政府禁令："在专利年限以内，如有他人私自仿造、

---

① 徐海燕：《中国近现代专利制度研究（1859—1949）》，北京：知识产权出版社，2010 年版，第 86 - 87 页。

② 徐海燕：《中国近现代专利制度研究（1859—1949）》，北京：知识产权出版社，2010 年版，第 107 - 108 页。

影射，妨害专利权，享有专利权者除依民事法规要求赔偿外，得呈请工商部禁止并没收之。"遭受侵权时可以依法获得民事赔偿，这明显地体现出了专利权的私权属性，对教育民众树立起正确的知识产权法律意识具有重要意义。

1932 年，国民政府在修订以前专利法规的基础上，颁布了《奖励工业技术暂行条例》。首先，该条例进一步确定了专利权的私权属性，启蒙了民众初步的独立自由精神。如该条例规定："凡二人以上同一之发明，各别呈请时，应就最先呈请者奖励之。如同时呈请，则依呈请之协议定之。协议不成时，均不给与奖励。""专利权为共有时，非得各共有者之同意，不得自行命名其专利权。但订有契约者，从其契约。"这些规定体现了专利的申请在先原则，并且允许多个申请人和共有人之间通过订立协议和契约来解决专利申请和专利共有中的问题，可见已经将专利权视为一项私有的财产权，并且给民众提供了一些独立自由的空间，保障了知识的研究、创造、交流和民众认知能力的提高。又如对专利侵权行为的制裁方面，规定"须被害人告诉，乃论"，坚持的是民法中的"不告不理"原则，也体现了专利权的私权属性。其次，该条例在保护发明创造者利益、坚持专利权私权属性的同时，也兼顾了社会公共利益，试图在个人利益与社会利益之间寻求平衡，启蒙了民众初步的理性精神。如该条例规定饮食品和医用药品不得呈请奖励，这是因为这两种物品与社会公众的生命健康密切相关，涉及社会公共利益，不宜授予专利权而被少数人所垄断。又如该条例规定："故意不将实施上必要之事项记载于原说明书者"或"故意将实施上不可能或实施困难之事项记载于原说明书者"，"得奖励后满一年未实行制造"或"专利权期内无故休业一年以上"，则取消专利权，并追缴其证书。可见，立法者希望已获得专利权的发明创造在其专利权期限内能够对社会公众有所启迪，使社会公众在此基础上做出更多的发明创造；或者希望专利权期限届满后发明创造进入社会公有领域，能够被社会公众随意使用而为社会公众谋福利，从而推动社会进步和发展。而专利权人故意隐瞒专利实施上的必要事项或困难事项，会使社会公众的利益无法实现，因而要取消其专利权。同时，专利权人获得专利权后，应该在其专利权期限内努力实施其专利，制造社会公众需要的产品，为社会公众谋福利。但专利权人"未实行制造"或"无故休业"，又不许他人实施其专利，显然会不利于社会公众的利益，因而也要取消其专利权。这些规定调节了专利权人的利益和社会公共利益，有利于培育民众的理性精神。最后，该条例还规定了对专利的创造性和新颖性要求。如该条例取消了之前专利法规中

"擅长特别技能制品优良或应用外国成法制造物品"给予褒奖的奖励方式，体现了注重专利的创造性，开始不再鼓励仿造的倾向。又如该条例规定"非自己研究所得已经证实者""未呈请前已为世人公知公用者"以及"有同样之发明核准奖励在先者"，均不予奖励。这体现了要求专利不能属于现有技术、对专利新颖性的要求。这些规定对启蒙民众知识产权的创新意识具有重要意义。

1939 年，国民政府对 1932 年的《奖励工业技术暂行条例》进行了修订。这次最主要的修订之处是将专利细分为发明、实用新型和外观设计三种，具体为"关于物品或方法首先发明"（发明）、"关于物品之形状、构造或装置，配合而创作合于实用之新型"（实用新型）、"关于物品之形状、色彩或其结合而创作适于美感之新式样"（外观设计）。在此基础上，还规定了这三种专利的保护期限，发明为 5 年或 10 年，实用新型为 3 年或 5 年，外观设计为 3 年。这次修订使得我国专利法规与国际专利法律制度更进一步接近。更为重要的是，使民众意识到根据发明创造的创造性程度不同，专利可细分为不同层次和类别，提高了民众对专利的认知意识。

参照世界不同国家的先进经验，以及充分的筹备、讨论、起草和审议，国民政府于 1944 年颁布了《中华民国专利法》。与之前的专利法规相比较，《中华民国专利法》从发明、新型和新式样三方面对专利法规做了较为完备的规定，法条总数达到 133 条。首先，新的专利法进一步突出了专利权中的财产权，有助于培育民众的知识产品商品化意识。如专利权人可以"专有制造、贩卖或使用"其专利，并且可以让与、出租或继承专利，甚至在专利被强制许可时也要求实施人对专利权人给予补偿金。其次，新的专利法在保护专利权中的财产权基础上，还涉及人身权，这将有利于民众树立起对知识产权的尊重意识。如呈请发明专利时，受让人或继承人可以呈请，但"应叙明发明人姓名，并附具受让或继承之证件"。这体现了对发明创造者人格和劳动成果的尊重。再次，新的专利法进一步加强了对专利权的保护，有助于民众树立知识产权保护意识。如"专利权受侵害时，专利权人或实施权人或承租人，得请求停止侵害之行为，赔偿损害或提起诉讼。"当遭受专利侵权时，对侵权人的法律制裁涉及罚金、拘役和有期徒刑。甚至"专利局职员泄露职务上所知关于专利之发明或呈请人事业上之秘密"时，也要"处三年以下有期徒刑、拘役或三千元以下罚金"。需要注意的是，新的专利法首次对外国人也给予专利保护，即"外国人依互相保护专利之条约，在中华民国为专利之呈请者，应依本法为之"。虽然这条规定的出台更多的是迫于西方国家的压力，但毕竟可以体现出对专利的保护已经较为全面了。通过这种较为严格和全面的专利保护，不但有助于专利权人形成维护自己合法知识产权权益的意识，而且有助于大量的非专利权人形成对他人知识产权的保护意识。最后，新的专利法进一步寻求发明创造者的利益与社会公共利益之间的平衡，有助于培育民众的理性精神。在将专利权作为私权保护的同时，对饮食品、医药品及其调和法、妨害公共秩序善良风俗或卫生的物品不授予专利体现出对社会公共利益的维护。专利的强制许可规定也体现出对社会公共利益的考虑，如"核准专利满三年，无适当理由，未在国内实施，或未适当实施其发明者，专利局得依职权撤销其专利权，或依关系人之请求，特许其实施"。此外，专利法允许为研究或试验实施专利权人的专利，以及"政府因军事上之利用或国营事业之需要，得限制或征用专利权之一部或全部"也体现出这一点。

在国民政府专利法规的激励和影响之下，民众的专利权意识有进一步的改善，申请专利的呈请逐渐增多。申请专利的既有企业，也有个人。1928—1930 年，国民政府工商部共收到的专利呈请为 128 件，其中核准专利 39 件，核准褒奖 31 件；1932—1937 年，国民政府实业部共收到的专利呈请为 427 件，其中核准专利 123 件；1938—1944 年，国民政府经济部共收到的专利呈请为 1 188 件，其中核准专利 434 件；1945—1947 年，共核准专利 181 件。所核准的专利涉及机械及工具、电器、化学物品、矿冶、交通工具、家具、印刷及文具以及其他 8 大类。[①] 与北洋政府时期相比，国民政府时期民众发明创造的热情和申请专利的积极性有进一步的提升，呈请和核准的专利数量也有较大幅度的增长，专利对工商业的发展起到了重要的推动作用。因此，这一时期的民众已经完全摆脱了将专利权视为封建垄断特许权的概念，而将其视为可以专有并且让与和继承的私权，对专利权的认知、保护、创新等意识有更加深刻的理解，这些都体现出民众的专利权法律意识初步形成。

2. 商标权法律意识的初步形成

我国很早就具有朴素的商标意识的萌芽，但现代意义上的商标权意识却是在西方的压力之下开始形成的。1901 年清政府与八国联军及西班牙、荷兰、比利时等国签订了《辛丑条约》，根据该条约的有关规定，英国首先与清政府进行了商约谈判。在谈判过程中，商标问题成为双方的重要议题之

---

①　徐海燕：《中国近现代专利制度研究（1859—1949）》，北京：知识产权出版社，2010 年版，第 191 - 192 页。

一。在 1902 年签订的《中英续议通商行船条约》中规定了商标互保："英国本有保护华商贸易牌号，以防英国人民违反、迹近、假冒之弊，中国现亦应允保护英商贸易牌号，以防中国人民违反、迹近、假冒之弊。"这里的贸易牌号就是指商标，是外国人通过谈判正式要求中国政府保护其商标的开始。虽然这里规定的是商标的互相保护，但实际上英国人关注的是保护自己的商标，从而向我国大量倾销商品。鸦片战争之后，清政府被迫开放商埠，国门大开，西方商品大量涌入中国，如取火的火石被西方的火柴取代，照明的油盏和蜡烛被煤油灯取代，洗脸用的土布被毛巾取代，洗衣用的皂荚被肥皂取代，其他如提箱、钟表等商品大量涌入中国，有些西方商品甚至在中国已经处于垄断地位。当时英国对华商品贸易额大幅度增长，而中英商民之间的商标纠纷日渐增多，为了维护其在华经济利益，英国将保护其商标问题列为重要议题。在这次谈判中，清政府官员对于严重影响其财政收入和政治统治的加税免厘、洋盐进口、治外法权、英国人内地居住权、改革币制等问题非常慎重，进行了激烈的争论和反复磋商，而对保护商标权问题几乎不存在争议就允诺下来。这体现出当时人们的商标权意识水平还是比较低的，还没有意识到签订条约后英国可以通过商标权来占领中国市场、获取高额利润的后果。但是，这次谈判和条约的签订，至少使人们意识到商标是可以通过持续而稳定的法律得到保护的，对人们商标权法律意识的提升具有深远的影响。

随后，美国与清政府在 1903 年签订的《中美通商行船续订条约》中也规定了商标保护问题："中国今欲中国人民在美国境内得获保护商标之利益，是以允在中国境内美国人民行铺及公司有合例商标，实在美国已注册，或在中国已行用，或注册后即欲在中国行用者，中国政府准其独用，实力保护。凡美国人民之商标，在中国所设之注册局所，由中国官员查察后，经美国官员缴纳公道规费，并遵守所定公平章程，中国政府允由中国该官员出示，禁止中国通国人民犯用或冒用或射用，或故意行销冒仿商标之货物。所出禁示，应作为律例。"在中美条约中，已经直接称之为商标了，并且要求通过较为稳定的程序和律例来严格保护美国商标。虽然也是以维护美国在华利益为主，但对中国民众商标权法律意识的形成具有重要影响。紧接着，清政府与日本、葡萄牙等国相继签订了《中日通商行船续约》《中葡通商条约》等涉及商标保护的条约。在这些条约中，西方列强均要求中国保护其商标，以防中国人违反、迹近、假冒之弊。

在这一压力下，清政府于 1904 年颁布了我国历史上第一部商标法——《商标注册试办章程》。在这一章程中，界定了商标概念："商标者，以特别显著之图形、文字、记号，或三者具备，或制成一二，是为商标之要领。"
《商标注册试办章程》具有明显的保护帝国主义列强在华利益的倾向，但从
另一个角度来看，其中有些条款对于我国民众商标权法律意识的形成具有重
要影响。如该章程规定了商标注册申请中以申请在先为主的审批原则；规定
了商标注册申请中的优先权制度；规定注册商标专用权可以"转授与他人"
或"与他人合伙"，体现出对商标权的私权属性的认可；对于商标侵权行为，
经商标主控告后，查明可责令民事赔偿，还可处以罚款，甚至监禁，这就容
易使民众意识到商标权是他人的私有财产权，若侵权则会受到法律制裁。此
外，该章程对商标注册的资格和程序以及商标侵权案件的审理也作了较为详
尽的规定。

自此开始，中国民众越来越认识到商标在商品生产和销售中的重要性，
商标权法律意识开始逐渐形成。如 1905 年，上海华商中法药房黄胜生产的
艾罗补脑汁被西班牙华洋药房假冒商标并销售，当时中法药房及时前往西班
牙驻沪总领事处控告。后经公断确认"艾罗补脑汁实系中法药房黄胜之物，
并非华洋药房葛多沙之物"，"商标得断归中法药房之黄胜"。[1] 又如 1902
年，天津商人张咀英设立松盛啤酒厂，由于当时商标局尚未成立，故不能申
请商标注册。1907 年，美商永康洋行向天津商务总会控告松盛酒厂侵犯其
"站人牌"商标权，请求严加查禁。张咀英据理申辩，逐项比较两个商标，
指出两个商标"不同之处甚多"。天津总商会也认为"既非酷似，即不足侵
夺利权，无可科罚"。但后来天津地方审判厅害怕惹来中外交涉，仍判定张
咀英将商标稍为酌改。但永康洋行却不肯罢休，登报诋毁松盛啤酒厂。张咀
英对永康洋行诋毁商誉的行为非常愤慨，要求维护松盛酒厂的商标权，并请
求"责令作速为收拾赔补"。[2] 华商用法律武器保护自身商标的商标权法律
意识由此可见一斑。当然，华商假冒洋商商标的行为在当时也不在少数。因
此，我们只能说清末民众的商标权法律意识进入了开始形成阶段。

民国时期，政府对工商业扶植与奖励的导向更加明显，在"实业救国"
思潮影响下，商品生产和销售更加普遍，因而商标注册及利用商标进行商业
竞争的活动也更加普遍。但在民国初期，由于政权的更迭，清末颁布的《商
标注册试办章程》事实上并未施行。现实中商标纠纷时有发生，处理商标纠

---

① 《奉断艾补脑汗不准冒牌广告》，载《申报》，1905 年 9 月 27 日。
② 胡光明：《天津商会档案汇编（1903—1911）》下册，天津：天津人民出版社，
1989 年版，第 1794－1797 页。

纷案件时，商标法律缺失造成的各种问题开始不断显现，商人们的商标权益不能得到普遍有效的保护，工商界遂向北洋政府呼吁制定商标法。1921年，全国商会联合会呈请北洋政府农商部："欲开拓商品之销路，须藉商标之声誉。欲期造成商标之声誉，须不惜多大的牺牲与长时间的努力。既牺牲与努力之后，被人侵害，不得保障。人非至愚，焉肯乐为?"[1] 显然，这体现出当时工商界人士凭借商标来宣传商品、累积声誉、拓展销路以及用法律来保护商标权的法律意识。同时，在与中国签订有商标互保条款的西方国家的不断催促下，北洋政府于1923年颁布了《商标法》。《商标法》确定了自愿注册的原则，没有规定强制注册的情况，体现出商标权的个人权利意识。《商标法》所指的商标是商品商标，没有关于服务商标的规定，这是由当时以生产性企业为主、服务业不发达的社会经济发展状况所决定的。《商标法》规定呈请注册的商标应当具有"显著性"，"用特别显著之文字、图形、记号或其联合式为之"，并且要"指定所施颜色"，这就使民众意识到商标应当是具有独特性的，与普通的同质的物权客体区别开来。《商标法》规定了商标注册申请时使用在先，辅之以申请在先的审批原则："二人以上于同一商品，以相同或相近似之商标各别列呈请注册时，应准实际最先使用者注册。其呈请前均未使用，或孰先使用无从确实证明时，得准最先呈请者注册。"在当时商标权法律意识刚开始形成阶段，这样的规定有利于保护之前早就使用但没有申请注册的老品牌，给予民众一个缓冲的过渡期，帮助民众逐渐树立起商标权法律意识。《商标法》规定了商标权可自由转让："商标专用权，得与其营业一并移转于他人，并得随使用该商标之商品分析移转"，体现出商标权可以通过转让给权利人带来收益的私有财产权的属性。《商标法》还规定了商标与商品的不可分离性以及商标权的保护范围，即"商标专用权，以呈请注册所指定之商品为限"。对于商标侵权行为，《商标法》根据其侵权的严重程度不同，可责令其承担民事赔偿责任，还可以承担罚金和徒刑等刑事责任，这就有助于培育民众对商标权的尊重和保护意识。总体来看，《商标法》比清末的《商标注册试办章程》受西方列强的影响要小，更多地维护了民众尤其是华商的利益，也更多地受到民众的认同，对民众商标权法律意识的形成影响更大。此后的南京国民政府认为1923年的《商标法》"内容亦尚平允，沿用既久，一旦概予更易，或恐中外商人有所不便"[2]，基本上沿用下

---

[1] 《商联会请速定商标法》，载《申报》，1921年12月28日。
[2] 谢振民：《中华民国立法史》，北京：中国政法大学出版社，1999年版，第606页。

来。后来南京国民政府虽然对 1923 年的《商标法》作了几次修订，但也只是小的局部的改动。

在这种政治和法律环境下，华商的商标权法律意识逐渐形成，并且具有一定的爱国色彩。如 1924 年华生电器厂生产出我国第一台电风扇，冠以具有爱国色彩的"华生"商标，并且产品质量可靠、价格便宜，很快就销量大增，"华生"商标也具有了美誉度。当时在华经销美国奇异牌电扇的外商企图以 50 万美元高价收买"华生"商标，遭到华生电器厂的拒绝。又如 1925 年温州百好炼乳厂以"白日擒鹰"为商标生产炼乳，该商标具有明显的对抗英商生产的"鹰牌"炼乳的色彩。由于产品质量好，深受民众欢迎，年产炼乳达 26 000 余箱，对英商的"鹰牌"炼乳构成极大威胁。英商面对百好的竞争，提出要以 10 万元收购"白日擒鹰"商标，被百好炼乳厂拒绝。1933 年，英商为了打击"白日擒鹰"商标，竟采取卑劣手段，购买 1 000 箱"白日擒鹰"牌炼乳，故意搁置变质后再抛向市场，以此来诋毁"白日擒鹰"商标的声誉。百好炼乳厂为了维护"白日擒鹰"商标的声誉，花费 2 万元把这些变质产品买回，沉入福州港。百好炼乳厂这一举动不但显示了华商的商标权法律意识的提高，而且教育了民众，提高了民众对商标权的认知和保护意识。此外，荣氏兄弟的面粉厂生产了乘风破浪的兵船图形的"兵船"面粉，东亚毛纺厂生产了暗含抑制洋货之意的"抵羊牌"毛线，等等。[①]

从商标注册来看，1904—1923 年，津沪两地海关注册的 25 900 件商标几乎全为洋商的商标。但自 1923 年的《商标法》颁布后，特别从 1928 年到 1938 年，注册商标总数为 33 806 件，其中华商注册商标数量为 14 668 件，占 43％，其余为洋商所注册。[②] 此后华商注册商标数量逐年增加，甚至占到大部分。可见，民国时期的民众，尤其是华商对于商标的表明商品质量、推广销售、保护商业利益的财产权观念有了较深的认知，商标权法律意识初步形成。

3. 著作权法律意识的初步形成

我国古代就孕育了著作权法律意识的萌芽，但真正意义上的现代著作权法律意识却是从清末至民国时期开始形成的，尤其是作者的著作权法律意识在这一时期初步形成并有了较快发展。清末时期，三个因素促使我国民众的

---

① 齐大之、任安泰：《百年沉浮——近代中国民族工商业的发展道路》，北京：中国广播电视出版社，1991 年版，第 130 - 131 页。

② 黄宗勋：《商标行政与商标争议》，上海：商务印书馆，1940 年版，第 73 - 74 页。

著作权法律意识的萌芽开始向法律意识转化。一是新式印刷出版业的快速发展。虽然我国最早发明印刷术，但并未将其发展成为机械化印刷，新式的机械化印刷技术是清末从西方传入的，并取代了传统的雕版印刷术。印刷技术与文化事业紧密结合，促使出版业快速发展，一些新式的报纸、杂志和书籍出版机构相继出现。其中规模较大且比较有名的出版社有商务印书馆和文明书局，此外还出现了一些大报馆，如申报馆、时报馆、新闻报馆等。① 印刷出版业的快速发展，大大提高了图书的生产效率，使书籍和报刊的供给量大大增加，也促进了作品的商品化意识。此时介绍西方的译著也多了起来，既有科学著作如《几何原本》《谈天》等，也有经济、政治、社会等各类书籍，如亚当·斯密的《原富》、孟德斯鸠的《法意》、斯宾塞的《群学肄言》、赫胥黎的《天演论》等。同时，在清末"启民智、兴教育、废科举、办学堂"的背景下，民众对图书也有了巨大的需求。见到有利可图，盗版等侵犯著作权的行为多了起来，其他的版权纠纷也多了起来。出版商和作者为了维护自身权益，强烈要求保护著作权，开始具备初步的著作权法律意识。他们已经意识到，按照西方惯例，"凡翻人著作，掠卖得资者，视同盗贼之窃夺财产，是以有犯必惩"②。二是清末科举制度的废除。在清末的制度革新中，废除了持续近 1 300 年的科举制度。这就使知识分子与国家的制度化联系被切断，失去了补偿其作品创作的制度保障。他们成为自由浮动资源，开始流向社会，进入学术社群或文化传媒。③ "学术群以大学为中心，辅之以基金会、学术社团和同人刊物。它们属于知识的生产领域。而文化传媒则属于知识的流通领域，由报纸、杂志和出版社组成。无论是学术社群还是文化传媒，这些相对独立的知识空间都是古代中国没有过的，或者说不曾以建制化的网络规模出现过。"④ 面对这种剧烈的社会变革，知识分子大多开始直接或间接地以创作、出售、流通作品为生，因此除了具有著作权中的人身权意识外，作品的财产权意识也逐渐强烈起来。三是列强在商约谈判中所施加的著作权保护的压力。1901 年，清政府与西方列强签订了《辛丑条约》，随后进行了

---

① 谢灼华：《中国图书和图书馆史》，武汉：武汉大学出版社，1987 年版，第 207 页。

② 周林、李明山：《中国版权史研究文献》，北京：中国方正出版社，1999 年版，第 17 页。

③ 马晓莉：《近代中国著作权立法的困境与抉择》，武汉：华中科技大学出版社，2011 年版，第 56 - 57 页。

④ 许纪霖：《"断裂社会"中的知识分子（编者序）》，载许纪霖：《20 世纪中国知识分子史论》，北京：新星出版社，2005 年版，第 3 页。

商约谈判。1902 年 6 月，在中日续修通商行船条约的谈判中，日方提出："日本臣民特为中国人备用起见，以中国语文编成之各书籍、地图、海图及其余一切著作，执有印书之权，即由中国设法保护，以免利益受亏。"① 在随后的中美续修通商行船条约谈判中，美国也提出："无论何国若以所给本国人民版权之利益一律施诸美国人民者，美国政府亦允将美国版权律例之利益给予该国之人民。中国政府今允，凡书籍、地图、印件、镌件或译成华文之书籍，系经美国人民所著作，或为美国人民之物业者，由中国政府援照所允保护商标之办法及章程极力保护，俾其在中国境内有印售此等书籍、地图、镌件或译本之专利。"② 面对列强对保护著作权的要求，清政府的有些官员表示极力反对。但以张之洞为代表的一些官员认为，完全驳回列强的要求是不现实的。况且当时国内盗版现象确实比较严重，而开启民智、兴办教育也需要保护国内作者的利益。因此，对列强的要求进行了有利于中方的限制后，与列强签订了商约。通过这次著作权交涉，唤醒了民众的现代著作权意识，使民众对著作权的固有观念开始改变。

在这三个因素的推动下，一方面，清政府于 1910 年颁布了我国历史上第一部著作权法《大清著作权律》，这部法律一直适用到民国初期，向民众宣示了著作权保护的理念，对民众著作权法律意识的初步形成产生了有利影响。另一方面，部分知识分子在学习西方过程中开始接受现代著作权法律意识的一些内容。《大清著作权律》规定："凡称著作物而专有重制之利益者，曰著作权。""重制"是指"将原著作物照样更作之，实即翻印仿制之意"。③可见，作者对能够被翻印仿制并带来利益的著作物，可以享有著作权，作者的出版权和复制权得到保护。该法还规定，著作者，"官署、学堂、公司、局所、寺院、会所"等法人，承继人作为著作权主体可以受到保护，著作权保护的客体是"文艺、图画、贴本、照片、雕刻、模型等"。该法还规定了著作权侵权行为："凡既经呈报注册给照之著作，他人不得翻印仿制，及用各种假冒方法，以侵损其著作权。"在《大清著作权律》颁布后，民政部为了向民众宣传推行该法，发布了多个文告。如"本部会奏著作权律，前经抄

---

　　① 中国近代经济史资料丛刊编辑委员会：《辛丑和约订立以后的商约谈判》，北京：中华书局，1994 年版，第 212 页。

　　② 中国近代经济史资料丛刊编辑委员会：《辛丑和约订立以后的商约谈判》，北京：中华书局，1994 年版，第 156 页。

　　③ 周林、李明山：《中国版权史研究文献》，北京：中国方正出版社，1999 年版，第 102 页。

录通行在案。查原律虽经通行，人民恐未及周知，致届时或难发生效力，应即出示晓谕，以利推行。相应咨行贵督、抚，希即转饬各府厅州县，迅速遵照办理可也。"①

《大清著作权律》的颁布和推行，使部分民众开始意识到，作品是可以依照稳定的法律得到保护的，作品可以成为商品，可以获得财产权益等。同时，在向西方学习的过程中，梁启超、张元济、严复等知识分子开始逐渐接受现代著作权法律意识的一些内容。如梁启超在戊戌变法之后先后主编了《清议报》《新民丛报》和《新小说》等几个报刊，他写的文章都是要收稿酬的。虽然在《新民丛报》上只撰稿而不拿稿酬，但他实际上已经将自己的稿酬投资入股，成为《新民丛报》的股东之一。② 张元济参与经营商务印书馆并任商务印书馆编译所所长期间，非常尊重作者的权利，坚持支付给作者稿酬。1903 年 10 月，译著《社会通诠》一书在商务印书馆出版时，张元济所在的商务印书馆与作者严复签订了我国历史上第一个现代版权合同。合同约定："此书版权系稿、印两主公共产业，若此约作废，版权系稿主所有。""此约未废之先，稿主不得将此书另许他人刷印。""此书出版发售每部收净利墨洋五角。""此书另页须粘贴稿主印花。"③ 该合同包括版权归属、专有许可、出版标记、版税支取、合同终止、违约责任等较为完备的内容。在张元济主持下，商务印书馆还出版了我国第一本版权译著《版权考》，介绍了西方国家著作权法的发展历程、法律理论和特点，并驳斥了当时"翻版有利于学界"的观点。又如严复翻译出版了大量介绍西方的书籍，他在翻译出版过程中旗帜鲜明地主张自己的著作权。"但念译者颇费苦心，不知他日出售，能否于书价之中坐抽几分，以为著书者永远之利益。"④ 他还向民众介绍著作权观念及其推动社会发展的重大作用。"外国最恶龙（垄）断，而独于著作之版权、成器之专利，持之甚谨，非不知其私也，不如是，则无以奖功能者，而其国所失滋多。"⑤ "今夫学界之有版权，而东西各国，莫不重其法者，宁无故乎，亦至不得已耳……是故国无版权者，其出书必希，往往而

① 丁进军：《清末修订著作权律史料选载》，载《历史档案》，1989 年第 4 期，第 52 页。

② 马晓莉：《近代中国著作权立法的困境与抉择》，武汉：华中科技大学出版社，2011 年版，第 105－106 页。

③ 袁逸：《中国近代版权的演变时期》，载《法学杂志》，1985 年第 6 期，第 46 页。

④ 王栻：《严复集·书信》第三册，北京：中华书局，1986 年版，第 538 页。

⑤ 王栻：《严复集·书信》第三册，北京：中华书局，1986 年版，第 545 页。

绝。"① 因此，严复认为作者通过自己的创作活动推动社会的发展和进步，国家就应该赋予他们著作权，来激励他们创作出更多的作品，对社会进步做出更大贡献。

民国初期，并没有立刻终止清末颁布的《大清著作权律》，而是继续沿用。为此，内务部发布了《著作物呈请注册暂照前清著作权律分别核办通告文》。通告规定："查著作物注册给照，关系人民私权。本部查前清著作权律尚无与民国国体抵触之条，自应暂行援照办理。为此刊登公报，凡有著作物拟呈请注册，及曾经呈报未据缴费领照者，应即遵照著作权律，分别呈候核办可也。"② 为了向民众宣传和推行著作权律，内务部还另发文告称："著作注册，权利攸关，故东西各国无不特定法规，藉以巩固私权，严惩侵害。我国前清《著作权律》关于翻印仿制他人著作，以及就原著加以割裂、改窜，变匿姓名或更换名目发行他人之著作，亦各著有明文，分定罚例。……所有本部先后遵律注册各著作物，自应受本律完全保护。"②

经过对《大清著作权律》小幅度的修改之后，北洋政府于 1915 年颁布了《著作权法》。该法进一步明确了著作权的私权属性，尤其是财产权的一面。如将著作权的保护范围扩大为文书、讲义、演述，乐谱、戏曲，图画、帖本，照片、雕刻、模型，其他关于学艺、美术之著作物。该法还规定著作权可以转让于他人，并且在著作权上可设定质押和抵押，但是必须注册。

1928 年，南京国民政府颁布了新的《著作权法》。与 1915 年的《著作权法》比较起来，新的《著作权法》的不同之处主要有以下几方面：揭载报纸杂志之事项不得转载；冒名著作物为侵害著作权；缩短了翻译著作权的保护年限；规定了著作物注册前的审查制度；规定凡反对国民党、违背孙中山"三民主义"、试图推翻国民党政府和损害中华民国利益、破坏公共秩序和败坏善良风俗的出版物，都不能获得版权保护等。此后南京国民政府分别于 1944 年和 1949 年修订了《著作权法》，但都属小幅度和个别条款的修订。民国政府还通过对《著作权法》做出大量的释义和司法解释，来向民众宣传和推行著作权法。

在民国《著作权法》所倡导的理念的影响下，许多知识分子的著作权法律意识有了很大发展，著作权法律意识初步形成。到 20 世纪 30 年代，大多

---

① 王栻：《严复集·书信》第三册，北京：中华书局，1986 年版，第 577 页。
② 周林、李明山：《中国版权史研究文献》，北京：中国方正出版社，1999 年版，第 133 页。

作者已经不再固守传统文人不言利的风雅虚名了。如陈望道等人于 1931 年在上海组织发起著作人协会,来维护作者利益。他们的发起通告称:"上海各著作家,因感于近年来生活程度日高,而稿费反有低落之势,为自身利益计,故由陈望道等数人发起,拟组织一著作人协会,闻其内容,绝口不谈政治,全为自身利益,其入会资格不限,仅须经过会员二人之介绍即可得为会员。惟入会后,须绝对遵守会中规章及议决案,闻其计划中之发重要者,则为提高稿费率,规定千字至少四元云。"① 可见,成立著作人协会的主要目的在于维护作者的著作财产权利,体现了当时作者初步的著作权法律意识。又如林语堂在开明书店出版其编写的新式教科书《开明英文读本》时,就事先与开明书店谈判并达成协议,由林语堂抽取 10% 的版税。在编写至出版发行期间,林语堂可每月从开明书店预支 300 元,这笔费用从以后的版税中扣除。由于该教材深受欢迎,发行量非常大,林语堂也获利颇丰,一时成为上海有名的"版税大王"。② 此时的报刊等出版机构还编写并刊登一些普及《著作权法》的文章,来提高作者、出版商和民众的著作权法律意识。如《中国出版月刊》在 1932 年第 1 期上刊登了《著作人和出版人应知道的一些法律》一文,介绍了与作者和出版商密切相关的现行著作权法,并多次以张恨水的《啼笑姻缘》为例解释著作权法,来帮助正确理解法律规定。③ 此时的出版商还积极同盗版翻印行为作斗争,维护自身的著作权利益。如 20 世纪 30 年代,上海亚东图书馆发现市场上出现了大量盗其版的书籍。亚东图书馆遂联合北新书局等多家被盗版的出版单位,聘请律师到上海、北平、天津、广州等地打击盗版者。针对北平的盗版行为,北平商务印书馆、世界书局、中华书局、开明书局和北新书局还联合上书北平市政府,请求取缔盗版书籍,来保护学术文化,维护作者和出版商的利益。④

当然,民国时期也存在部分作者著作权法律意识不高、出版商违反《著作权法》的情况。如李季受到其先生扣留自己三部译稿的剥削、资本家的剥削、朋友书店的剥削,但仍旧过他的"书奴生活,一声也不响"。1927 年长

---

① 周林、李明山:《中国版权史研究文献》,北京:中国方正出版社,1999 年版,第 207 页。

② 施建伟:《林语堂传》,北京:十月文艺出版社,1999 年版,第 242 页。

③ 周林、李明山:《中国版权史研究文献》,北京:中国方正出版社,1999 年版,第 213 - 215 页。

④ 马晓莉:《近代中国著作权立法的困境与抉择》,武汉:华中科技大学出版社,2011 年版,第 144 - 145 页。

沙八家书局将他翻译的《马克思》上册《共产党的起源》一章印成小册子，偷印十余万部；1928—1932 年，北平和上海的书店大量偷印他的著作《通俗资本论》无数版。李季也"只好把皮带扣紧肚子，躲在地下室偷偷地看宰割我的强盗资本家大吃其剩余价值"，并"安之若素"。直到他发现市场上出现本来是郭沫若翻译的《政治经济学批判》，却被署了自己的名字的这种张冠李戴、有损名誉的情况时，才在报刊上发表声明，并委托他人依法办理。① 有些出版商为了牟取不法利益，大量盗版翻印他人出版发行的书籍。如民国初年，仅商务印书馆一家的印书，就被山东、湖北、河北、河南、安徽、陕西、广东、湖南、四川、云南、广西、贵州等 12 个省的 31 家图书印销单位盗版翻印并销售。20 世纪 30 年代的北平，凡是市场上出现稍有价值的图书，就会立即被盗版者翻印，混入图书市场来牟取暴利。② 可见，民国时期，许多知识分子及部分民众对著作权已有认知意识，并具有一定保护自己著作权的维权意识，但对他人著作权的保护和尊重意识还有所欠缺。因此，我们认为清末至民国时期民众的著作权法律意识只是初步形成。

4. 小结

总之，我们认为清末至民国时期我国民众的知识产权法律意识初步形成。为什么只是初步形成，而不是完全形成呢？我们认为需要从以下两个方面来理解：

一是此时民众知识产权法律意识形成的主体范围有限。由于清末至民国时期商品经济还未完全、彻底地占主导地位，广大农村仍以自给自足的自然经济为主，近现代工商业主要存在于沿海地区和各地区的城镇，形成知识产权法律意识的社会经济条件虽然具备了一些，但显得不足。同时，这一时期的知识产权法律制度不是在民众具备一定的知识产权法律意识的条件下制定的，而是主要在西方列强的外在压力之下移植过来的。这样，在形成知识产权法律意识的思想文化条件还不完全具备的情况下，知识产权法律制度所内含的知识产权法律意识被民众接受起来就有一定难度。因此，这一时期形成知识产权法律意识的主体范围以立法者、实业家、商人、知识分子、工程技术人员为主，分布不平衡而且有限。

二是此时民众知识产权法律意识形成的程度有限。清末至民国时期虽有

---

① 周林、李明山：《中国版权史研究文献》，北京：中国方正出版社，1999 年版，第 215 - 216 页。

② 马晓莉：《近代中国著作权立法的困境与抉择》，武汉：华中科技大学出版社，2011 年版，第 148 - 149 页。

知识产权立法，但战乱较多、政权更迭频繁，影响了知识产权法律制度的稳定性和延续性，知识产权法律意识形成所需要的稳定的政治、经济和社会环境也不完全具备，政府对民众也难以进行持续、稳定的知识产权教育。再加上形成知识产权法律意识的经济和思想文化条件的不足，民众知识产权法律意识形成的程度是有限的。这主要表现在民众知识产权的认知意识、商品化意识、自我保护意识初步具备，但创新意识、对他人知识产权的尊重意识和保护意识还比较欠缺，只是形成了知识产权法律意识内容中的初级部分，只能算是一个雏形。

根据这一时期的各种条件来看，奢望每个民众都形成完全的知识产权法律意识，那是不现实的，就连今天也没有达到。因此，从总体上来看，清末至民国时期民众的知识产权法律意识只是初步形成，还是落后于当时的现实需要的，是有所滞后的。

3.1.3 停滞发展时期：新中国成立至改革开放

新中国成立后，彻底摧毁了国民党政府的旧法统。1949 年 2 月，中共中央发布了《关于废除国民党的六法全书与确定解放区的司法原则的指示》，其中规定："国民党的六法全书应该废除，人民的司法工作不能再以国民党的六法全书为依据"，"司法机关应该经常以蔑视和批判六法全书及国民党其他一切反动的法律、法令的精神，以蔑视和批判欧美、日本资本主义国家一切反人民的法律、法令的精神，以学习和掌握马列主义、毛泽东思想的国家观、法律观及新民主主义的政策、纲领、法律、法令、条例、决议的办法来教育改造司法干部"。同年 4 月，华北人民政府颁布了《废除国民党的六法全书及一切反动的法律的训令》。废除旧法统的指导思想被具有临时宪法性质的《中国人民政治协商会议共同纲领》作为一项建国的法制原则规定下来："废除国民党反动政府一切压迫人民的法律、法令和司法制度，制定保护人民的法律、法令，建立人民司法制度。"废除旧法统，自然也包括民国时期的知识产权法律制度。因此，在批判资产阶级的政治法律观点的基础上，以马克思列宁主义为指导，新中国按照苏联的法制模式建立起自己的法制。这种否定过去法统、隔绝与西方的联系、几乎全盘接受苏联法制的模式被确定下来。公有制、计划经济、国有产权和特定的意识形态成为这一时期极其有限的知识产权法律制度存在的约束条件，公民的知识产权法律意识也停滞不前，不能得以发展。

在专利权法律意识方面，1950 年 8 月颁布了《保障发明权与专利权暂行条例》，从条例名称就可以看出发明创造者可以选择发明权或专利权来获得保护。这种"双轨制"其实是受了苏联 1919 年《发明条例》的影响。《保障发明权与专利权暂行条例》规定如果选择发明权，发明权人不能享有最为重要的财产权即"发明之采用与处理权"，这项权利归属于国家，发明权人可享有领受奖金的物质奖励和领受奖章、勋章或荣誉学位以及在发明物上署名的人身权利。如果选择专利权，专利权人可以自己实施专利或转让，许可专利给他人，专利权也可继承。但是，对专利权也有限制，如对有关国防机密的发明、有关大多数人民福利并有迅速推广必要的发明、发明人在国家单位工作并在本职务内所完成的发明或者接受委托并领取报酬所完成的发明，国家只发给发明证书，不发给专利证书；对以化学获得的一切物质不发给任何证书；专利必须在 2 年内实施；未经中央主管机关的批准，禁止转让专利权等。由于 20 世纪 50 年代初期，生产资料所有制的社会主义改造尚未完成，私有制仍存在，而国家建设也需要安抚知识分子积极参与进来。因此"双轨制"制度允许选择具有私权属性的专利权，其实也适应了当时的政治、经济环境。对于做出的发明创造，公民可以选择申请专利权（尽管这种专利权受到较多的限制），这就给公民具有一定程度的专利权法律意识提供了条件。《保障发明权与专利权暂行条例》颁布后到 1956 年，申请发明权和专利权的共有 407 项，可见专利权法律意识仍然存在于公民的意识之中。但是，由于主管此项工作的机构变动，条例的执行几乎陷于停顿。到 1957 年，主管部门实际上只批准了 4 项专利权和 6 项发明权。[①] 自 1957 年以后就再也没有批准专利权和发明权，《保障发明权与专利权暂行条例》实际上自那时起就已经停止执行了，这对公民专利权法律意识的发展是极其不利的。

　　1954 年 5 月，政务院通过了《有关生产的发明、技术改进及合理化建议的奖励暂行条例》，又一次以行政法规的形式将科技奖励制度确定下来。该条例明确规定，对于国营、公私合营、合作社经营及私营企业中的工人、工程技术人员和职员以及一切从事有关生产的科学与技术研究工作者，他们做出发明、技术改进及提出合理化建议，都可获得奖励。奖励包括物质奖励，并规定了详细的物质奖励标准，还包括给予通报表扬、发给奖章及奖状或其他荣誉等精神奖励。该条例虽然没有否定专利权，但不支持专利权申请、宣扬科技奖励的规定不利于公民专利权法律意识的形成和发展。

　　1963 年 11 月，国务院颁布施行了《发明奖励条例》和《技术改进奖励

---

① 　中国专利局政策研究室：《专利工作调研资料》，第 7 期，1984 年 3 月。

条例》，同时废止了之前的《保障发明权与专利权暂行条例》和《有关生产的发明、技术改进及合理化建议的奖励暂行条例》。《发明奖励条例》规定：对发明的奖励采用荣誉奖和物质奖相结合的方式，并根据奖励等级颁发奖章、发明证书和奖金；发明属于国家所有，任何个人或单位都不得垄断，全国各单位（包括集体所有制单位）都可以利用它所必需的发明。《技术改进奖励条例》规定：无论是集体或个人（包括外国侨民）提出的技术改进建议，采用后都给予奖励；对技术改进的奖励采用荣誉奖励和物质奖励相结合的方式，给予表扬并根据奖励等级发给奖状和奖金。可见，这两个条例的颁布，否定了发明创造的商品属性，否定了具有私权属性的专利权，开始以科技奖励完全代替专利权。也就是说，取消了专利制度，采用单一的科技奖励制度，发明创造被归入国家财产，开始在全国范围内被无偿使用。对于发明创造者来说，只能获得一些荣誉性的精神奖励和少量的物质奖励。到了"文化大革命"（简称"文革"）期间，由于受"左"倾思想的影响，这两个条例中断执行，连奖励也不存在了。长期实行的社会主义公有制排斥私有产权，也压制了具有私权属性的知识产权。在这样的环境下，许多公民的观念中也排斥了私权的存在，不了解知识产权的意义和作用，更有人认为知识产权法律制度与社会主义公有制格格不入。[①] 如1966年新华社的一篇报道就印证了这一点："就中国的大多数发明而言，很多情况下不可能确定谁是发明人，因为包含了许多群众和单位的合作劳动，而且也没有人归功于自己。例如，大庆油田的人民在过去的6年里做出了重大发现与发明，对此没有任何人要求报酬或专利权。"因此，如果说1963年之前公民还具有一些专利权法律意识的话，1963年之后至改革开放前其专利权法律意识则陷入停滞甚至倒退状态。

在商标权法律意识方面，新中国成立初期对商标权给予认可和有限的保护，公民也具有一定程度的商标权法律意识。新中国成立初期生产资料所有制的社会主义改造尚未完成，私营企业、公私合营等经济形式较为常见，商品经济仍然存在。为保护商品经济下工商业的商标专用权，1950年8月，政务院颁布了《商标注册暂行条例》。该条例并不强制注册商标，而规定自愿注册，"一般公私厂、商、合作社对自己所生产、制造、加工或拣选的商品，需专用商标时，应依本条例的规定，向政务院财政经济委员会中央私营

---

① 任建新：《回顾中国知识产权制度的建立》，载刘春田：《中国知识产权二十年》，北京：知识产权出版社，1998年版，第18页。

企业局申请注册"。该条例规定了商标权的转让，"已申请注册或已经核准注册的商标，均得转让给别人"。该条例还规定不得用他人姓名、肖像或企业、团体等名称申请注册商标。但该条例只是规定"商标专用权所有人，认为专用权被侵害时，得向当地人民法院起诉"，并没有规定商标权受到侵害时的具体救济方式，对商标权的保护略显不足。到了 1963 年，这种不够完善的商标权保护变得极其不完善了，公民的商标权法律意识受到压制。这一年国务院颁布了《商标管理条例》，取消了原《商标注册暂行条例》。从立法宗旨来看，新条例强调国家对商标的管理和控制，而不是对商标权的保护。如《商标管理条例》规定："为了加强商标的管理，促使企业保证和提高产品的质量，制定本条例。"而之前的《商标注册暂行条例》则规定："为保障一般工商业专用商标的专用权，制定本条例。"为了加强对商标的管控，新条例及其实施细则要求所有的商标都必须注册，而不是之前的自愿注册。新条例还规定"注册商标的使用期限自核准之日起至企业申请撤销时止"，用不明确的注册有效期限取代了之前 20 年并且可续展的保护期，非常不利于对商标的保护。因此，《商标管理条例》对商标权利或商标专用权的概念只字未提，商标已不再是受保护的对象，而转变为被管理的对象，即以商标管理取代了商标保护。其实，到了 20 世纪 60 年代，个人已经不能独立进行生产和经营活动，私有财产权受到压制，个人也就不能拥有商标权，也没有强烈的商标权意识了。在社会主义公有制和高度集中的计划经济下，企业就像一个生产车间一样，生产什么、生产多少已被严格地计划好了，自主权很小。在这样的环境下，商标作为识别同类商品或服务的作用很难体现出来，事实上也不可能发生商标侵权现象。有学者甚至认为此时的商标制度与我国远古时代的"物勒工名"制度没有本质区别。[①] 也就是说，此时的商标不能作为个人和企业的私有财产而获取利益，只能作为国家对企业产品或服务质量进行管理和控制的手段。因此，在个人和企业都缺乏对商标保护的需求的情况下，公民的商标权法律意识就非常淡薄，进入停滞发展阶段。

　　在著作权法律意识方面，与专利权和商标权一样，新中国成立初期对著作权给予一定程度的保护，这就给公民著作权法律意识的形成提供了条件。1950 年 9 月，文化部主持召开的第一届全国出版会议上通过了《关于改进和发展出版工作的决议》。该决议规定："出版业应尊重著作权及出版权，不

---

　　① 吴汉东：《知识产权基本问题研究（分论）》，北京：中国人民大学出版社，2009年第 2 版，第 354 - 355 页。

得有翻版、抄袭、窜改等行为。""出版物应尽可能有序文、前记一类的文字，对读者负责介绍内容及版本情况、著译情况。在版权页上，对于初版、再版的时间、印数、著者、译者的姓名及译本的原书名等，均应作忠实的记载。在再版时，应尽可能与作者联系，进行必要的修订。""稿酬办法应在兼顾著作家、读者及出版家三方面利益的原则下与著作家协商决定；为尊重著作家的权益，原则上不采取卖绝著作权的办法。① 计算稿酬的标准，原则上应根据著作物的性质、质量、字数及印数。"虽然该决议不是规范和完备的著作权法，但清晰地表明了官方的政策，既注重著作权中的署名权、修改权等人身权，又注重稿酬等财产权，有利于公民形成著作权法律意识。事实上，此时公民的著作权法律意识并不淡薄。如人民出版社、人民文学出版社、工人出版社、人民美术出版社等一大批出版单位往往与作者签订规范的出版合同和约稿合同，并制定了详细的稿酬办法。这些合同和办法详细约定了双方的权利和义务，以及作者稿酬的计算办法，维护了作者的著作权中的人身权和财产权，体现出著作权法律意识。

1957 年，在许多部门和社会各界人士的呼吁下，文化部起草了《保障出版物著作权暂行规定》，但受到政治运动的影响，实际上该草案并未颁布施行。1958 年 7 月，文化部颁布了《关于文学和社会科学稿酬的暂行规定（草案）》，对全国各出版社的稿酬进行了调整。在文化部对这个稿酬规定的试行说明中提出，在保证著译者的物质生活的前提下，要"防止稿酬偏高，滋长了作者追求物质享受的倾向"，防止作者"严重地脱离群众""轻视劳动，轻视工农，脱离实际，脱离政治"。② 可见，作者的稿酬不是由市场来决定的，而是受到政治因素的影响。从此，文化部进行了一系列"政治挂帅"下降低稿酬的做法，作者的著作权法律意识受到压制，开始进入停滞发展阶段。

1958 年 8 月中央通过的建立人民公社的决议使"大跃进"运动更推进了一步，开始推行"一大二公"。在这种运动热潮的影响下，一些作家主动要求降低稿酬。9 月，文化部召集人民日报、中国青年报、光明日报、北京日报、人民出版社、科学出版社、作家协会、音乐家协会等 30 多家单位举行了一个讨论降低稿酬标准的座谈会。"会上大家一致认为目前的稿酬标准，

---

① 周林、李明山：《中国版权史研究文献》，北京：中国方正出版社，1999 年版，第 267 - 299 页。

② 周林、李明山：《中国版权史研究文献》，北京：中国方正出版社，1999 年版，第 308 页。

已不能适应大跃进的新形势。大家认为，过高的稿酬标准，使一部分人的生活特殊化、脱离工农群众，对于繁荣创作并不有利。而由于现在稿酬优厚，已造成一部分青年著译者不安心本身的工作和学习，追逐稿费，发展了资产阶级的个人名利思想。大家指出，目前稿酬过高，加深了脑力劳动与体力劳动的人为差别，与目前空前高涨的共产主义觉悟的形势不相称。"会上形成了一致意见：报纸、杂志的稿酬按现行标准降低一半，书籍的稿酬也进行了降低。① 1958 年 10 月，文化部还根据此次会议的内容于发布了《关于北京各报刊、出版社降低稿酬标准的通报》。因此，不论是发自内心的共产主义热情，还是受政治运动的威慑，公民对作品主张权利的著作权法律意识已经降到很低了。此后，文化部也意识到太低的稿酬并不有利于鼓励作者创作的积极性和文化事业的繁荣，因而对稿酬作了适当的上调，但这已经对改变公民著作权法律意识不能产生根本性的影响了。

　　1960 年，文化部党组和中国作家协会党组在废除版税制度的请示报告中指出，现行的稿酬制度"不符合我国的分配原则，即政治思想教育和物质鼓励相结合而以政治思想教育为主的原则，实质上同资本主义国家的版税制度没有什么原则区别，即把作品当成作者的私有财产"。"它妨碍作家艺术家生活方式和世界观的无产阶级化，妨碍知识分子的劳动化。整风"反右"以来的许多事实证明，过高的稿酬成了文艺界、知识分子中某些人腐化变质和'一本书主义'等资产阶级思想的物质基础"。② 1961 年，文化部发布通知取消了版税制度，作者只按照作品的字数和质量领取一次性很低的稿费。到了"文革"期间，则彻底发展成为无稿酬和集体创作这种文学艺术领域的奇特现象。其实，经过"反右""大跃进""社会主义教育"以及后来的"文革"等政治运动，知识分子屡次成为被改造的对象，著作权尤其是其中的财产权意识遭到批判。政治方向正确成为他们首先必须考虑的因素，他们的著作权法律意识受到压制，呈现停滞不前的状态。对于普通公民来说，更是如此。这种状况一直持续到改革开放之前。

　　总之，除新中国成立初期出台了一些知识产权法律制度和政策，公民的知识产权得到有限保护外，到改革开放前的大多数时期，公民的知识产权是得不到有效保护的。在这种环境下，公民的知识产权法律意识的发展状况其

---

　　① 周林、李明山：《中国版权史研究文献》，北京：中国方正出版社，1999 年版，第 313－314 页。

　　② 周林、李明山：《中国版权史研究文献》，北京：中国方正出版社，1999 年版，第 322 页。

实是处于停滞甚至倒退状态的。

3.1.4 恢复并提高时期：改革开放初期

改革开放之前，我国的知识产权法律制度极其滞后。郑成思评价当时的情形指出："当时，中国的知识产权法还极不健全，有一部强制注册但不言注册人权利的商标条例，一部奖励发明创造同时宣布被奖励的发明属于国家的发明奖励条例，以及有出版机关管理实践中对作者的版权很有限的承认。①"这种制度基本上是与市场脱节的，在这种制度下产权很不清晰，因此这种制度对公民知识产权法律意识的形成是极其不利的。"文革"结束后，开始纠正"左"倾的错误思想，振兴教育和科技、提高知识分子地位、实现"四个现代化"、改革开放等开始被提上议事日程。1978 年 3 月，全国科学大会召开，邓小平在开幕式上提出了著名的"科学技术是生产力"的论断。他说："科学技术是生产力，这是马克思主义历来的观点。早在一百多年以前，马克思就说过，机器生产的发展要求自觉地应用自然科学。并且指出'生产力中也包括科学'。现代科学技术的发展，使科学与生产的关系越来越密切了。科学技术作为生产力，越来越显示出巨大的作用。"② 他还认为："正确认识科学技术是生产力，正确认识为社会主义服务的脑力劳动者是劳动人民的一部分，这对于迅速发展我们的科学事业有极其密切的关系。我们既然承认了这两个前提，那末，我们要在短短的二十多年中实现四个现代化，大大发展我们的生产力，当然就不能不大力发展科学研究事业和科学教育事业，大力发扬科学技术工作者和教育工作者的革命积极性。"③ 这次会议上奖励了 1 192 个先进科技工作者和 7 657 项优秀科技成果，虽然还不是授予专利权，但比起"文革"已经是一大进步了。1978 年 12 月的十一届三中全会上彻底肃清了"左"倾的错误，做出把党和国家的工作重心转移到经济建设上来，实行改革开放的重大决策。因此，对于知识分子来说，专业技能逐渐具有了支配性地位。同时，知识产权法律制度也开始了恢复和重建，公民知识产权法律意识也开始恢复并得以提高。

1978 年 12 月，国务院恢复了 1963 年的《技术改进条例》，将其重新印发给全国各地区、各部门、各基层单位执行。同时，将 1963 年的《发明奖

① 郑成思：《知识产权与国际关系》，北京：北京出版社，1996 年版，第 237 页。
② 《邓小平文选》（第 2 卷），北京：人民出版社，1994 年第 2 版，第 87 页。
③ 《邓小平文选》（第 2 卷），北京：人民出版社，1994 年第 2 版，第 89 - 90 页。

励条例》进行适当修订，克服了其平均主义的不良倾向，突出实事求是的科学态度和社会主义协作精神，并颁布施行。修订后的《发明奖励条例》仍未改变发明属于国家所有的观念，规定全国各单位都可以利用所需的发明，还不属专利权，仅是精神和物质奖励。但与"文革"中完全抛弃奖励相比，已经是一大进步了。1979 年 11 月，国务院颁布了《自然科学奖励条例》，将1963 年条例的基本原则延伸到自然科学领域。1980 年 10 月，国务院通过了《关于开展和保护社会竞争的暂行规定》，其中规定："为了鼓励革新技术和创造发明，保障有关单位和人员应有的经济利益，对创造发明的重要技术成果要实行有偿转让。"将发明创造由无偿使用转变为有偿转让，尽管还没有明确提出专利权，但已经体现出将发明创造视为了商品。1982 年 11 月，赵紫阳总理在第五届全国人民代表大会第五次会议上作的《关于第六个五年计划的报告》中提出要"制定和施行专利法，建立奖励新产品和技术革新的制度，同时废除那些阻碍技术进步的规章制度"。1984 年 3 月，经过多次争论和修改后，全国人大常务委员会通过了《中华人民共和国专利法》（简称《专利法》）。新的专利法是新中国成立以来历史上第一次彻底给予发明创造以专利权的"单轨制"保护，因为之前最好的保护也只是发明权和专利权的"双轨制"保护。考虑到当时绝大多数社会主义国家都采用"双轨制"保护，独占性的"单轨制"保护的变革更显得难能可贵。这种变革实质上已经赋予了专利权人对发明创造的财产权性质的控制，更有利于科技成果的研制、使用、许可和转让，对于恢复并提高公民专利权法律意识具有重要意义。同时，新的专利法规定了专利权人实施专利的义务："专利权人负有自己在中国制造其专利产品、使用其专利方法，或者许可他人在中国制造其专利产品、使用其专利方法的义务。"强制专利权人或他人实施专利，在社会上宣传了专利可以通过自己实施或许可他人而获益，并且能推动经济社会发展，在当时的环境下有利于公民恢复专利权法律意识。此外，虽然当时世界上大多数国家不保护实用新型，但新的专利法明确对实用新型给予专利保护。由于实用新型对发明创造的创新性要求不太高，保护实用新型可以激励更多的公民参与到发明创造并申请专利的活动中去，有利于恢复并提高公民的专利权法律意识。

在商标领域，改革开放初期，新成立的国家工商行政管理局、中国国际贸易促进委员会等机构重新适用了 1963 年的《商标管理条例》。如前文所述，1963 年的《商标管理条例》强调国家对商标的管理和控制，重点不在于对商标权的保护，但比起"文革"中商标法规的荒废，这种重新适用向社会宣示了新形势下商标及商标权的重要性，对于恢复公民商标意识具有重要意义。1982 年 8 月，全国人大常务委员会通过了《中华人民共和国商标法》（简称《商标法》）。之后，国家工商行政管理局还颁布了《商标法实施细则》，我国的商标法律制度得到全面的恢复。新的商标法的立法宗旨是"为了加强商标管理，保护商标专用权，促使生产者保证商品质量和维护商标信誉，以保障消费者的利益，促进社会主义商品经济的发展"。与 1963 年的《商标管理条例》单纯强调商标管理相比，新商标法虽然仍保留了商标管理的目标，但加入了保护商标专用权和促进社会主义商品经济等目标，这对于恢复并提高公民商标权法律意识具有重要意义。新的商标法对于商标注册实行自愿注册为主的原则，商标可以自己使用，也可以转让、许可他人使用，这些都体现出将商标作为私有财产看待的一面，有利于培育公民的商标权法律意识。此外，新的商标法还详细界定了商标侵权行为，规定了商标权的工商行政管理部门的行政保护和人民法院的司法保护，还规定了停止侵权行为、赔偿、对直接责任人员由司法机关依法追究刑事责任等对商标侵权行为的法律制裁。相比较于之前将商标作为对经济活动进行管理的手段，这种对商标权从侵权认定到法律责任一系列的保护使公民开始意识到，注册商标不仅仅是为了政府监管自身经营活动，还可以维护自身权益，商标权法律意识开始觉醒并有所提高。

在著作权领域，1977 年国家出版局颁布了《新闻出版稿酬及补贴试行办法》。该办法部分恢复了因"文革"而中断的作品稿酬制度，对作者的稿酬和补贴规定了较为详细的计算办法，维护了作者和译者的权益，使公民由此开始了对著作权法律意识的恢复和提高。1980 年，国家文化部颁布了《关于书籍稿酬的暂行规定》，宣示其目的在于"实行社会主义按劳分配的原则和保障著译者的正当权益，鼓励著译和提高著译的水平"，并将作者的稿酬恢复到了"大跃进"以前的水平。1982 年广播电视部发布了《录音录像制品管理暂行规定》，首次提出保护邻接权："音像制品出版单位应保障作者、表演者的合法权益。"文化部出版局对 1980 年的《关于书籍稿酬的暂行规定》进行了重大修改，颁布了《书籍稿酬试行规定》。此后，国家有关部门颁布了《图书、期刊版权保护试行条例》《图书、期刊版权保护试行条例实施细则》《美术出版物稿酬试行办法》《美术出版物稿酬标准》等法规文件，全面恢复了作品稿酬制度，构成了我国未来著作权法的基本框架，为后来制定著作权法奠定了良好的基础。这些著作权法规基本都以保障文学、艺术和科学作品作者的正当权益为宗旨，提高了公民著作权法律意识。此外，除著作权方面的法规外，其他领域的法规也对公民的著作权给予承认和保护，这对于提高公民的著作权认知意识、商品化意识、保护意识等具有重要意义。如 1985 年颁布的《中华人民共和国继承法》将公民著作权中的财产权利作为可以继承的合法财产。尤其是 1986 年颁布的极其重要的《中华人民共和国民法通则》（简称《民法通则》），在法律中明确规定了"公民、法人享有著作权（版权），依法有署名、发表、出版、获得报酬等权利"；"公民、法人的著作权（版权）……受到剽窃、篡改、假冒等侵害的，有权要求停止侵害，消除影响，赔偿损失"。可见，《民法通则》已经对公民著作权中的人身权和财产权都进行了认可和保护。虽然直至 1985 年的改革开放初期还没有颁布完备的著作权法（直到 1990 年才正式颁布《中华人民共和国著作权法》，简称《著作权法》），但在改革开放初期陆续颁布了一些涉及著作权的法规，已经开始在全社会倡导著作权，恢复并初步提高了公民的著作权法律意识。

这一时期知识产权法律意识的觉醒和恢复还体现在新的专利法、著作权法、商标法等知识产权法律制度的制定过程中，经过了激烈的争论但最终得以通过。如在专利法制定的过程中，就有支持和反对两种意见的交锋。有些反对者从意识形态方面考虑，认为专利法在本质上违反了社会主义原则，会损害国家利益。1980 年 10 月，国家科学技术委员会和国家经济贸易委员会在国务院会议室召开了专利问题座谈会。建议暂缓建立专利制度的同志认为除了意识形态方面的原因外，机械工业要仿制，实行专利制度会束缚自己的手脚，难以回避外国专利；不搞专利制度照样可以从国外引进技术，引进工作做得如何取决于谈判的地位和谈判技巧；我国发明少，实行专利制度保护外国人的专利多，会被外国人垄断我国的市场。会上多数人支持我国尽快制定专利制度，他们认为实行专利制度可以从法律上保护发明产权，促进发明"商品化"，采取有偿转让技术，克服科研和生产脱节和"吃大锅饭"的状况，兼顾国家、集体和个人利益；外国人来我国申请专利，事实上是向我国提供最新的情况，即使他们获得了我国专利，也必须在我国实施，有利于我国技术的提高，而仿制被多年来的经验证明是不成功的；目前全世界除了 11 个国家之外都实行了专利制度，我国同世界的交往不可能不遵循共同的准则。[①] 在随后 1980 年 11 月由国家科学技术委员会和国家专利局召开的全

---

① 赵元果：《中国专利法的孕育与诞生》，北京：知识产权出版社，2003 年版，第 68－82 页。

国性的专利法讨论会上，支持和反对的观点再次交锋。针对反对的观点，支持者认为制定专利法"是以法律鼓励和保护发明创造，在科学技术领域内实行法治的重大措施"，"制定专利法，并非人们的主观臆想，而是社会经济的客观要求"。在我国存在而且大力发展商品生产的情况下，"从客观上要求我们把同国民经济迅速增长密切相关的发明如实地视为一种资产，如实地使之商品化"，这就要求我们制定专利法，对发明的财产性和商品化予以法律保护。"专利制度有打破垄断、刺激竞争、促进创新、协调垄断和交流的作用"，"说专利制度是垄断促垄断，是片面看法"，"专利制度是促进竞争，促进发展，促进进步"。① 此后，类似的高规格争论还进行了多次，但支持制定专利法的意见还是占据了上风。当然，在最终借鉴西方专利法律制度的同时，也根据中国特色的社会主义法治思想对专利权作了适当限制。在著作权法的起草和制定过程中，这样的争论也大量存在，以至于著作权法产生了20多个草案。相对来说，商标法制定过程中遇到的阻力要小一些。总之，这种争论引起了人们对知识产权的关注和思考，而知识产权法的最终通过对公民知识产权法律意识的恢复和提高产生了正面的影响。

改革开放初期，公民知识产权法律意识的恢复和提高也体现在专利和商标的申请上。1982 年《中华人民共和国商标法》颁布后，出现了一股申请注册商标的热潮，申请量逐年攀升，并且国内申请占据主导地位，而这是以我国公民商标权法律意识提高为基础的。1982 年注册商标申请总量达到18 565 件，其中国内申请 17 000 件，占到 91.6%；1983 年注册商标申请总量达到 20 807 件，其中国内申请 19 120 件，占到 91.9%；1984 年注册商标申请总量达到 29 564 件，其中国内申请 26 487 件，占到 89.6%；1985 年注册商标申请总量猛增到 49 243 件，其中国内申请 43 445 件，占到 88.2%。② 同样地，1984 年《中华人民共和国专利法》颁布后，专利申请也出现了类似情况，不管是申请总量还是国内申请量都有所上升。1985 年专利申请总量达到 14 372 件，其中国内申请 9 411 件，占到 65.5%；1986 年专利申请

---

① 赵元果：《中国专利法的孕育与诞生》，北京：知识产权出版社，2003 年版，第149 - 150 页。

② 《历年商标注册申请及核准注册商标统计表》，中华人民共和国国家工商行政管理总局官网：http://www.siac.gov.cn/zwgk/tjzl/200412/t20041229_57383.html，访问时间 2013 年 11 月 19 日。

总量达到 18 509 件，其中国内申请 13 680 件，占到 73.9%。① 虽然从绝对数字来看，专利和商标的申请量还不是很大，但申请量的逐年攀升体现出公民知识产权法律意识比起前 30 年已经逐渐恢复并有所提高。

当然，这一时期公民知识产权法律意识的改观只是相比较于前 30 年而言的。由于之前长期排斥知识产品的私有化和商品化，甚至一度压制知识产权，并且缺乏对知识产权的宣传。随着改革开放和知识产权立法的加强，公民对知识产权的认知虽然有所提高，但假冒商标、盗版等侵犯知识产权的行为仍然比较普遍。所以，总体来看，这一时期公民的知识产权法律意识还是滞后于改革开放的实际需要的。

3.2　我国公民知识产权法律意识历史发展的启示

纵观我国公民知识产权法律意识发展演变的历程，可以得出一些有益的启示。这些启示将对我们更加深刻地认识、更好地培育我国公民的知识产权法律意识具有重要意义。

3.2.1　公民知识产权法律意识的商品经济土壤

公民知识产权法律意识的形成虽然受经济、政治、文化等许多因素的影响，但最为根本的是经济因素。因为公民知识产权法律意识属社会意识的范畴，而社会意识的形成和发展由社会物质生活条件尤其是社会经济形态所决定。具体来说，公民知识产权法律意识的形成离不开商品经济的土壤。我国公民知识产权法律意识发展的历程印证了这一点。

在我国清末之前漫长的封建社会时期，以小农经济为主体的自然经济在整个社会经济生活中占主导地位，但在某些时期商品经济也较为活跃并有所发展。而在商品经济有所发展的时期，民众知识产权法律意识的萌芽也往往比较明显。例如，根据前文所述，宋代民众知识产权法律意识的萌芽是非常明显和突出的。但这不是偶然现象，而是与当时商品经济的活跃密切相关的。随着农业、手工业和商业的发展和繁荣，宋代出现了一批规模较大的城市，这些大城市成为商品经济的大市场。除了当时最著名的北宋都城汴京和

---

① 《国内外三种专利申请受理年度状况（1985 年 4 月 1 日—1986 年 12 月 31 日）》，中华人民共和国国家知识产权局官网：http://www.sipo.gov.cn/ghfzs/zltjjb/jianbao/1985-1999/86/1.2.htm，访问时间 2013 年 11 月 19 日。

南宋都城临安外，成都、建康、镇江及扬州等众多城市因商品经济的发达而成为著名的商业大城市。有学者统计，唐代 10 万户的城市仅 11 个，到了北宋则多达 40 个。其中，汴京和临安的人口大致有 170 万和 120 万，在当时世界上也是无与伦比的大城市。① 这些商业性大城市随处都有商铺、邸店、酒楼、茶肆、食店，大小铺席鳞次栉比。市场上的商品种类繁多，从粮食、茶叶、蔬菜、水果、油、盐、酒、丝、麻等农副产品，到瓷器、丝织品、车船等手工业品以及生产工具，应有尽有。当时的东京已废除了传统的"宵禁"法令，夜市普遍出现。据宋代孟元老《东京梦华录》卷三记载：马行街的"夜市直至三更尽，才五更又复开张。如要闹去处，通晓不绝"。可见，商品贸易已没有时间的限制，日夜经营。从张择端的《清明上河图》中就可以看出当时商品交易的盛况。北宋时期为了便于商品交易，支付手段也得到创新，出现了我国历史上最早由政府正式发行的纸币——"交子"，这也是世界上最早使用的纸币。同时，从观念上来看，传统的"重农抑商"政策虽然仍是宋代政府的基本国策，但随着商品经济的发展，人们已经意识到商品生产和交易在社会经济发展和生活中的重要作用，以商品交易为耻的观念有所淡化。在生活中的各种有形物都能频繁地被作为商品进行生产和交换的情况下，无形的知识产品进入商品交换领域自然也容易被宋代民众所接受，知识产权法律意识也就有所萌芽，尤其是著作权法律意识的萌芽最为突出。当然，我们必须注意到，宋代的商品市场主要表现为星罗棋布的集市贸易，至多只是一些区域性市场，全国性的商品大市场并没有形成。因此，宋代商品生产和交换只是对农业收入不足的补足，商品经济还没有在整个社会经济生活中占主导地位。在自给自足的自然经济的大环境下，局部地区（主要是部分城市）的商品经济再活跃，也不能使民众形成全面的知识产权法律意识，只能孕育出知识产权法律意识的萌芽而已。

清末以"自强"和学习西方为目的的洋务运动开始了中国近代化和工业化的历史进程，特别是运动后期又以"求富"为口号增加了发展民用工业的内容。清末的维新运动中提出工商立国，从而富国养民的主张。随着维新运动的失败，这些主张虽然最终没能立即落实，但启蒙了民众发展商品经济的思想。清末政府还颁布了许多法规来保护私有财产和发展商品经济。如1903 年清政府颁布的《商人通例》中规定："凡经营商务、贸易、买卖、贩运货物者均为商人"，一反之前中国重本抑商、重义轻利的传统，以法律形

---

① 叶坦：《儒学与经济》，南宁：广西人民出版社，2005 年版，第 107 页。

式确认商人的合法权益。之后又起草和颁布了《公司商律》《破产律》《矿务章程》《保险法》《票据法》等一些涉及保护私有财产、发展商品经济的法规。总体来看，清末的商品经济水平已经有了大幅度提高。民国时期，商品经济虽然还没有完全地、彻底地在整个社会经济生活中占主导地位，但与清末之前的封建社会时期相比，已经有了根本性的改观，商品经济得到较为充分的发展。此时，在"实业救国"的历史潮流中，商品生产和销售活跃、繁荣，并出现了一大批发展势头较好的工商企业和企业家群体。政府也早已不再"重农抑商"，相反却出台政策和法规奖励和扶植商品生产和销售，民众也普遍不再以商品生产和交易为耻，完全冲破了封建时期对商品经济在制度上和观念上的束缚，知识产权法律意识也初步形成。如在辛亥革命后，南京临时政府就在《通告汉口商民建筑市场文》中指出："今者东南底定，民国肇基，商务为实业要政之一，亟应恢复，善后各事，尤宜审慎，须立永远之机，毋为权宜之策。"[1] 尤其是在《中华民国临时约法》中明确规定人民享有财产、营业等自由，这种对私有财产权利的确立和保护为商品经济的发展奠定了良好的基础。国民政府时期颁布了《公司法》《票据法》《海商法》《保险法》《银行法》《破产法》《工厂法》《矿业法》等一系列有利于商品经济发展的法律。1927 年全国工业总产值为 67.01 亿元，1936 年增加到122.74 亿元，10 年间增长 83.2%。[2] 虽然在抗日战争期间工商业的发展势头有所减缓，但总体来看商品经济还是得到了较为充分的发展，尤其是纺织业、重化工业、钢铁业、缫丝业、造纸业、煤炭业等发展最快。

　　新中国成立初期，经济基本上是由国营经济、合作社经济、国家资本主义经济、私人资本主义经济、小生产（小商品、小私有）经济等五种经济成分构成的。此时新中国经济属于新民主主义经济形态，刘少奇还提出巩固新民主主义制度的观点，对待私营工商业的基本方针是公私兼顾、劳资两利的方针。商品经济得到了一定程度的发展，为在短短的三年内完成国民经济恢复的任务奠定了基础。此时公民也具有一定程度的知识产权法律意识。但是，在社会主义改造完成后，尤其是 1958 年以后，在过分集中的计划经济体制和"左"倾思想的指导下，将商品经济当作资本主义专有而加以排斥和鞭挞，使得商品经济受到压制。此时公民的知识产权法律意识陷入了停滞甚

---

　　① 中国科学院近代史研究所史料编辑组：《辛亥革命资料》，北京：中华书局，1961 年版，第 59 页。

　　② 刘佛丁：《中国近代经济发展史》，北京：高等教育出版社，1999 年版，第 137页。

至倒退状态。改革开放之后，大力发展社会主义商品经济，公民的知识产权法律意识也相应地得以恢复并提高。总之，新中国成立以来公民知识产权法律意识经历了曲折的发展历程，同时与商品经济的曲折发展历程相对应，这又一次印证了公民知识产权法律意识的形成离不开商品经济的土壤。

总之，当商品经济有所发展时，知识产权法律意识便相应地有所萌芽或发展；当商品经济的发展受到限制时，知识产权法律意识也相应地难以发展。商品经济孕育出了形成知识产权法律意识所必需的思想文化观念，也形成了知识产权法律意识的基本内容。当然，在商品经济下，并非立即形成知识产权法律意识，而是有一个逐渐形成的过程。这一过程往往表现为，人们在频繁的商品生产和交换的环境下先形成有形物的财产权，在此基础上逐渐将无形的知识产品也纳入商品的范围，孕育和形成知识产权法律意识。

公民的知识产权法律意识以商品经济及其充分发展形式——市场经济——为土壤，这就更进一步启示我们，要培育和提高公民的知识产权法律意识，就要求我们当前努力推进市场经济向前发展。当前社会主义市场经济发展进入纵深阶段，改革面临巨大障碍时，仍然要坚定不移地推进改革，为公民知识产权法律意识的培育和发展提供良好的经济条件和土壤。

3.2.2 推进为主模式下主动培育公民知识产权法律意识的重要性

从我国公民知识产权法律意识发展的历程来看，虽然在古代就存在民众的知识产权法律意识的萌芽，但由于不具备形成知识产权法律意识的条件和基础，直到近现代才初步形成真正意义上的知识产权法律意识。而且，从形成的动力来源来看，这是一种推进为主型的知识产权法律意识的形成模式，即公民主要受到外来知识产权法律意识的输入，而不是主要通过自发改变演进出对知识产权的意识和观念。同时，承载了知识产权法律意识和观念的知识产权法律制度也是近代开始从西方移植而来的，而不是我们自发产生的。因此，我国并没有自发演进出完整的公民知识产权法律意识，而是采取推进为主的模式初步形成的，这就需要我们来主动培育公民的知识产权法律意识。

通过分析我国公民知识产权法律意识的历史演变，可以发现推进为主的形成模式下，一条知识产权法律意识的形成规律：少数人的知识产权法律意识——知识产权法律制度——大众的知识产权法律意识。也就是说，在推进为主的形成模式下，公民知识产权法律意识的形成有三个阶段。由于最初不完全具备形成知识产权法律意识所需要的基础和条件，不可能在大多数人中形成知识产权法律意识。但是，根据社会意识对社会存在的相对独立性原理，在少数人中有可能形成知识产权法律意识，这是第一阶段。这里的少数人指实业家、商人、工程技术人员、知识分子、思想家等与知识产品的创造和流通有密切关系并有所反思的行业人士和社会精英。如清末至民国时期的洪仁玕、郑观应、薛福成、康有为、梁启超、吴蕴初、张咀英、严复、张元济、陈望道、林语堂等人，在学习西方和实业救国的过程中率先初步形成了知识产权法律意识。在少数行业人士和社会精英初步形成知识产权法律意识后，就会对政治家和立法者的意识产生影响。同时在西方的压力之下，知识产权法律制度通过移植的方式被制定出来，这是第二阶段。如清末至民国时期制定并多次修订的一系列涉及专利、商标和著作权的知识产权法律制度。在知识产权法律制度产生后，就需要以此为载体，将其所承载的知识产权法律意识和观念传达给社会大众，使大众形成知识产权法律意识，这是第三阶段。这一阶段是一个漫长的发展过程，从清末制定出知识产权法律制度起就在进行，直到今天还未彻底完成。

显然，从知识产权法律制度到大众的知识产权法律意识，不会自然而然地完成，而是需要在发展商品经济的基础上主动地培育。因为移植而来的知识产权法律制度毕竟不是我们自发产生的，往往与社会大众的意识和观念不相匹配和契合。知识产权法律制度虽然可以较快引进，但社会大众的知识产权意识和观念却具有较强的惯性，需要在具备一定的条件下由外力慢慢地培育。我国公民知识产权法律意识的形成模式是推进为主型模式，这是客观决定而无法改变的。由于缺乏自发、主动形成知识产权法律意识的传统，这就要求我们在思想政治教育、法治教育的过程中，政府、学校和家庭要重视和加强对公民知识产权法律意识的培育工作，并且保证此项工作正常、稳定进行而不动摇，系统规划，建立完善的培育体系。

3.2.3　公民知识产权法律意识对"李约瑟难题"的解释

英国著名科技史学家李约瑟（Joseph Needham）经过对中国科学技术史深入研究后提出这样的疑问，即中国科学为何自 14 世纪起始终停留于经验阶段而日渐衰落，无缘近代科技和工业革命的诞生。他认为："问题之症结乃为现代实验科学与科学之理论体系，何以发生于西方而不在中国？""是什么东西阻碍中国科学技术由经验科学向近代理论科学的演变?"[1] 这就是著名的"李约瑟难题"(the Needham Problem)。确实,14 世纪以前中国的科学技术领先于西方,许多重要的技术,如指南针、火药、造纸术和印刷术等传入西方后甚至加速了西方向现代社会的转变。许多历史学家都承认,中国在 14 世纪所取得的科学技术成就,足以使中国产生 18 世纪英国式的工业革命。但现实情况是,中国在近代并没有保持原来的领先,反而逐渐落后于西方。对于"李约瑟难题",学者们从文化模式、地理环境、经济制度、政治制度、技术需求、技术供给等不同角度,运用不同的理论做出了解释[2],虽然都有其合理成分,但他们都忽视了公民知识产权法律意识的因素。通过对我国公民知识产权法律意识的历史考察,我们发现,在参考已有解释的基础上,加入公民知识产权法律意识的因素将是解开"李约瑟难题"的一把关键的钥匙。

知识与技术的创新为科技与社会的发展提供不竭的动力,是任何社会发展的关键因素。而知识与技术的创新需要以对创新者的激励为条件,还需要以已有知识与技术的积累为基础。首先,因为创新是做前人未曾做的事情,在探索中有失败的可能,具有较大风险。同时,创新的成果——无形的知识产品——很容易被他人了解其内容,从而无法被创新者所控制、垄断。这样他人就可以随意使用和消费来之不易的创新成果,使创新者无法得到回报,从而挫伤创新者的积极性,使他们不愿再进行创新。可见,对创新者足够的激励是一个社会保持创新的条件,这里的激励包括物质上和精神上的激励。其次,创新虽然是取得前所未有的成果,但并不是在建造空中楼阁,需要以已有知识与技术的积累为基础,是站在他人肩膀上的创新。即使是一个领域的开山鼻祖,他的创新也需要以其他相关领域的知识积累为基础。知识产权法律制度通过授予创新者在一定期限内对知识产品进行独占和垄断,从而使创新所需的激励条件和积累基础得以具备。一方面,知识产权法律制度赋予创新者对创新成果的独占和垄断,他人要使用和消费创新成果必须得到许可并付出代价,使创新者得到了回报和尊重,从而在物质上和精神上激励了创新者。另一方面,基于创新成果——知识产品——获得知识产权后,知识产品的内容就必须向社会公开,成为他人创新的知识积累;而且创新者仅在一

---

① 李约瑟:《中国科学技术史》(第 1 卷)序言,北京:科学出版社,1990 年版,第 1-2 页。

② 吴国东、汪翔:《"李约瑟难题"研究评述》,载《重庆师范大学学报(哲学社会科学版)》,2006 年第 5 期,第 74-79 页。

定期限内对知识产品进行独占和垄断，超出期限后知识产品进入公有领域，彻底成为他人创新的知识积累。其实，新制度经济学家已经意识到产权制度甚至是知识产权制度在科技与社会发展中的决定性作用。如道格拉斯·诺思认为激励技术创新必须"发展一套法规以便为无形资产的所有和交换提供更有效的所有权"。① 有些学者也已经用知识产权制度或专利制度来解释"李约瑟难题"。② 但是，我们要追问一句：仅有知识产权法律制度就一定能促使知识与技术的创新吗？显然，根据前文的研究，这是不一定的。仅有知识产权法律制度，没有公民知识产权法律意识的内在支撑，知识产权法律制度就失去了灵魂而变成一堆废纸，就更谈不上知识与技术的创新了。我国在清末虽然制定出了知识产权法律制度，但由于民众的知识产权法律意识仅仅处于开始初步形成之中，对创新的促进作用是极其有限的。更何况没有知识产权法律意识就不可能创制出知识产权法律制度。因此，在知识与技术的创新过程中，相比较知识产权法律制度而言，更为根本的因素是公民的知识产权法律意识。

14 世纪以前，我国民众仅有知识产权法律意识的萌芽，还没有形成真正意义上的知识产权法律意识，因此知识与技术创新所需的激励条件和知识积累基础都不足。但不足不等于没有，至少还存在一点激励条件，那就是对创新成果以技术秘密和商业秘密的方式进行自我保护。这就出现了"祖传秘方""传男不传女""教会徒弟，饿死师傅"的情况。这种通过自我保护而不是法律保护的方式对创新的激励是有限的。中国古代那些引以为自豪的诸多发明创造是在漫长的历史长河中逐渐获得的。其实，这一时期西方的情况也是如此。因此，与近现代相比，14 世纪以前的中国和西方普遍存在知识与技术更新不快和社会发展较为缓慢的情况。但是，中国为什么会领先于西方呢？这是因为中国的人口数量优势起了关键作用。在极其有限的激励下，在个别人对科学技术探索和追求的热情的支配下，创新成果是人们在长期的生产生活的实践经验中通过经验性的试错和改错而获得的。这样，创新主要取决于人口的数量因素，而中国的人口总量自古以来一直远高于欧洲，这种人

---

① 道格拉斯·诺思、罗伯斯·托马斯：《西方世界的兴起》（厉以平、蔡磊译），北京：华夏出版社，1999 年版，第 23 页。

② 南振兴、温芽清：《知识产权法经济学论》，北京：中国社会科学出版社，2010 年版，第 152－155 页；寇宗来：《专利制度的功能和绩效》，上海：上海人民出版社，2005 年版，第 75－86 页；蔡宝刚：《论知识产权法制对"李约瑟难题"的破解》，载《南京师范大学学报（社会科学版）》，2003 年第 2 期，第 40－44 页等。

口数量使得中国在技术创新上具有很大优势。① 因而，14世纪以前中国和西方都不具备知识产权法律意识这一根本要素时，中国可以依靠人口数量优势领先于西方。如中国唐宋时期人口增加是很快的，知识与技术的创新也比西方多得多。尤其是宋朝处于中国人口的一个高峰期，这一时期中国也以影响深远的科技发明著称于世。

14世纪开始，西方从文艺复兴中逐渐走出了黑暗的中世纪，更为重要的是，西方公民开始逐渐自发演进出知识产权法律意识。18世纪英国工业革命前，西方公民已经基本形成了知识产权法律意识。西方公民已经认识到创新成果是私有财产，可自己实施或许可、转让给他人获得报酬，也可方便地借鉴他人公开的创新成果作为自己进一步创新的基础。在这种意识的内在支撑下，也使得制定出来的知识产权法律制度能真正实施和落实。这样，就为知识和技术的创新提供了充足的激励条件和知识积累基础，使得近代西方产生了科技革命和工业革命，创新成果井喷式产生，社会飞速发展。反观此时的中国，人口数量虽然仍具有优势，但民众并未形成知识产权法律意识，创新的激励条件和知识积累基础仍未充分具备。中国仍然主要依靠众多人口长期通过偶发的、经验性的试错和改错而获得创新成果，创新成果的总量已远远不如西方多。更为重要的是，近代科技已经向精细化和复杂化发展。例如在古代，物理学与化学、天文学等都曾归属于自然哲学，但近代物理学不但独立出来，而且又细分为光学、声学、电学、力学、热学等学科。这就使传统的通过简单的、经验性的试错和改错而获得创新成果的可能性逐渐降低，创新更多地依赖知识的积累。但由于此时民众的知识产权法律意识还未形成，在充斥技术秘密和商业秘密的环境下，简单的、重复的创新活动居多，不能形成大量的、系统的知识积累，中国人口数量已经不再成为创新的优势。因此，中国在近代开始落后于西方了。特别是西方在科技革命和工业革命后飞速发展，将中国远远甩在后面，即使中国在清末至民国时期公民初步形成知识产权法律意识时，由于差距太大，再加上社会的动荡，已不能在短期内赶上并超越西方了。

总之，从公民知识产权法律意识角度解释"李约瑟难题"，使我们认识到，公民的知识产权法律意识越强，知识和技术的创新越多，社会发展越快。公民知识产权法律意识的薄弱是我们在近代落后于西方的关键因素。当

---

① 林毅夫：《李约瑟之谜、韦伯疑问和中国的奇迹——自宋以来的长期经济发展》，载《北京大学学报（哲学社会科学版）》，2007年第4期，第6-9页。

前，我们与西方发达国家在总体科技水平上仍存在差距的情况下，重视公民知识产权法律意识的培育，努力提高公民的知识产权法律意识水平，应该是我们赶超西方发达国家、实现中华民族伟大复兴的一项重要举措。

第4章　我国公民知识产权法律意识的现状及其成因分析

了解当前我国公民知识产权法律意识的现状，既是对过去公民知识产权法律意识培育的实效性的检验，又是当前进一步完善培育措施的现实依据。而在此基础上对公民知识产权法律意识现状的成因分析，则是全面把握影响公民知识产权法律意识的因素、掌握培育规律、完善培育措施的理论依据之一。

4.1　我国公民知识产权法律意识的现状

公民知识产权法律意识作为主观心理要素不能独立存在，往往外在表现在公民的知识产权法律行为、语言、知识、态度、评价之中。近年来学者们从以上不同角度对我国当代公民知识产权法律意识的现状作了实证的调查研究。根据研究可知，公民知识产权法律意识的形成及其培育具有长期性的特征，短期内很难有根本性的改观，因此我们主要以最近五六年来的调查数据作为分析的依据。经过对这些调查研究的综合分析，并结合许多现实案例，可以发现我国公民的知识产权法律意识比起改革开放之初有了较大幅度的提高，但与当前形势对公民的要求还不相适应，情况不容乐观。我们将研究的重点放在我国当代公民知识产权法律意识的不成熟之处和存在的问题，具体可将其概括为以下四个方面。

4.1.1　知识产权法律意识水平总体偏低

总体来看，我国公民的知识产权法律意识水平是偏低的。一项由国家知识产权局委托知识产权新闻宣传中心与清华大学媒介实验室共同在全国范围展开的调查显示，我国公民知识产权文化素养总体指数为 42.1，处于中等偏低的水平。[①] 另一个课题组的调查也显示，当前我国公民"对知识产权的

---

① 李立：《社会公众知识产权文化素养总体中等偏低》，载《法制日报》，2009 年 4 月 23 日，第 010 版。

了解"这一变量的均值为 2.317，处于较低水平。① 尤其在计算机软件领域，我国公民的知识产权法律意识状况更是堪忧。2010 年度我国计算机软件盗版率达到 78%，给软件产业造成上千亿元损失。② 这不仅影响了计算机软件产业的发展，更是我国公民的知识产权法律意识水平偏低的表现。

知识产权领域存在的比较严重的群体性侵权现象，是我国公民知识产权法律意识水平偏低的一个重要表现。《中国知识产权蓝皮书》公布的调查数据显示，88.44% 的人购买过盗版的书籍、音像制品或电脑软件，57.88% 的人购买过假冒名牌商品。从调查结果中可以看出，在仅有的 11% 的不购买盗版产品的人当中，只有 33% 的人认为这是侵犯他人知识产权的行为，而更多人是出于担心质量问题或有其他顾虑。真正从意识到行为上拒绝盗版的公民比例非常少，仅占受访者的 4%。③ 另一项针对在校大学生的调查也显示，只有不到 5% 的大学生明确表示自己"从不购买"盗版书或制品，有32.16% 的大学生承认"经常购买"，其余是"偶尔购买"，后两类总人数达到 90% 以上。④ 因此，一方面存在大量复制、生产、销售侵权产品现象；另一方面消费者对知识产权侵权行为有着较高的容忍度，甚至通过购买侵权产品，心安理得地使用侵权产品，变相地支持侵权，这已经成为群体性现象，体现出较低的知识产权法律意识水平。

4.1.2　对知识产权的认知程度低

公民知识产权法律意识的首要体现是其对知识产权的认知程度，对知识产权缺乏认知的公民，其知识产权法律意识就可想而知了。公民对知识产权的认知往往体现为对知识产权基本概念与内容的掌握。广东省知识产权局的一项调查显示，在没有任何提示的情况下，提到"知识产权"时，过半数的公民表示难以联想出具体内容。⑤ 这说明公民对知识产权的认知程度较低。

---

① 赵桂芬、安福元：《我国当前知识产权保护意识现状的实证调查与分析》，载《西北大学学报（哲学社会科学版）》，2008 年第 3 期，第 144 页。
② 阳淼：《中国去年软件盗版造成千亿元损失》，载《新京报》，2011 年 5 月 13 日，第 B08 版。
③ 李立：《两项调查透视公众知识产权意识》，载《法制日报》，2007 年 4 月 25 日，第 008 版。
④ 卫云棠、李小贞：《广东管理人员、大学生知识产权意识调查》，载《五邑大学学报（社会科学版）》，2007 年第 3 期，第 52 页。
⑤ 符王润：《公民知识产权意识有待提高》，载《广东科技报》，2008 年 4 月 22 日，第 009 版。

国家知识产权局主持的调查显示，公民对知识产权内容包括专利权、著作权、商标权、商业秘密、植物新品种权、集成电路布图设计权、地理标志、反不正当竞争、科学发现权与外观设计权的认知，全部回答正确的比例只有0.8％。而对著作权的内容包括文字作品、口述作品、音乐、戏剧、曲艺、舞蹈作品、美术、摄影作品、电影、电视、录像作品、工程设计、产品设计图纸及其说明、地图、示意图等图形作品、计算机软件及民间文学艺术作品等，回答完全正确的比例仅为0.7％。[①] 可见，公民也许对专利权、商标权等有一些认知，但还是很难全面、完整地认知知识产权的内容。

对知识产权侵权行为的认知，也能反映出公民的知识产权认知程度。能够意识到某一行为是知识产权侵权行为，并且对之表示憎恶的公民，其知识产权认知程度必然要高，反之则低。一项调查显示，被问及山寨手机是否侵权时，有一半的公民不知道它是侵权的。此外，只有48.1％的公民认为在网络上下载解密软件是侵权行为。[②] 可见，公民对许多侵权行为的认知程度不高。2011年3月15日，包括贾平凹、刘心武、韩寒、郭敬明、麦加、慕容雪村等在内的近50位中国作家联名签署《"3·15"中国作家讨百度书》，称百度文库未获任何授权即在互联网上收录上述作家的几乎全部作品并对用户免费开放，要求百度停止侵权。显然，百度的做法即使不是直接侵权行为，也是为侵权行为提供极大便利条件的间接侵权行为。截止到2012年5月14日，在腾讯网论坛上有12 205人参与讨论此事，共留有3 310条评论。在这些评论中，竟然有80％的人支持百度文库，显示出公民对知识产权侵权行为认知的不足。其中有些评论显示出在市场经济条件下公民不了解知识产品也是商品，如"古代不保护知识产权，反而有好作品；现在作家堕落了，一切只向钱看"。有些评论显示公民不了解知识产权的时间性，如"四大名著的作者向谁要过钱？李白写了那么多优美的诗词向谁要过一分钱？支持百度"。有些评论显示公民以自我经济利益为中心以及对他人知识产权的不尊重，如"百度文库，我免费学到很多东西，不像某一些作家，随便写点东东，就想收人民币"。有些评论显示公民将创造知识产品的创造性劳动混同于普通的重复性劳动，如"我是一个花纸拆色的工作者，做好的作品买（卖）给了花纸厂，花纸厂用它可以印无数的花纸，别人看到了这个作品，

---

① 李立：《社会公众知识产权文化素养总体中等偏低》，载《法制日报》，2009年4月23日，第010版。

② 刘玮宁：《近半市民不知山寨是侵权》，载《羊城晚报》，2011年12月23日，第A06版。

又仿做了一个，又买（卖）给别的花纸厂……那要怎么算？第一次我已经收到我应得的费用了，我能找那个仿做者收费吗？那个仿做者也要付出劳力的，能找花纸厂论理吗？花纸厂也已经付费了……我不明白那些所谓的高尚作家，到底要把一篇文章买（卖）几次！"①

大学生都要学习法律基础或知识产权类的课程，对知识产权的认知程度本来应该比普通公民要高。但一项针对大学生的调查结果却令人担忧：当列出"发明""实用新型""创新"与"外观设计"四项，让学生选择专利权包括的内容时，只有 12.36％的学生回答正确，错选率高达 87.64％；当问及专利权是否具有地域性时，选择正确答案"有"的不到一半，认为"没有"地域性的有 39.7％之多，还有 12.56％的学生选择"不知道"。② 另一项针对大学生的调查也显示，大学生对于知识产权的了解程度为"一般了解"的占 55.7％，绝大多数的学生都听说过知识产权这个词，但只有 4.3％的学生表示对于知识产权概念有深入了解。对于知识产权保护的相关法律法规的了解程度处于"听说过，有点印象"状态的占 62.4％。③ 可见，对知识产权的认知程度偏低，已具有普遍性。

4.1.3　知识产权法律意识发展的不均衡

当前公民知识产权法律意识状况的另一个特点是发展的不均衡，这主要表现在以下三个方面：

一是维权意识高于守法意识。近年来公民通过法律途径维护自己知识产权的案件激增，以北京市朝阳区人民法院为例，十年来受理的知识产权案件量暴增 100 倍，年平均增长率 30％以上。④ 国家知识产权局主持的调查也显示，当知识产权受到侵犯时，36.7％的公民选择到法院起诉，18.8％的公民选择向政府部门（如知识产权局、工商局、海关等知识产权行政执法部门）提出行政救济，14.9％的公民选择要求侵权者所在单位出面调解，9.3％的公民选择告知媒体。但是，对于在互联网上使用他人享有著作权的作品时，

---

① 《挺百度文库？常识先归位》，腾讯网：http://comment5.view.qq.com/comment_group.htm？site＝view&id＝28152754，访问时间 2012 年 5 月 14 日。

② 卫云棠：《广东管理人员、大学生知识产权意识调查》，载《五邑大学学报》，2007 年第 3 期，第 52 页。

③ 孟彦娟、孟天财：《知识经济时代的大学生知识产权意识和认知状况研究》，载《南京理工大学学报（社会科学版）》，2011 年第 3 期，第 97-98 页。

④ 赵刚：《知产案件激增彰显百姓维权意识提高》，载《人民政协报》，2010 年 4 月 26 日，第 B04 版。

64.9%的公民认为可以不经著作权人的许可或不清楚是否须经著作权人许可。① 再结合知识产权领域存在的大量群体性侵权现象，可以发现公民维护自己知识产权权益的意识要明显高于对他人权益尊重和保护的守法意识。

二是不同职业公民的知识产权意识发展的不均衡。一项调查显示，不同职业公民的知识产权法律意识之间存在较大差距。如从对知识产权的了解来看，农民对知识产权的了解程度最低，50%的人只是听说过，且有超过30%的农民根本不知道知识产权这个概念。被调查的专职研发人员都对知识产权"有些了解"；国家公务员中对知识产权"有些了解"的人的比例也高达91.2%。法律工作者全部对知识产权"有些了解"；"相当了解"的比例也最高，达到25%。② 不同职业公民的知识产权法律意识之间有差距是正常的，但这个差距和不均衡程度显得过大，应引起重视。

三是公民对知识产权包含内容的认知意识不均衡。国家知识产权局主持的调查显示，虽然公民对知识产权的认知程度低，但也不是全部都低，这里面存在不均衡之处。在所有被认知的知识产权内容中，专利权认知率最高，比例为85.9%，其次为著作权与商标权，比例分别为75.7%与70.0%。地理标志与反不正当竞争的认知率仅为9.3%与9.0%，均低于其他知识产权内容。与专利权、商标权相比，几乎绝大多数受访者都不知道哪些作品拥有著作权，回答完全正确的比例为0.7%；其中，文字作品回答正确率为84.5%，高于对其他内容认知率，其次为摄影作品，正确率为57.4%。① 又如，与专利权、商标权相比，公民对传统文化资源的知识产权认知率就低得可怜，我们也为此付出了惨重的代价。近年来，日本、韩国数十家公司分别将我们的《水浒传》《西游记》《三国志》等改编为计算机游戏或注册为游戏商标，获取巨额经济利益。河南虞城县是我国古代替父从军的女英雄花木兰的出生地。本来在我国花木兰的故事可以说是家喻户晓、妇孺皆知，但我们却没有意识到这一丰富的知识产权资源，也没有对其采取必要的知识产权保护措施和开发利用，最先开发利用这一传统资源的却是美国迪斯尼公司。迪斯尼公司完全免费、无偿地利用花木兰的形象和故事制作了《花木兰》系列动画片，在全球赚取了超过20亿美元的票房收入。而我国公民必须付费才

---

① 李立：《社会公众知识产权文化素养总体中等偏低》，载《法制日报》，2009年4月23日，第010版。

② 王瑞龙、田胜：《民族地区公民知识产权保护意识的调查与研究》，载《中南民族大学学报（人文社会科学版）》，2007年第6期，第69页。

能观赏以西方艺术形式表现的本土文化。①

4.1.4　对知识产权法的认同和信仰未完全形成

公民对知识产权法的认同甚至信仰，是其知识产权法律意识的较高体现。因为认同和信仰已经涉及公民的内在认识了，而不仅仅是外在的言行。一项调查显示，七成以上的被调查公民购买过盗版制品，六成以上购买过仿冒商品。然而，当问及对买卖盗版制品及仿冒、侵权商品应采取的态度时，超过 50％的公民认为应严厉打击，超过 30％的公民认为须适当整治。② 这就说明，一方面许多公民会有侵犯知识产权或支持侵权的行为，另一方面却否定自己的行为。这种矛盾的心态可能是经济利益、道德伦理、社会舆论等多种因素促成的，但至少说明了一点：公民并没有真正从内心深处认同知识产权法，并没有完全形成对知识产权法的信仰。

另外一项调查也印证了这一点：认为保护知识产权很重要或比较重要的公民的比例达 89.1％，但是，明知却购买过盗版制品和假名牌的公民的比例达到 57.3％。这项调查还显示了一个与人们常识相悖的现象，在知情而购买侵权产品的公民中，本科及以上学历的高达 73.8％，文化程度与购买侵权产品之间存在着较强的正相关关系。③ 根据常识，似乎文化程度越高的公民越能意识到侵犯他人知识产权的危害，从而越不会去侵权，但实际情况却恰恰相反。究其原因，还是公民对知识产权法欠缺认同和信仰造成的。近年来出现的一些知识分子的学术不端行为也印证了这一点。如天津某高校教师沈某出版了一本学术专著，书中所收录的 14 篇学术论文是他人早年公开发表过的论文（所发表的篇名、刊名、期号及全文均有据可查）。沈某将这 14 篇论文共 10 多万字全文复印，除个别论文修改了标题之外，一字不落地收入自己单独署名的专著中。④ 这 14 篇论文中抄袭董某的论文达 12 篇，包括董某独立署名和与他人合作署名两种情况。本来，像沈某这种大规模的学

---

①　林炳辉：《知识产权文化读本》，北京：知识产权出版社，2008 年版，第 206 - 209 页。

②　王瑞龙、田胜：《民族地区公民知识产权保护意识的调查与研究》，载《中南民族大学学报（人文社会科学版）》，2007 年第 6 期，第 71 - 72 页。

③　赵国玲、王海涛：《公众知识产权意识对知识产权被害控制意义之评估》，载《电子知识产权》，2007 年第 2 期，第 21 - 23 页。

④　马庆株、刘树功、谭汝为：《震惊海内外的学界打假大案始末》，北京：中国社会科学出版社，2007 年版，第 17 页。

术剽窃行为是很容易认定的，但让人感到意外的是，董某出具证明表示自己与沈某"一直有着很密切的学术联系，对于彼此感兴趣的学术问题时常进行交流、探讨。我们双方之间不仅相互提供各自所需的文献资料，而且也相互提供有价值的学术观点和构思"，因此认为这些论文中均含有沈某的"劳动与启发"和"独创性的智力成果"，对于沈某出版专著收录这些论文一事"是知情的，并且完全同意和支持"。① 既然沈某也对这些论文做出了贡献，为什么当初发表时没有署名呢？一两次不署名有可能，问题是涉及十几篇论文，不可能每次都不署名。合作作品要求作者之间有共同的创作意图，并且各方都为作品的完成做出了直接的、实质性的贡献。在沈某被揭发后，诉讼过程中沈某也没有举出证据证明自己参加了这些论文的创作。作品署名权是著作人身权的一种，该权利与作者的身份不可分离，法律也禁止未参加创作的人在作品上署名。而且，这些论文中有些是董某与他人合作署名的论文，其中的合作者吴某明确出具证明表示与沈某不曾相识，更无合作的可能。因此，沈某的剽窃是非常明显的。当然，法院在终审判决中也认定沈某构成剽窃。值得注意的是，董某作为被侵权者竟然极力袒护侵权人沈某，这是为什么呢？经过调查发现，原来董某和沈某早年是同窗，是多年的好友。可是他们中的一个随意侵犯他人知识产权，一个为了朋友之情将知识产权抛到九霄云外。这体现出在知识分子中，一些侵权人对知识产权法的认同和信仰全无。更让人感到震惊的是，一些知识产权权利人也极度缺乏对知识产权法的信仰。在近年来出现的有学术不端行为的一些知识分子中，甚至有精通知识产权法的法学教授。② 法学教授懂知识产权法而违法，这正说明公民从内心深处对知识产权法认同和信仰的缺乏。

如果对知识产权领域的守法公民作进一步考察，就会有更多耐人寻味的发现。一个课题组的调查显示，只有少部分公民不购买盗版等侵权产品，但对其不购买原因的调查中发现，由于质量因素的占 67.2%，害怕惩罚的占 8.2%，其他因素占 3.3%，支持原创者仅占 21.3%。③ 这就说明，在知识产权领域的守法公民，并不全是具有较高知识产权法律意识的公民，其中大

---

① 马庆株、刘树功、谭汝为：《震惊海内外的学界打假大案始末》，北京：中国社会科学出版社，2007 年版，第 27 - 31 页。

② 丁国锋：《学术批评的法律底线在哪里？》，载《法制日报》，2007 年 12 月 16 日，第 003 版。

③ 赵桂芬、安福元：《我国当前知识产权保护意识现状的实证调查与分析》，载《西北大学学报（哲学社会科学版）》，2008 年第 3 期，第 146 - 147 页。

部分是因为侵权产品质量不可靠或受到知识产权法的威慑而守法的。可见,大多公民还未完全形成对知识产权法的认同和信仰。

4.2　我国公民知识产权法律意识现状的成因分析

我国公民知识产权法律意识的现状不单是某一个因素导致的,而是多个因素共同作用的结果。在这些因素中,既有历史因素,也有现实因素;既有经济因素,也有文化因素;既有知识产权自身的因素,也有法律意识培育滞后的因素。综合起来主要有以下五个方面。

4.2.1　知识产权自身特性的影响

首先,作为知识产权的客体——知识产品,具有类似于经济学上公共物品的特性。在经济学上,Samuelson 最先对公共物品和私人物品进行了详细的区分。[①] 公共物品在消费和使用上具有非竞争性和非排他性,知识产品也具有类似特性。知识产品的非竞争性是指知识产品以一定的成本被创造出来后,额外增加消费者和使用者不会引起知识产品创造成本的任何增加。这往往表现为多人共享知识产品而知识产品的创造成本不会再增加,知识产品也不会被消耗而用尽。例如当存在大量读者使用盗版书籍时,作者当初写作这本书所花费的时间、精力等成本不会再增加,作品也不会因为存在盗版而被消耗,这与有形物被偷盗是有明显区别的。因而使用盗版的读者很难感觉到自己给作者造成的经济损害,很难感觉到自己偷了别人的东西。知识产品的非排他性是指不管使用者是否付费,知识产权人都很难排斥他人使用该知识产品。这是因为知识产品在同一时间可以由多个人占有和使用,知识产权人占有知识产品并不能阻止侵权人占有和使用知识产品。如作者拥有作品,但并不能排斥盗版商和使用盗版的读者占有和使用作品。这就容易频繁出现未经许可而随意使用和消费他人知识产品的情况。总之,为了鼓励更多的知识产品被创造出来,知识产权法授予创造者知识产权,使知识产权具有私权属性,知识产品在一定期限内成为私人物品。但是,知识产品的非竞争性和非排他性容易使公民将其当作公共物品看待,以为可以免费使用和消费。这就容易使公民产生认识上的偏差,不利于知识产权法律意识的形成。

---

① Paul A. Samuelson. "The Pure Theory of Public Expenditure". *Review of Economics and Statistics*, Vol. 36, No. 4. 1954, pp. 387.

其次，知识产品的无形性和可复制性也会影响公民知识产权法律意识的形成。作为知识产权的客体，知识产品是无形和可复制的。侵权者的侵权行为并不是公民平常所理解的对有形物的毁损、占有和控制，而是未经许可对无形的知识产品的复制、使用和消费。此时侵权者发现知识产权人仍然占有知识产品，往往并没有认为自己从别人那里拿走本该属于别人的东西。有两个因素加重了公民的这种错误认识，一是知识产品的公开，二是现代复制、传播技术的快速发展。知识产品向社会公开后才能取得知识产权的全面保护（商业秘密除外），如商标通过注册而公开、专利通过申请而公开、作品在传播中取得利益。知识产品的公开使得公民很容易获知知识产品的内容。同时，随着现代信息技术、新传播媒介的快速发展，可以对知识产品进行无数次低成本扫描、取样、复制、传播。公民就很容易未经许可而使用和消费他人的知识产品，并且不会像偷盗有形物那样产生罪恶感，甚至往往是在无意识中就构成侵权或支持了侵权。这样，公民的知识产权法律意识就很难形成了。

再次，知识产权的外延在不断扩展中，这不利于公民形成全面、稳定的知识产权法律意识。知识产权是随科学技术的发展而不断发展的，最初知识产权包括传统的商标权、专利权和著作权等。随着晶体管和集成电路的出现就有了集成电路布图设计权；随着信息技术和计算机的快速发展，就出现了计算机软件著作权；随着生物技术的发展，就出现了基因专利权；随着信息网络技术的发展，就出现了商业方法专利权；网络环境下版权从印刷版权跃升为数字版权，商标从物理空间拓展到网络空间，并且出现了域名权……可以预见，随着信息网络技术、生物技术、新能源技术、新材料技术等高新技术的发展，知识产权的外延还将不断扩展下去。与相对来说已经发展得比较成熟的物权和债权不同，知识产权的这种处在动态发展中的状态会让公民感到无所适从，从而不易形成知识产权法律意识。

最后，知识产权是基于创造性劳动而产生的一项财产权。创造性劳动是在创造性思维的支配下，探索、发现人类不曾使用过的知识、技能、手段、材料、工具，创造出新的思想、理论、知识、设计、作品、发明创造等无形产品的劳动。相比重复性劳动，创造性劳动对公民的要求更高，并不是每个公民都能通过创造性劳动创造出知识产品。因此，每个公民都可以通过重复性劳动和市场交易拥有财产权体系中的物权和债权，但却不一定都拥有知识产权。这样，公民就不易通过切身体会认可、尊重并保护创造性劳动及其结晶知识产品，不易形成知识产权法律意识。例如我国在《专利法》第三次修订过程中，曾向公民征求意见，但得到回应很少。① 这主要是因为当前进行创造性劳动、拥有知识产权的公民的比例还很低，绝大多数公民还没有形成这方面的意识。

4.2.2　传统文化中的不利因素

唯物史观认为，社会意识的发展具有相对独立性，表现之一就是其历史继承性。今天人们的思想意识，既是对现实社会的反映，又保留了过去社会意识的某些痕迹。"一切已死的先辈们的传统，像梦魇一样纠缠着活人的头脑。"② 公民知识产权法律意识属于社会意识的范畴，因此传统文化作为一种固有的思维方式和观念模式，对公民知识产权法律意识的影响无时不有，无处不在。

我国传统文化中的有些方面对公民知识产权法律意识的形成有积极意义，是必须吸收和融合的本土资源。如"修己以敬"的自律精神，对公民树立理性自律意识有积极促进作用；③ "利益均衡、和谐共赢"观念，是公民形成知识产权的利益平衡意识的基础；④ 教育至上、重德精神与知识产权文化的内在品质具有一致性；⑤ 推陈出新、革故鼎新、自强不息精神，是知识创新意识的源泉。但是，必须承认，传统文化中还有许多不利于公民形成知识产权法律意识的消极因素，是形成知识产权法律意识的障碍。这些不利因素主要有以下几方面。

1. 重义轻利观念

在中国的传统文化中，始终存在以儒家为代表的重义轻利观念，对人们的思想和行为产生深远的影响。孔子认为"君子喻于义，小人喻于利"⑥，并倡导"见利思义"⑦。他认为过分追求利是"小人"行为，确认财产所有

---

① 赵杰：《〈专利法〉修订草案征求意见期过半，应者仅数十条》，载《第一财经日报》，2006 年 8 月 15 日，第 A03 版。

② 《马克思恩格斯全集》（第 8 卷），北京：人民出版社，1961 年版，第 121 页。

③ 刘雪松：《儒家文化传统与法治社会中的公民意识塑造》，载《北方论丛》，2005 年第 2 期，第 133 页。

④ 吴汉东：《知识产权法律构造与移植的文化解释》，载《中国法学》，2007 年第 6 期，第 58 页。

⑤ 刘华、周洪涛：《论我国知识产权制度的困境与出路——基于知识产权文化视角的分析》，载《华中师范大学学报（人文社会科学版）》，2007 年第 1 期，第 33 页。

⑥ 出自《论语·里仁》。

⑦ 出自《论语·宪问》。

权是不义之举，并对"君子"提出较高要求，即"不义而富且贵，于我如浮云"①。孟子也持重义轻利的看法，而且他的态度更为鲜明，认为"何必曰利，亦有仁义而已矣"②。汉代董仲舒对孔孟重义轻利的观点作了进一步发展，认为"正其谊（义）不谋其利，明其道不计其功"③，要求人们重视道义，而将利益和行为效果放在一边。宋代的程颢、程颐和朱熹更是将重义轻利发展成为"明天理，灭人欲"④ 的极端，使人们将注重仁义、天理视为美德，而羞于计较财利。在传统文化中，重义轻利观念成为社会的经济伦理准则，"文章不为粮稻谋"成为古训，这往往会压抑人们的现实利益需要，使人们的基本的财产权利观念缺失。

虽然当前重义轻利观念已不如古代那么深入人心，但文化具有很强的传承性，这种长期积淀形成的思维模式、文化心理结构还没有真正解构，仍在影响着我们的社会生活。如在作家声讨百度的案例中，许多网民仍然认为作家维护自己合法权益的行为是"向钱看""堕落"。重义而轻利，甚至有时候把义与利对立起来的传统文化观念是与知识产权法的理念相背离的。知识产权法就是通过授予知识产品创造者知识产权，用利益来激励他们创造出更多更好的知识产品，即所谓的"给天才之火浇上利益之油"。也就是说，知识产权法不但不是羞于言利的，而且是提倡和鼓励言利，并以利益为导向来引导人们的创造性劳动。而传统的重义轻利观念不仅压抑了人们的利益需要和创造的积极性，而且会使人们因避贪利之嫌而很少从法律角度去争取对知识产品的基本财产权利，这不利于公民形成知识产权法律意识。

2. 独立人格观念的缺失

马克思根据人的发展状态，把社会的进程分为三个阶段，其中"人的依赖关系"是最初的社会形态，在这种社会形态下人是缺乏独立性的。⑤ 我国作为一个经历两千多年专制统治的国家，小农经济、宗法家族和集权专制的影响至深，人们长期处于这种"人的依赖关系"的社会形态下，独立人格观念缺失。

在我国传统的小农经济下，商品经济的发展举步维艰，与之相联系的独立的人格和独立的主体意识、权利意识没有生存的土壤。个人不但要依附于

---

① 出自《论语·述而》。
② 出自《孟子·梁惠王上》。
③ 出自《汉书·董仲舒传》。
④ 出自《朱子语类》（卷十二）。
⑤ 《马克思恩格斯全集》（第 46 卷上册），北京：人民出版社，1979 年版，第 104 页。

国家，还要依附于家族，每个人既是国家的臣民又是家族的子孙，只有在民族、国家中才能彰显自己存在的价值和意义。个人的价值是通过对国家、家族的义务和责任的承担来体现的，如果企图漠视这些义务和责任就很容易被社会和家族所不容。也就是说，社会的基本单位是家族而不是个人，强调的是国家至上、集体主义精神，个人没有独立存在的价值。同时，为了集权专制统治所宣扬的"三纲五常"等思想也严重压制着人们的独立个性和自主精神。中世纪的西方在神学的禁锢下，人们也是缺乏独立精神的。但从 15 世纪兴起的文艺复兴运动把人性从黑暗中解放出来，重视独立人格并鼓励创造，由此人们逐渐形成知识产权法律意识并制定出一系列知识产权法律制度。近代以来，虽然中国曾经有过几次思想启蒙运动，但遗憾的是，由于各种原因大都是昙花一现，所宣扬的独立自由观念并没有深入人心。正如梁漱溟所说："在中国没有个人观念，一个中国人从不为自己而存在。然而在西洋，则正好相反……在中国几乎看不见自己，在西洋恰是自己本位，或自我中心。"①

　　一个没有独立人格的人是很难形成私有财产权观念的，自然也很难形成具有私权属性的知识产权法律意识。在传统社会中最为重要的财产——土地，并不是完全属于个人所有的，"普天之下，莫非王土；率土之滨，莫非王臣"②的观念深入人心。马克思认为："东方社会一切现象的基础是不存在土地私有制。这甚至是了解东方天国的一把真正的钥匙。"③国家的全部财富实际上掌握在君主手中，包括封建官吏在内的其他人由于缺乏独立人格，表面上的个人财产权至多是一种家族共有。遍览我国历代王朝的法典，没有一条与罗马法"私有财产神圣不可侵犯"相同或相似的条款，因此这种家族共有由于缺乏合法的依据而经常处于不稳定的状态，即摆脱不了"国家主权是最高产权"的阴影。④君主经常不必经过任何法律程序就可以通过滥用籍没法、超额征敛赋役等方式随意剥夺这种表面上的私有财产权。⑤在这种环境下，个人很难形成对财产的绝对、永久和排他的权利观念，尤其对于土地，至多是一种使用权而已。这与西方将私有财产权视为天赋的权利或自

①　梁漱溟：《中国文化要义》，上海：学林出版社，1987 年版，第 90 - 91 页。
②　出自《诗经·小雅》。
③　《马克思恩格斯全集》（第 28 卷），北京：人民出版社，1973 年版，第 256 页。
④　王家范：《中国传统社会农业产权辨析》，载《史林》，1999 年第 4 期，第 2 页。
⑤　邓建鹏：《财产权利的贫困：中国传统民事法研究》，北京：法律出版社，2006 年版，第 17 - 21 页。

然权利，享有至高无上的神圣性完全不同。对有形财产的私有财产权观念不发达，对无形的知识产品就更难形成私有财产权观念了。如即使作者在书籍的形成中付出了艰辛的创造性劳动，但由于缺乏独立人格，书籍往往被视为文化传承的主要工具，而不是作者的私有财产，甚至作者对书籍的精神权利也往往不能完整地实现。这种根深蒂固的观念已成为一种民族心理与意识，在今天仍然深刻地影响着人们的思维方式与价值观念。

总之，公民形成知识产权法律意识的基本条件之一就是独立自由，知识产权本身就是一种私有财产权，而独立人格乃至私有财产权观念的缺失显然是公民形成知识产权法律意识的一大障碍。

3. 过度的知识共享观念

世界各国的传统文化中都程度不同地存在知识共享观念，知识产权法也追求个人利益和社会利益的平衡，并不是完全摒弃知识共享。但是，在我国传统文化中，知识共享观念被发展到一个极端的程度，过度的知识共享观念不利于形成知识产权法律意识。

儒家学说在我国长期占据统治地位，儒家伦理规范强调个人应当和社会分享他们的创造成果。① 儒家文化的核心是人与人之间的道德关系和相互的责任，并且以传播知识和道德为己任。孔子提出"述而不作，信而好古"②的学术理念，他删《诗》《书》，定《礼》《乐》，修《春秋》等，通过对前人著作的润色、编纂来阐释自己的观点，体现出高度的知识共享观念。在传统社会，在知识共享观念的影响下，人们并不认为自己的作品未经许可被传播、使用是对自身权利的侵害。《晋书》所载"洛阳纸贵"的典故就说明了这一点：西晋文学家左思花费十年时间，历尽艰辛写出了不朽名作《三都赋》，一时人们竞相传抄，使得京城洛阳的纸价大涨了许多倍。③ 左思在作品上所付出的艰辛没有得到利益回报，让他人随意传抄，反而使作品的载体——纸——的售卖者大赚了一笔，这反映出人们对知识在传播中未经许可使用的行为的极其宽容的知识共享观念。即使当作品遭到抄袭时，抄袭者和被抄袭者都或多或少地以"窃书"为荣，所谓"窃书不算偷"。甚至有些人会将自己的著作署上他人的名字，因而产生了一些不朽的"伪作"，这些伪作

---

① Donaldson T. "Values in Tension: Ethics Away From Home". *Harvard Business Review*，No. 4，1996，pp. 48 - 56.

② 出自《论语·述而》。

③ 出自《晋书·文苑·左思传》。

的真实作者始终是个谜。① 受此知识共享文化观念影响，公民就容易漠视自己的知识产权，忽视他人的知识产权，甚至销售、购买盗版制品。

过度知识共享的另一个表现是在自己作品中大量引用和抄录先贤的著作，并且不标注来源，这是中国文化中知识创造行为的一个显著特征。这种行为不但不会受到谴责，相反却一度受到重视和鼓励。因为这显示出对古人的尊重和了解，显示出原著的伟大和重要。② 以曹操那首脍炙人口的《短歌行》为例，全诗总共 32 句，其中引用《诗经》成句就有 6 句，此外还引用《左传》2 句、《管子》2 句、《韩诗外传》2 句，总引用内容占全篇 1/3 以上，并且都没有标注来源。在中国的传统观念里，不引经据典似乎就不能开展创作。当然，并不是说不能引经据典，而是说在大量引经据典的过程中，人们似乎忽略了自己创作的重要性，也没有形成对所引用和抄录部分进行标注和说明的传统。这是因为在人们的传统观念里，并没有将他人的知识产品视为应该垄断和独占的对象，而是视为应由众人共享的公共品。

对知识创造行为所具有的神圣使命感和责任感强化了人们过度的知识共享观念。传统知识分子认为，知识创造并不仅仅是个人的事情，而是齐家、治国、平天下的途径之一，将学问视为"天下之公器"。他们所追求的是作品的美誉，是为了使作品得到社会的认可、传诵和共享，从而实现将自己的聪明才智贡献给社会的崇高理想，对作品所带来的物质利益以及个人权利意识往往是缺乏的。汉代史学家司马迁在《史记》的自序中就提出"藏诸名山，传之其人"，将经国济世之作留给智者去弘扬，而不能作为私有财产。更有甚者，将知识创造行为视为"代圣人立言""为往圣继绝学"的神圣事业，认为作品的创作源于对古圣人思想的承袭，不能由个人独占，应奉献给社会而由众人共享。显然，在习惯于知识共享的环境下，对知识的私有和知识自由使用的限制就会感到不可理喻，人们的思想中根本就没有现代意义上的知识产权法律意识。

4. 不全面的知识价值观

在传统社会中，重视协调人与人之间关系的知识的价值，将知识主要看作伦理、政治智慧，即所谓"世事洞明皆学问，人情练达即文章"。③ 如樊

---

① 龙文懋：《知识产权法哲学初论》，北京：人民出版社，2003 年版，第 7 页。

② 李亚虹：《西法中移的文化困惑》，载《中外法学》，1998 年第 6 期，第 111 页。

③ 丁祖豪：《中国传统知识价值观及其影响》，载《淄博学院学报（社会科学版）》，2001 年第 4 期，第 29 页。

迟曾经向孔子请教什么是知识时，孔子的回答是"知人"①。因此，经史子集中阐述先贤观点或历史的知识被视为正统的知识。

但是，我们却忽视人与自然及有关自然的知识的价值，将这些知识视为"旁门左道""雕虫小技""奇技淫巧"。在中国传统小农经济下，长期奉行重农抑商政策，手工技艺、商业技能、科学技术等知识被视为另类，甚至与人的生命健康有密切关系的医术也得不到应有的重视。掌握这些知识的人的社会地位很低下，这些知识更不会被视为财产而得到保护。如清代编纂的《四库全书》中就没有包括《天工开物》《梦溪笔谈》等科技类书籍。我们有伟大的四大发明，但是这些发明者的名字和事迹却不被载入正史。这些发明创造也不是马上就受到重视并推广和应用到生产、生活实践中去，往往会经历一些曲折，因为我们的文化传统中有一种对科技知识拒斥的倾向。如四大发明之一的活字印刷术是北宋时期的平民毕昇所发明的，但是他的发明并未受到当时统治者和社会的重视。在他死后，活字印刷术仍然没有得到大规模推广和应用，仍以雕版印刷为主，自然也就没有出现印刷出版业的大繁荣。②可以作为对比的是，400 年后德国的古登堡受中国活字印刷的影响，用铅、锡、锑的合金制成了欧洲拼音字母的活字，用来印刷书籍。这种印刷术很快在欧洲传播开来，推进了印刷业的工业化，促进了图书、文化事业的快速发展。因此，古登堡活字印刷术受到重视并快速推广，为欧洲的科学从中世纪漫长黑夜之后突飞猛进地发展，以及文艺复兴运动的出现提供了一个重要的物质条件。

传统僵化的文化体制和政策巩固和强化了这种不全面的知识价值观。中国传统的文化体制和政策强调的是"学而优则仕"，并通过科举考试制度选拔人才。可是，受儒家学说的影响，考试的内容却仅限于"四书五经"等所谓的正统知识，将科学技术等自然知识排斥在外，并且后来要求以八股文这种僵化的形式表现出来。这就引导和激励着一代又一代千千万万的读书人都围着"四书五经"和八股文耗尽一生心血，以图取得功名并跻身上层社会，根本就没有精力也没有兴趣去大规模地研究自然科学知识。他们至多会创作一些优秀的文学、学术作品，那也只是闲人逸士调节性情的工具罢了。正如

---

① 出自《论语·颜渊》。

② 曹炯镇：《中韩两国古活字印刷技术之比较研究》，台北：学海出版社，1986 年版，第 28－29 页。

马克斯·韦伯所认为的，儒学培养出的知识分子缺乏自然科学的思维。① 这种僵化而刻板的文化体制和政策，在很大程度上阻碍了知识的全面发展和广泛传播，导致了近代中国科学技术的落后，不利于人们形成全面的知识价值观和知识产权法律意识。当西方轰轰烈烈地进行文艺复兴运动、发展科技并考虑保护知识产权时，我们还沉浸在"四书五经"和八股文中，还处在文字狱的白色恐怖中。这样，人们就很难树立起专利权、商标权、商业秘密权等知识产权法律意识了。

4.2.3　知识产权法律制度移植中法律意识的滞后

对于我国来说，现代知识产权是地地道道的舶来品。我们的本土文化和经济、社会环境中并没有孕育出现代知识产权，而是从西方移植过来的，公民知识产权法律意识的形成模式是推进为主型。相比较而言，知识产权法律制度是比较容易移植的，但民众的知识产权法律意识并不一定随知识产权法律制度的移植而自动移植过来，而是需要培育的。从历史角度来看，我国集中移植西方知识产权法律制度有两次：一次是清末至民国，一次是改革开放以来。遗憾的是，在这两次集中移植过程中，由于不能充足具备相应的基础和条件，民众的知识产权法律意识虽然产生并有所发展，但总体来看是落后于当时的现实需要的，是有所滞后的。由于历史不能被割断以及历史的连续性，这种滞后的影响一直延续到现在。

1. 第一次：被动接受中知识产权法律意识的滞后

近代中国由于落后而饱受西方列强的侵略，这种侵略并不仅限于军事侵略，而是政治、经济、军事、文化、法律等全方位的入侵。西方列强为了便于对中国的控制和保护其在中国的自身利益，不顾当时中国不是保护知识产权的《巴黎公约》和《伯尔尼公约》的缔约国、也未加入任何知识产权国际公约的事实，将知识产权的国际保护制度和西方的知识产权法律制度强加给中国。当时西方列强甚至以减少对中国的鸦片出口和在中国法治取得进步以后取消"治外法权"这种荒唐的条件为诱饵，迫使清政府制定保护知识产权的法律。② 当时国内虽然也有一些为了实行新政而对知识产权保护的需求，

---

① 马克斯·韦伯：《儒教与道教》（王容芬译），北京：商务印书馆，1999 年版，第 201 页。

② 曲三强：《被动立法的百年轮回——谈中国知识产权保护的发展历程》，载《中外法学》，1999 年第 2 期，第 119 页。

如洋务派和维新派都主张保护知识产权，尤其是专利权。但他们主要局限于对本国人的知识产权保护，对知识产权的理解与西方的知识产权也有差异，并且他们的影响力有限。总体来看，知识产权法的移植外力强压的因素多于内在需求的因素。在这种压力之下，当时的清政府于 1898 年颁布了有关专利权的《振兴工艺给奖章程》，1904 年颁布了有关商标权的《商标注册试办章程》，1910 年颁布了有关著作权的《大清著作权律》。由于是在外力强压下进行的知识产权法律移植，有些学者将之称为"枪口逼迫之下的法律"①。当然，清政府在被迫接受西方知识产权法律制度过程中也进行了抗争。如在《中美续议通商行船条约》有关著作权的谈判中，中方先以保护著作权会使穷人买不起书为由反对保护著作权，后在美方的压力下被迫接受保护著作权时，又将美方提出的 14 年保护期降为 10 年，并将保护范围限定为美方专备中国人民所用之书籍、地图、印件、镌件或译成华文之书籍。② 但最终来看，还是被动移植了西方的知识产权法律制度。这些法律一直适用至民国初年，此后的民国政府在大量引进西方知识产权法的基础上，先后制定了著作权法、专利法和商标法，基本上也是一种被动移植。

在这种以被迫为主而移植西方法律制度的情况下，知识产权法的制定并未广泛征求社会各界的意见，在整体上未能与当时的社会生活完全契合，这种状况一直持续到民国政府时期。除少数受西方法律文化影响较深的知识分子和实业家外，广大民众并没有从根本上完全认同知识产权，更没有树立起完整的知识产权法律意识。许多人将专利和商标混为一谈，就连地方官员对知识产权也不甚了了。如 1906 年江南商务局颁布的专利竟然是授给模仿而不是发明创造，凡成功模仿西方的造纸术、炼油术等工业方法的可以获得"专利"。③ 在知识产权法律意识滞后的情形下，知识产权侵权现象比比皆是，有华人对华人的侵权，更多的是华人对洋商的侵权。如 1900 年徐华封的"祥茂"肥皂对英商"祥茂"肥皂的商标侵权④。此时的商标侵权案大多

---

① William P. Alford. *To Steal a Book is an Elegant Offense*：*Intellectual Property Law in Chinese Civilization*. Stanford：Stanford University Press，1995. pp29－35.

② 李雨峰：《枪口下的法律——近代中国版版权法的产生》，载《北大法律评论》，2004 年第 1 辑，第 154－155 页。

③ William P. Alford. *To Steal a Book is an Elegant Offense*：*Intellectual Property Law in Chinese Civilization*. Stanford：Stanford University Press，1995. pp46－47.

④ 薛理勇：《旧上海租界史话》，上海：上海社会科学出版社，2002 年版，第 232 页。

是华人被动应诉，并且以华人败诉居多①，这主要是由民众对近似商标和仿冒商标的认识不足、商标权法律意识淡漠造成的。又如 1902 年徐渭夫和金恒甫盗版翻印英国人傅兰雅主编的《格致汇编》，因侵犯著作权被判罚款、销毁盗印书籍②，这体现了著作权法律意识的滞后。

2. 第二次：主动选择中知识产权法律意识的滞后

改革开放以来，我国开始了知识产权法的重建工作，主要是对西方知识产权法律制度的集中移植。与第一次不同的是，这一次的法律移植是主动选择西方知识产权法的结果，不存在直接的外来压力。但有些学者认为也与外来的经济、政治压力分不开，因为中国要对外开放、发展对外贸易、吸引外资以及从西方获取迫切需要的技术和设备，就必须建立和发展知识产权法律制度，这其中有强烈的功利色彩。③ 总之，即使认为存在外来压力，那也是潜在的、间接的压力，主要还是表现为主动选择，这是与第一次知识产权法移植明显不同之处。很快的，我国在 1982 年颁布了《商标法》，1984 年颁布了《专利法》，1990 年颁布了《著作权法》，1993 年颁布了《反不正当竞争法》，等等，并在此期间先后加入了《世界知识产权组织公约》、有关工业产权的《巴黎公约》、有关商标国际注册的《马德里协定》、有关保护文艺作品的《伯尔尼公约》等，初步建立起了知识产权法律体系，用二三十年的时间走过了西方国家用二三百年走过的道路。知识产权法律制度可以在短期内移植过来，但公民的知识产权法律意识的形成需要一个长时间的积累和沉淀，在二三十年这么短的时间内公民的知识产权法律意识并不能完全树立起来。

还需要注意的一个现象是，我国是先进行知识产权立法，后进行有形财产权立法。改革开放之后，我国参加的第一个民商事国际公约是《世界知识产权组织公约》。1979 年，当有形财产权立法在我国尚未起步时，知识产权领域的三部主要法律——《专利法》《商标法》《著作权法》——已经同时开始起草。在涉及有形财产权的《民法通则》颁布之前，《专利法》与《商标法》不但颁布而且实践了数年，《著作权法草案》也已经开始提交全国人大常务委员会法制工作委员会。一般来说，符合人们思维习惯和现实经济、文

---

① 冯秋季：《民国时期上海商标诉讼案透视》，载《信阳师范学院学报（哲学社会科学版）》，2005 年第 3 期，第 115－116 页。

② 薛理勇：《旧上海租界史话》，上海：上海社会科学出版社，2002 年版，第 239 页。

③ 曲三强：《被动立法的百年轮回——谈中国知识产权保护的发展历程》，载《中外法学》，1999 年第 2 期，第 120 页。

化发展的做法是先建立有形财产权法律体系，后逐步完善知识产权法律体系，西方国家莫不如此。我国立法中在时间上的这种倒置现象，就不容易使公民树立起知识产权法律意识。试想，一个连物权、债权等有形财产权法律意识都没有树立起来的公民，怎么可能形成针对无形的知识产品的知识产权法律意识？

如果对这一次法律移植之前的有关知识产权的历史背景作进一步分析，就会更加容易理解公民知识产权法律意识滞后的原因。新中国成立之初，商品经济一度得到发展，知识产权也得到一定程度的法律保护。但1958年以后，受意识形态和过分集中的计划经济体制的影响，知识产权法律制度失去了权利保护的本来意义，变成了行政管制的法律手段。如1961年取消了版税制度，作者只能领取很低的一次性稿费。1963年颁布的《发明奖励条例》将所有发明创造归为国家专有财产，任何个人、组织都不能申请将其垄断，全国范围内的所有组织包括集体组织都可以使用，发明创造者只可通过科技奖励获得一点象征性的报酬。这其实是用科技奖励政策取代了专利权。1963年颁布的《商标管理条例》取消了人们对商标的权利和专有使用权，将加强国家对商标的管理和控制作为立法宗旨。到"文革"期间，这些最低限度的知识产权保护也彻底不存在了。[1] 在这样的法制环境下，公民的知识产权法律意识就更加淡漠了。"文革"期间的一句流行语印证了这一点："钢铁工人有必要在自己生产的钢铁上刻上自己的名字吗？如果没必要，为什么知识分子享有在自己劳动成果上署名的特权呢？"[2] 由于公民被户籍所束缚，依附于土地、单位和组织，缺乏独立人格，私人财产权被限制，就更难主张知识产权了。而且大多文化知识工作者在观念上认为自己为国家和人民而工作是至高无上的荣誉，自己的劳动成果应该属于国家，怎么可能为了知识产权与人民对簿公堂呢？广大人民群众也不会因免费利用他人的知识产品而感到自责或内疚，认为这是社会主义优越性的表现。在这样的基础和条件下，改革开放后，公民很难在短期内形成集中移植知识产权法后所要求的知识产权法律意识。

总之，我国是一个历史悠久、传统文化底蕴深厚的国家，在陶醉于这种历史文化辉煌的同时，应该清醒地认识到，在知识产权领域，历史文化传统

---

[1] 蔡定剑、王晨光：《中国走向法治30年（1978—2008）》，北京：社会科学文献出版社，2008年版，第280-281页。

[2] William P. Alford. *To Steal a Book is an Elegant Offense*：*Intellectual Property Law in Chinese Civilization*. Stanford：Stanford University Press，1995. pp55-56.

中的有些方面与移植而来的现代知识产权法律制度的旨趣和精神存在冲突，这种冲突是我国公民的知识产权法律意识水平较为落后的深层次根源。如同医学上器官的移植一样，知识产权法律制度的移植中也存在"排异"现象。这种冲突和"排异"，一方面体现了本土文化与外来文化的冲突，另一方面体现了传统文化与现代文化的冲突，关键在于寻求有效的途径来缓解和消除这种冲突。由于历史文化传统无法被割断而具有连续性，就像基因一样会代代遗传下去，试图完全抛弃传统是不可能的。因此唯一可行的途径是将知识产权认知意识、知识产品商品化意识、知识产权尊重意识、知识产权保护意识、知识创新意识等现代知识产权法律意识以及独立自由和理性精神融入历史文化传统中，使之成为公民知识产权法律意识的有机组成部分。对传统文化意识进行创造性改造和转化，使知识产权领域的本土文化与外来文化达到对接和融合的状态，从而形成富有中国特色的现代公民知识产权法律意识体系。当然，由于涉及文化意识的转化和改造，这种对接和融合是一个长期的、循序渐进的过程，不可能一蹴而就，因此要做好长期努力的思想准备。同时，面对发达国家对我国公民知识产权法律意识的指责时，我们应告知其保持应有的耐心，因为我们一直在努力改变这种状况。

4.2.4　知识产权市场的不完善

市场经济是公民形成知识产权法律意识的重要社会经济条件，知识产权市场是现代市场经济的有机组成部分。就连当前在知识产权问题上对我国施压较大的美国，在其知识产权市场和产业还未发展成熟时，也曾出现过肆无忌惮的盗版现象。1842 年，由于自己的作品在美国被严重盗版，英国作家狄更斯曾专程到美国，强烈要求美国接受国际上的版权保护规则，制止盗版行为。[①] 我国历史上长期处于自然经济社会，新中国成立后又长期处于计划经济之下，改革开放以来市场经济虽然得到较快发展，但知识产权市场和产业还很不完善和成熟。这样，公民就不易形成知识产权法律意识。当然，由于我国公民知识产权法律意识的形成模式只能采取推进为主型，我们不可能等知识产权市场发展完善后才考虑公民的知识产权法律意识问题，而是要同时从完善知识产权市场和对公民进行培育两方面来解决问题。

从公民树立知识产权法律意识的角度来看，我国知识产权市场的不完善

---

①　郑万青：《行为中的知识产权法》，载《中国发明与专利》，2007 年第 3 期，第 54 页。

之处表现在以下几个方面：一是知识产品的价格形成机制不健全，知识产权评估、市场竞价还不成熟。如一套计算机常用的正版操作系统需要上千元，一套制图、计算等正版专业软件需要上万元甚至更多，价格偏离价值，超出人们的购买能力。这样人们就更容易选择使用盗版，知识产权法律意识就不容易树立起来。二是知识产权交易机制落后、交易方式单一。目前我国知识产权交易市场的发展远远落后于经济发展的速度和需求，知识产权交易还存在很多限制和障碍。例如当为了营利想使用他人的音乐作品时，却往往不知道通过什么渠道支付版权费。试想公民如果能经常观察到或者亲身体验到知识产权质押、转让、许可、合资入股等交易，知道知识产品可以像商品一样流畅地在市场上进行交易，在这样的环境下公民能不树立起知识产权法律意识吗？三是知识产品的营销网络还不健全，不能很方便地购买到知识产品。便利性是关乎公民知识产权法律意识的一个重要因素，如果不能很方便地购买到合法的知识产品，而盗版却充斥周围，有购买的便利条件，公民就容易与盗版"亲密接触"，不易形成知识产权法律意识。四是知识产权市场化程度不够高，地方保护、部门保护色彩浓厚。有时候知识产权侵权产品市场的存在，会成为地方税收来源，解决就业，带来部门利益，这样就会受到一定程度的保护。如果国家机关、部门都无视这种不合法的知识产权现象的存在，知识产权在公民心目中的地位也就不会太高了。五是知识产权市场监管和知识产权执法力度不强。对知识产权市场监管不力，经常是正版进入市场的速度还不如盗版快，如电影还未公映盗版已经充斥市场。由于知识产权侵权经常以群体性侵权的形式出现，在知识产权执法中法不责众的现象比较普遍，至多只会追究具备赔偿能力的大企业、大公司的责任。在这样的市场环境下，公民就更难树立起知识产权法律意识了。

4.2.5　知识产权法治教育的滞后

当各种基础和条件不充分具备时，意味着公民很难自发形成知识产权法律意识，需要重视通过知识产权法治教育来培育公民的知识产权法律意识。但是，相对于现实需要，相比较于西方国家，我们的知识产权法治教育是滞后的。这种滞后及其对公民形成知识产权法律意识的不利影响主要表现在以下几个方面。

一是知识产权法治教育没有得到应有的重视。知识产权法治教育是实现国家知识产权战略和建设创新型国家、提升公民素质和我国国际竞争力的需要。日本已经建立起了从小学、中学到大学完善的知识产权教育体系，美国也非常重视对非法学专业人士的知识产权教育。但是在我国，许多人并没有树立起这样的观念，知识产权的相关教育并没有受到重视。在应试教育的环境下，家长考虑的是如何让孩子学到对升学有用的知识，绝大多数中小学也没有将知识产权教育作为一项必要的工作来抓。教育行政部门和大中小学校对知识产权及其重要意义的认识不到位，缺少主动开展此项教育活动的热情，知识产权法治教育并未得到真正的贯彻落实。《国家知识产权战略纲要》明确规定，在高等学校开设知识产权相关课程，将知识产权教育纳入高校学生素质教育体系。国家教育部也发文要求高校开设知识产权教育课。但是实际情况不容乐观，有人错误地认为知识产权仅涉及法律问题，是法学专业的课程；有人误以为创新仅是科技创新，将知识产权等同于专利权，因而认为知识产权仅与理工科专业关系密切。其实，在当代知识经济环境下，知识产权与所有专业都是密切相关的，高校需要普遍开展知识产权法治教育。但国家知识产权局知识产权发展研究中心对 11 所重点高校的调查表明，上过知识产权选修课的学生还不到学生总人数的 5％。我国有超过 70％以上的高校未设立专门的知识产权教学机构，甚至没有开设任何一门面向非法学专业学生的知识产权课程。[①] 行政事业单位和企业对其员工的知识产权教育也只是偶尔零散地进行，没有做到常规化。

二是知识产权法治教育的定位有偏差。在知识经济快速发展的 21 世纪，知识产权素质和意识应该是公民思想道德素质和科学文化素质的重要构成要素，知识产权法治教育应该定位于思想教育和素质教育，而不是知识产权专业知识教育。因为一方面，知识产权法治教育属于思想政治教育的范畴，应该在知识产权知识教育的基础上将重点放在提高全体公民尊重知识产权、保护知识产权等意识和素质上。另一方面，知识产权法治教育的对象是全体公民，其文化水平和经历存在较大差异，而试图将较为艰涩难懂的知识产权专业知识灌输给公民的做法是不现实的。更何况当前知识快速更新，知识产权专业知识也经常处于更新和变动中。例如当前国际互联网发展迅速，网络传输的无国界性使得知识产权侵权行为难以认定，法院管辖权难以确定，要让公民完全掌握这种处于发展中的知识产权专业知识是不可能的。因此，知识产权法治教育不能局限于知识产权专业知识的传授，而应该重在使公民能以宏观战略的眼光看待知识产权，提高全体公民的知识产权法律意识和素质。

---

① 王宇红：《论大学生创新创业素质培养与高校知识产权普及教育》，载《中国大学生就业》，2008 年第 4 期，第 64 页。

但是，在当前的知识产权法治教育中，只是注重单纯地灌输知识产权专业知识，忽视了公民知识产权素质、法律意识、责任和义务的教育。例如在知识产权法治教育的重镇——高校，从 1985 年我国高校第一次将知识产权作为独立课程引入开始，由于受苏联专业教育模式的影响，这门课程就被当作专业课程来对待。近年来这种状况虽然有所改变，但从开设知识产权选修课的高校来看，授课教师大多还是法学专业教师，所讲授内容还是以知识产权专业知识为主，并且很少考虑学生的专业背景，对学生知识产权观念、意识和素质的培育还是有所忽视。

三是知识产权法治教育缺乏系统规划。知识产权法治教育是一项复杂的社会系统工程，需要从整体上进行系统规划。首先必须要有一个机构来行使统一规划和管理协调的责任，但从学校、企业到国家知识产权主管部门，目前还没有一个机构能够完全整合各个部门的知识产权资源来对全体公民进行系统教育。在缺乏总体规划的情况下，就不会有统一教育目标、内容以及制度保障，各教育机构各自为政，其知识产权法治教育往往表现为突击式、运动式活动。如每年到了"知识产权日"，学校、知识产权局、科技局等机构都下到社区、街道进行知识产权宣传教育，但等"知识产权日"过去了，这样的教育活动也就终止了。这样，公民就不能得到持续和系统的教育，其知识产权法律意识和素质就很难有根本性提高。知识产权法治教育缺乏系统规划还表现在缺乏教材和对教育主体的系统培训。知识产权法治教育的内容要以教材作为载体，但目前还没有形成系统而成熟的教材体系。缺乏统一规划使得教材缺乏，即使已有的少量教材其质量也良莠不齐，这使得教育的内容有些随意性，影响了教育效果。知识产权法治教育主体必须具有专业性，在对公民进行教育之前他们自身必须具有较高的知识产权意识和素养，也就是说先要对教师进行教育和培训。但实际情况不容乐观，即使在相对来说较为规范的学校也是如此。当前中小学校缺乏具有知识产权知识背景的教师，教师缺乏实际教育经验，本应该对教师进行统一培训，但这方面工作还很滞后。大学知识产权法治教育的师资也相当缺乏，往往要依赖本校法学专业的教师，专门从事知识产权法治教育的教师数量较少，有些没有设置法学专业的学校甚至无法配齐教师。在这样的情况下，系统的师资培训规划却几乎没有，这就大大限制了知识产权法治教育活动的开展，也限制了公民知识产权法律意识和素质的提高。

第5章　我国公民知识产权法律意识培育的目标与内容

公民知识产权法律意识的培育是一项浩繁、复杂的社会系统工程，必须有明确的培育目标、规范的培育内容、完善的培育途径与方法、良好的培育环境与保障，其中首先需要确立的就是培育目标和内容。培育目标决定着公民知识产权法律意识培育工作的方向，是衡量和考核培育工作成效的尺度和依据；培育内容是培育目标的具体化，也是提高培育工作有效性的关键。公民知识产权法律意识的培育目标与培育内容有着内在的联系，培育目标指导和决定培育内容，培育内容体现和实现培育目标。

5.1　我国公民知识产权法律意识培育目标的定位

公民知识产权法律意识的培育目标是进行公民知识产权法律意识培育活动所要达到的预期结果。确立公民知识产权法律意识的培育目标，不是仅仅由培育主体主观决定的，而是要以公民的发展需要和知识经济时代社会发展需要为依据。公民知识产权法律意识的培育目标也不是单一的，而是一个目标系统，具有内在的结构。因此，我们将公民知识产权法律意识的培育目标分为基本目标和最终目标两个层次。基本目标体现了贯穿于整个公民知识产权法律意识培育活动的基本要求，最终目标体现了在基本目标基础上对公民的高层次要求。

5.1.1　基本目标：培育公民健全的知识产权法律人格

根据当前我国公民的知识产权法律意识状况，培育公民健全的知识产权法律人格，应该是我国公民知识产权法律意识培育的基本目标。这就要求我们将知识产权法律意识融入公民的意识观念体系，形成健全的知识产权法律人格。因此，知识产权法律人格不但要体现公民的知识产权法律主体地位，而且更重要的是要体现公民的知识产权法律意识和观念。所谓公民健全的知识产权法律人格，从结构上来看主要包括了公民对知识产权法的认同感、依赖感和责任感三个层次。

公民对知识产权法的认同感是指公民对知识产权法及其体现的价值、理念认可、趋同和信任的程度，它往往表现为公民自愿接受知识产权法所要求的行为、观念，使自己的认识和态度与知识产权法的要求相一致。认同感是发自内心的体验和感受，不包括公民在特定情势下对知识产权法的盲从，也不包括外部压力下的被动服从，如公民迫于道德观念的压力或者为了避免受到知识产权法的制裁而遵守知识产权法。当然，这种认同可以是公民基于公平、正义理念而对知识产权法的认同，也可以是公民基于一定的物质或精神需要而认同。如专利权人由于可以依据知识产权法获得转让或许可专利的收入而逐渐认同知识产权法，又如著作权人由于可以通过署名权等方式得到精神上的满足而逐渐认同知识产权法。此外必须注意到，公民对知识产权法的认同感是在对知识产权法及其价值有一定程度理解和分析评判的基础上产生的，是以了解知识产权法的基础知识为前提的，往往具有充分的理由和根据。公民具有知识产权法律意识的表现之一就是对知识产权法的认同感，可以通过教育而产生。因此，认同感应该是公民知识产权法律意识培育的基本目标的组成部分。

公民对知识产权法的依赖感是公民对知识产权法认同的基础上所产生的对知识产权法亲近、关切、依恋、信赖和寄托的心理态度，是公民知识产权法律意识在感觉和情绪上的特殊表现，也是公民健全的知识产权法律人格的重要组成部分。依赖感往往表现为公民关注并积极参与知识产权法的立法和修订工作，自觉依赖知识产权法对其知识产权的积极主张和执着追求，能自然而然地用知识产权法解释生活和工作中的各种知识产权法律现象。总之，在意识上知识产权法已经融入公民生活、工作之中，并成为其一部分。我国传统法律文化中体现的是人们对法律回避、厌诉的心态，认为法律仅是惩罚人的，是冷酷无情的，对法律的依赖感较弱；又由于知识产权法作为舶来品，是在近代西方列强的压力之下被移植进来的，人们对其有一种天然的排斥心态，这就更加导致了公民对知识产权法缺乏依赖感。因此，依赖感作为公民知识产权法律意识培育的基本目标的组成部分，其培育工作的艰巨性是显而易见的。由于知识产权的权利人可以通过知识产权法的保障获取物质和精神上的利益，相对来说比较容易形成对知识产权法的依赖感，因此可以先从知识产权的权利人入手来开展培育工作，以此来提高培育目标实现的可能性。

公民对知识产权法的责任感是公民勇于同知识产权违法行为以及自己内在的消极知识产权法律意识作斗争的心理基础，主要表现为公民在任何情况下都能坚持对知识产权法的守法和护法品质。公民知识产权法律意识的基本培育工作不仅要使公民认同和依赖知识产权法，还要具备高度的责任感。针对现实中许多知识产权违法行为，如制造和销售盗版书籍和光盘，有些公民或许以为只要自己不参与其中，不通过购买侵权产品支持违法行为，就算是具备了较高的知识产权法律意识了。其实不然，这样的认识表现出公民的知识产权法律人格仍然不健全，缺乏对知识产权法的责任感，公民还应当具备积极主动地同知识产权违法行为作斗争的心理基础。因为知识产权不仅仅关系到个人利益，更是关系到在知识经济环境下建设创新型国家、提升我国国际竞争力、实现中华民族伟大复兴与和平崛起的大事。这就要求我们勇于同一切知识产权违法行为作斗争，从而形成一个良好的知识产权环境。当然，同知识产权违法行为作斗争的方式是灵活多样的，并不一定全是正面、直接的斗争，可针对不同情况采取适当的方式。如发现制造侵权产品的窝点、销售侵权产品的商店时可以向工商局、版权局、知识产权局等部门举报，针对同事、朋友的轻微的违法行为可以当面劝告其改正，针对子女、学生的不合法行为可进行适当的教育。总之，坐视不管、独善其身并不符合公民知识产权法律意识培育工作对公民的基本要求。应当承认，责任感是公民知识产权法律人格中最难形成的，是公民在具备对知识产权法一定认同和依赖的基础上，需要一定勇气和热情才能形成的。因此，对知识产权法的责任感是公民知识产权法律意识培育的基本目标中的高级层次。

5.1.2　最终目标：培育公民的知识产权法律信仰

培育公民的知识产权法律信仰，是我国公民知识产权法律意识培育的最终目标。对于法律信仰，伯尔曼认为如果缺乏，法律将退化成为僵死的教条。[①] 可见，法律不能没有强制力来维持，但仅有强制力的法律不是完整的法律，是没有生命力的法律。依靠法律信仰使人们自觉地遵守和维护法律是最高的境界。伯尔曼还认为："法律必须被信仰，否则它将形同虚设。它不仅包含有人的理性和意志，而且还包含了他的情感、他的直觉和献身以及他的信仰。"[②] 因此我们认为，公民的知识产权法律信仰是公民在理性认识的基础上对知识产权法形成的深信服从、尊崇敬仰的神圣感情和愿意为之献身

---

① 哈罗德·J. 伯尔曼：《法律与宗教》（梁治平译），北京：三联书店，1991 年版，第 65 页。

② 哈罗德·J. 伯尔曼：《法律与宗教》（梁治平译），北京：三联书店，1991 年版，第 28 页。

的崇高境界，是公民对知识产权法的认同感、依赖感和责任感的综合和升华。针对当前我国公民对知识产权法的信仰未形成的状况，在培育公民知识产权法律意识过程中重视法律信仰具有重要意义。

公民的知识产权法律信仰是公民经过思考的理性行为，这是与非理性的宗教信仰的不同之处。公民经过理性思考后认为，知识产权法具有公平性、正义性、科学性，信仰、忠诚于并遵守知识产权法，就能获得和平宁静的生活或者获得利益和满足。例如公民意识到知识产权法可保障自己或他人的知识产权免受侵权，即使被侵权也能及时保障获得法律救济。这种信念不断积累和强化，就会上升为知识产权法律信仰。因此，知识产权法律信仰的神圣性与宗教信仰的神学性质的神圣性不同，是一种含有理性因素的神圣性，知识产权法律信仰是一种世俗化的信仰。由于具有理性基础，公民的知识产权法律信仰也就具有了稳定性、持续性和一定的反省精神，这与盲从是不同的。公民的知识产权法律信仰的内核是对知识产权法内在的精神和价值的信仰，这是理解公民的知识产权法律信仰的又一关键之处。对于宗教信仰，恩格斯认为："即使是最荒谬的迷信，其根基也是反映了人类本质的永恒本性，尽管反映得很不完备，有些歪曲。"① 可见，信仰基于人类的永恒本性。同样，公民的知识产权法律信仰也是基于知识产权法内在的永恒精神和价值而产生的，这种精神和价值就是知识产权法所体现的公平、正义、自由、秩序。知识产权法律条文和法律制度是知识产权法的精神和价值的载体和外在表现，当这些条文和制度体现的就是知识产权法的精神和价值时，由于信仰必定会得到遵守和服从。否则，就不会产生信仰，只能遭到反对。例如当前的知识产权国际条约是在发达国家占主导地位的情况下制定的，有些条款过度维护了发达国家的利益，没有充分考虑发展中国家相对落后的科技和经济状况，没有真正维护发展中国家的利益。这样的知识产权条文和制度就没有体现知识产权法的公平、正义等精神和价值，自然就不能被信仰。

法律信仰是公民信仰体系的重要组成部分，也是公民法律意识培育的应然境界。刘旺洪教授认为，法律信仰"是法律意识的最高境界，形成社会主体对法律的信仰也是一个民主法治国家法律意识培养和公民个体法律修养的最高目标和上乘境界"②。同样道理，在公民的知识产权法律意识中，知识产权法律信仰也应该是最高境界，我国公民知识产权法律意识培育的最终目

---

① 《马克思恩格斯全集》（第1卷），北京：人民出版社，1956年版，第651页。
② 刘旺洪：《法律意识论》，北京：法律出版社，2001年版，第72页。

标应该是培育公民的知识产权法律信仰。知识产权法从制定到实施，整个过程都离不开公民对其的信仰，否则知识产权法就会失去灵魂而成为僵化的教条，无法落实下去。尤其在我国，知识产权法的实施和落实一直是一个难题。如果将公民的知识产权法律信仰作为法律意识培育的最高境界，就有利于较好地解决这一问题。同时，我国传统的知识产权文化中还存在许多对培育公民知识产权法律意识的消极和不利因素，必须对传统知识产权文化进行创造性的转换。如果将知识产权法律信仰作为这种转换的最终目标，显然大大有利于公民知识产权法律意识的培育。对于一个已经形成健全的知识产权法律人格的公民来说，将其对知识产权法的认同感、依赖感和责任感等心理要素进一步有机综合起来，并升华为知识产权法律信仰，是其发展的最终归宿。

5.2　我国公民知识产权法律意识培育内容的规划

任何教育活动总是有一定的教育内容的，教育内容不明确或存在偏差，不但会影响到正常教育活动的开展，而且也会影响到最终的教育效果。公民知识产权法律意识的培育活动也必须遵守这一教育规律，因此必须明确其培育内容，来提高培育工作的有效性。公民知识产权法律意识的培育内容是一个多层次、多维度的集合概念，如果没有一定的原理和准则作为指导，培育内容将会是散乱的、不完整的。因此，构建合理的公民知识产权法律意识的培育内容，需要坚持一些基本原则。这些原则主要有层次性原则、科学性原则和系统性原则。

由于涉及人的思想意识，公民知识产权法律意识的培育不可能一蹴而就，而是一个循序渐进的过程。这就要求知识产权法律意识培育内容中的有些方面体现对公民的较低层次要求，有些方面体现对公民的较高层次要求，这就是构建培育内容中的层次性原则。在培育初期，要立足于培育公民健全的知识产权法律人格，培育内容重点在于培育公民对知识产权法的认同感、依赖感和责任感，这是对公民的基本要求。在培育中后期，要立足于培育公民的知识产权法律信仰和知识产品的创造意识，培育内容要体现对公民的较高层次要求。

科学性强调真理性和可靠性。公民知识产权法律意识的形成过程是公民对知识产权法及其法律现象的认知、情感、意志、态度从简单到复杂、从低级到高级、从量变到质变，从而形成相对稳定的知识产权法律意识的动态过程。因此，要坚持科学性原则，探索其中复杂的培育规律，科学构建公民知识产权法律意识的培育内容。要结合知识产权法律意识的特性和认识论的科学原理，按照公民知识产权法律意识的感受、服从、认同、内化的形成过程来科学构建培育内容。

公民知识产权法律意识的培育是一个复杂的系统，在构建培育内容时应坚持系统性原则，在系统的形式中研究各培育内容的关联和相互作用，从而取得最优的培育效果。一方面，公民知识产权法律意识的培育内容应是系统的而不是散乱的，它本身是严密完整的科学体系。另一方面，这些培育内容的实施并非短时期内所能完成的，而是一个精心组织、系统施教、长期持续的过程，因此培育内容应具有全面性、协调性和连续性。公民知识产权法律意识培育内容的全面性是指既包括意识和观念培育，又包括利益的引导；既包括知识产权法治教育，又包括道德和心理教育；既包括系统的理论培育内容，又包括实践方面的培育内容。培育内容的协调性是指公民知识产权法律意识培育内容诸要素相互关联、互动有序、整体协调。培育内容的连续性是指培育内容应是渐进的、有序的、上升的，从而使公民复杂的知识产权法律意识通过长期的积累，在渐进的量变基础上产生质变。我们要从系统视角构建公民知识产权法律意识的培育内容，按照系统论的要求，实现培育内容诸要素的有机整合，注意培育内容的内在逻辑性和系统整体性。

因此，公民知识产权法律意识的培育内容不是随意堆积、拼凑在一起的，而是要遵循一定的原则，经过选择、建构及整合而成。按照层次性原则、科学性原则和系统性原则，公民知识产权法律意识的培育内容应具有以下五个方面。

5.2.1 知识产权认知意识

知识产权认知意识是公民在对知识产权有一定理解基础上对知识产权法和知识产权法律现象的认识和知晓的心理要素，是其他知识产权法律意识培育内容的基础。由于当前我国公民的知识产权认知程度低并且认知意识不均衡，加强公民的知识产权认知意识的培育具有重要意义。知识产权认知意识包括对知识产权的内容认知意识、性质认知意识和价值认知意识三个方面。

对知识产权的内容认知意识具体包括对知识产权种类和侵权行为等基本内容的认知。知识产权随当前科学技术和经济社会的发展而不断发展，新的知识产权种类不断涌现。如随着信息网络技术的发展出现了数字、网络版权，随着生物技术的发展出现了基因专利权，随着电子商务的发展出现了互联网商标权，等等。这就要求培育公民以一种开放的心态认知这些不断增加的知识产权种类，能够意识到这些都属于知识产权。对知识产权侵权行为的认知意识也应该成为培育的内容，现实中许多公民就是因为没有意识到自己的行为已构成知识产权侵权行为而在无意识状况下触犯法律的。例如我只是销售他人擅自印刷的商标标识，又不是我印刷的，更不是销售真正的商品，怎么就侵犯知识产权了？随着新的知识产权种类不断涌现，公民对知识产权侵权行为的认知就更加困难了，这就要求加强这方面认知意识的培育。

对知识产权的性质认知意识主要是使公民意识到知识产权的私权属性。由于知识产权的客体——知识产品——具有类似于经济学上公共物品的特性，具有非竞争性和非排他性，容易使公民误将知识产权当作公共物品看待，以为可以不付成本和费用随意地使用和消费。知识产品的公开性、无形性和可复制性更加强化了这种错误意识。公开性使得公民很容易获知知识产品的内容；无形性使知识产权侵权行为表现为并非公民平常所理解的对有形物的毁损、占有和控制；可复制性在技术上使得公民可以很容易地未经许可而使用和消费他人的知识产品，并且不会产生罪恶感。因此，在培育公民的知识产权法律意识过程中，要注意使公民意识到知识产品不是公共物品而是私人产品，知识产权是具有一定期限的私人财产权。

对知识产权的价值认知意识是使公民意识到知识产权在当代经济社会中的重要性和价值，这主要从公民个人发展的角度和从民族与国家发展的角度两方面来培育公民。一方面，要使公民意识到科学技术是第一生产力和推动经济社会发展的重要力量，知识产权对提升公民科学文化素质和保护公民合法知识产权权益的重要性。另一方面，要使公民意识到，在当前知识经济飞速发展的环境下，知识产权对实现国家知识产权战略、建设创新型国家、提升我国国际竞争力以及实现中华民族的伟大复兴与和平崛起的重要性。

需要注意的是，在培育公民的知识产权法律意识过程中，不要将知识产权认知意识混同于知识产权知识。知识产权认知意识的形成是以一定知识产权知识为基础的，否则认知意识就会成为无源之水、无本之木。但是，知识产权知识是一个复杂的知识体系，总体来看其内容是浩繁复杂而又艰涩难懂的，并且不断处于更新和变动之中。要想将这些知识全部灌输给文化水平和经历存在较大差异的全体公民是不现实的。只能使公民对其中最为基本的知识有一个大体的认知，如对知识产权的内容认知、性质认知和价值认知。同时还必须认识到，即使公民掌握了最基本的知识产权知识，也不一定必然会形成我们所要培育的知识产权认知意识。因为作为知识产权法律意识，知识产权认知意识也反映了公民的主观心理要素，只有在掌握知识产权知识的基础上，经过内化和融合，将其纳入自己的意识体系，才能形成真正的知识产权认知意识。也就是说，培育公民的知识产权认知意识，就是要使公民意识到知识产权的重要性和基本理念，并在生活和工作中遇到知识产权现象时能立刻意识到这属于知识产权问题，应该按知识产权的规律办事。总之，厘清知识产权认知意识和知识产权知识的关系，可以使我们认清知识产权认知意识的本质，防止将公民知识产权法律意识培育沦为知识产权专业知识教育。

5.2.2 知识产品商品化意识

知识产品商品化意识，是在现代市场经济下，将知识产权的客体——无形的知识产品——看作商品，并按商品经济规律办事的意识。公民的知识产品商品化意识主要应从以下几方面展开培育。

一是具有知识产品是劳动产品的意识。知识产品是创造性劳动的产物，是劳动产品。但在人类的历史发展中，真正意识到这一点时已经是近现代了。究其原因，主要在于人们对劳动的狭隘理解上。在人们的传统观念中，由于创造性劳动在近现代特别是工业革命以前只是少量存在，劳动被理解为生产有形物质产品的重复性劳动，有形的物质产品才被认为是劳动产品。生产无形知识产品的创造性劳动只不过是闲人偶尔为之的、好奇心使然的调节性情的方式而已，创造性劳动并没有进入人们的劳动观念之中，这种传统观念一直影响到当代公民。因此，培育公民的知识产品商品化意识，首先要使公民意识到知识产品也是劳动产品，是他人付出了时间、精力和汗水的产物。

二是充分利用知识产品资源的意识。在知识经济时代，知识产品对经济社会发展具有极其重要的作用，是一种无形的稀缺资源。这种资源的产生被投入了大量的成本，如企业投入的研发成本，应该被充分利用。因为只有被充分利用了，才能收回最初投入的成本，使知识产权人获取垄断利润，从而鼓励更多的知识产品被创造出来。更为重要的是，从宏观角度来看，只有充分利用知识产品资源才能使其转化为现实的生产力，从而更快地推动整个经济社会发展。因此，鼓励公民充分利用知识产品才是知识产权法律制度的落脚点和保护知识产权的目的，也是培育公民知识产品商品化意识的题中应有之义。

三是认识到知识产品是商品，使用他人知识产品要通过市场交易的方式。知识产品具有商品的使用价值和价值的二因素。无形的知识产品能满足人的某种需要，具有有用性，因而具有使用价值；知识产品作为创造性劳动的成果，凝结了人类一般劳动，可以在市场上交易、转让，具有价值。商品是用来交换的劳动产品，使用和消费作为商品的知识产品，自然也要通过交换，这是培育公民知识产品商品化意识中最为重要的一点。现实生活中公民消费和使用有形商品时都自然能做到付款购买。但当使用和消费无形的知识产品时，情况就不一样了，购买盗版书籍、在电脑上安装盗版软件等随处可见。这其中的一个关键因素就是没有将知识产品看作商品，没有意识到市场经济下市场交易才是获取知识产品的正当途径。其实，公民如果能够意识到知识产品的商品交换属性，也就承认了他人知识产权的正当性。因为商品的市场交易要想实现，必须首先界定清楚产权，在这里就是确定清楚知识产权的归属。只有这样，公民树立起知识产品的商品和市场交易意识，才能有利于知识产权法律意识的形成。在现代市场经济环境下，知识产品的市场交易方式包括知识产权的转让、许可使用、质押、出资入股等。要培育公民意识到在市场经济下无形的知识产品并不是免费的午餐，需要为此付出代价。具体来说，使用商标应当付款购买或者得到商标权人的许可，同商标权人订立商标使用许可合同，并支付使用费；使用专利技术和作品也是如此。当然，在有些情况下也会出现知识产品无偿的转让或许可，但在市场经济下人们创造知识产品的主要目的还是获利，有偿使用知识产品是主流，不能因此而否认知识产品的商品和交换属性，从而放松对公民的知识产品商品化意识的培育。

四是树立知识产品的价值实现和转化意识。知识产品有价值，但是必须去主动实现其价值，使其转化为推动经济发展的现实的生产力，创造社会财富。只有这样，才能使人们所创造的知识产品发挥最大的效用，给社会和知识产品的创造者带来益处。现实中有些公民创造出知识产品后，不去实现和转化其价值，使其仅停留在理论成果阶段，这是一种极大的浪费。如在研究工作中做出发明创造后，发明者由于申请专利程序复杂或者不熟悉程序而不去申请，或者申请到专利后束之高阁而不去应用。当然，这种现象有时候也与相关的政策和制度不健全有关，但更与公民的意识有关。因此，要培育公民的知识产品的价值实现和转化意识，公民意识到做出发明创造、完成作品并不是工作的终点，还应该通过自己使用或者许可、转让、质押融资等方式使知识产品真正发挥效用，造福于社会。

5.2.3 知识产权尊重意识

知识产权尊重意识对鼓励知识创新、保护知识产权、解决当前知识产权领域的群体性侵权等问题具有重要意义，应该成为公民知识产权法律意识培育的重要内容之一。由于知识产权具有财产权和人格权的双重性特征，知识产权尊重意识包括对知识产品的尊重意识和对知识产品创造者人格的尊重意识两方面内容。

知识产品不是人脑凭空产生的，和有形的物质产品一样，也是人们辛勤劳动的成果，是付出了时间、精力和汗水的产物，理应受到尊重。当我们谈到尊重知识、尊重知识产品时，也就是尊重他人劳动成果。尊重他人的知识产品主要表现在尊重他人对知识产品行使财产权。在市场经济下，人们创造知识产品的主要目的是为了获取经济利益。不论知识产权人直接将知识产品应用于市场而获利，还是将知识产品转让、许可给他人而获利，我们都要尊重知识产权人的选择，适当的时候要通过付费使用等方式来支持他们，不能主动去侵犯他们对知识产品的财产权利。对知识产品尊重的实质是尊重创造性劳动。人类社会的运转固然离不开重复性劳动，但人类社会的进一步发展更离不开创造性劳动，在知识经济环境下更是如此。试想如果没有创造性劳动，我们今天就不可能有便捷的通信，不可能有计算机和网络，更不可能登月并向外太空发展，等等。但遗憾的是，公民对创造性劳动认识不足，还没有完全树立起对创造性劳动的尊重意识。如有些公民认为，创造性劳动是一瞬间灵光一闪的结果，不像重复性劳动那样确确实实付出了劳动，对其被大张旗鼓地宣传、尊重持质疑态度。其实，创造性劳动确实表现为一次性，但这一瞬间做出的成果是创造者多年接受教育、思考、积累的结果，其间的付出并不比重复性劳动少。公民应该意识到，通过重复性劳动所产生的有形劳动产品都可以被劳动者正当占有并受到尊重，通过创造性劳动所产生的以前根本就不存在的、能满足人们新的需求的无形知识产品就更应该受到认可和尊重。

知识产权尊重意识的另一方面是对知识产品创造者人格的尊重意识。知识产权本身就包含着人格权的因素，如发明人、设计人、创作者对知识产品的署名权，还有作者的修改权、保护作品完整权等。这种人格权体现了法律对创造者的创造成果的承认，不会随知识产权的转让、许可或投资入股而脱离创造者，因为转让的只是知识产权中的财产权。不仅如此，这种人格权也不会随知识产权期限届满而灭失，因为灭失的也只是知识产权中的财产权，创造者创造知识产品的事实永远不会改变。在创造知识产品的过程中，创造者将自己的思想、观点、风格等个人人格的特征也同时都融入到了知识产品中，这一点在商标和作品中最为明显，在专利中也有不同程度的体现。因此知识产品是其创造者人格和个性的外在表现，所体现的永恒的人格权理应受到尊重。对于人格，康德认为，人是有人格的理性存在者，因此人是目的而不是手段。"唯有人，以及与他一起，每一个理性的创造物，才是目的本身。"① 因此，每个人都有自己的人格，应该受到尊重，我们不能把他人当作实现自己目的的手段。侵犯他人知识产权不仅是对他人财产的偷窃，而且是为了实现自己的利益而对他人人格的侵害，这其实就是一种把别人作为实现自己目的的手段而不尊重他人人格的行为，是应该受到谴责和法律制裁的。在我国，知识产品创造者的主体——知识分子，在很长一段时间内曾经被视为资产阶级或者是小资产阶级，在"文革"中甚至被批为"臭老九"，其人格一度得不到应有的尊重。邓小平同志在为知识分子正名、提倡尊重知识分子人格方面做出了很大贡献。早在 1975 年 9 月，邓小平同志在听取中国科学院工作汇报的时候就说："科学技术叫生产力，科技人员就是劳动者！"② 1977 年 5 月，邓小平与中央两位领导同志谈话时进一步明确提出："一定要在党内造成一种空气：尊重知识，尊重人才。要反对不尊重知识分子的错误思想。"③ 当前，知识分子是劳动者，尊重知识分子人格的思想已经体现在宪法和中央的各类重要文件中，知识分子的社会地位已经有极大的提高。但从整体来看，公民在理解和践行方面还存在不少欠缺，这从频繁发生的知识产权侵权现象中可以看出来。因此，对知识产品创造者人格的尊重意识仍然应该是培育公民知识产权尊重意识的内容之一。

5.2.4　知识产权保护意识

知识产权作为一种财产权，一经产生就受到法律的保护。在我国，对知识产权的保护有行政保护和司法保护两条途径。但仅有公权力的保护是远远不够的，还需要与公民的知识产权保护意识相结合，这样才能真正做到对知识产权的保护。树立公民的知识产权保护意识，既是树立我国国际信用、提高国际竞争力、激励自主创新的需要，也是知识经济时代对公民的一项基本

---

① 康德：《实践理性批判》（韩水法译），北京：商务印书馆，1999 年版，第 95 页。
② 《邓小平文选》（第 2 卷），北京：人民出版社，1994 年第 2 版，第 34 页。
③ 《邓小平文选》（第 2 卷），北京：人民出版社，1994 年第 2 版，第 41 页。

素质要求。具体来说，公民的知识产权保护意识包括知识产权的自我保护意识和对他人知识产权的保护意识两方面内容。

知识产权的自我保护意识是指公民维护自己合法的知识产权权益的意识。首先，要树立及时取得知识产权的意识。知识产权的客体——知识产品——具有无形性和可复制性，因此，知识产权很容易遭到他人的侵犯。当商标设计完成时、发明创造做出时，要及时通过注册商标、申请专利等方式取得知识产权，获得知识产权法的认可和保护；当作品完成时虽然已经自动取得著作权，但也要及时通过版权登记等方式防止侵权，获得更加完善的法律保护。我们现在正在进入的知识经济，确切地说应是知识产权经济，知识本身并非全部都可以进入市场，而知识产权完全可以进入市场、参与各种经济活动从而带来经济利益。因此应该及时将创造出的、适当的知识拿去申请获取知识产权，没有取得知识产权的知识是充满不确定性和易遭受侵权风险的。由于知识产权保护有地域性，知识产权人不但要在本国及时取得知识产权，还要在自己产品的主要出口国及时取得知识产权，寻求法律保护。由于对此不重视，我们曾经付出了惨痛的代价，也有深切的教训。例如我们缺乏自我保护意识，导致许多名牌商标没有在国外及时注册，却遭受国外公司的"抢注"，这给我们的产品打入国际市场设置了巨大的障碍，博世-西门子公司抢先在德国注册了中国海信集团的英文商标（博世-西门子公司注册的商标是"HiSense"，与海信商标"Hisense"仅有一个字母的大小写不同），并开始以该商标销售家电产品，致使中国海信集团的产品无法进入德国市场。当中国海信集团欲向博世-西门子公司购买该商标时，对方却开出了4 000万欧元的天价。近些年来，中国企业知名商标在国外被抢注事件频发，已经达到触目惊心的程度。"红塔山"在菲律宾被抢注，"英雄"金笔在日本被抢注，"康佳"在美国被抢注，"同仁堂"在日本被抢注，"大宝"在美国、英国、荷兰、比利时、卢森堡被抢注，"大白兔"奶糖在日本、菲律宾、印度尼西亚、美国、英国被抢注，中国老字号郫县豆瓣、桂发祥十八街麻花在加拿大被抢注，等等。如果我们树立起及时取得知识产权的意识，及早在国外注册这些商标，就可以避免许多麻烦和损失。又如对于中华文明的瑰宝——中药，我们也缺乏及时取得知识产权的意识，许多方剂没有在我国和国外申请专利，被发达国家用现代生物技术加工转化为他们的专利或者直接申请了专利，然后进入包括中国在内的国际市场获取利润。据世界卫生组织统计，目前世界植物药市场的年销售额中，日本占到80%，韩国占15%，而中药发源地的中国仅占 3％～5％。[①] 其次，知识产权的自我保护意识还表现在当遭受知识产权侵权时，要有勇于维权的意识。当发现自己的知识产权受到别人侵犯时，应当及时向相关知识产权行政主管部门投诉或向法院提起诉讼，并搜集准备充分的证据，积极主动地主张自己的合法权益，以便通过行政途径或司法途径达到自我保护。

公民的知识产权保护意识还包括对他人知识产权的保护意识。首先，要有预防侵犯他人知识产权的意识。掌握一些知识产权的基础知识是预防侵犯他人知识产权的前提。为了避免侵犯他人知识产权，还应该在研究立项、作品构思、商标设计等知识产品创造活动开展之前进行广泛而深入的调查和检索，了解该领域是否已有他人取得了知识产权。如果自己的研究或其他工作中确实要使用他人的知识产权，应该采取合法方式得到他人许可后使用，防止未经许可使用而侵犯他人知识产权。其次，要有勇于同侵犯他人知识产权的行为作斗争的意识，这是培育目标中的责任感在知识产权保护意识中的具体化体现。第三方侵犯他人知识产权的行为，也许并没有对我们造成直接的损害，是听之任之、放任不管呢，还是出面制止、举报和规劝呢？我们所培育的知识产权保护意识是站在宏观的、全社会利益的角度对公民提出的要求，而不是站在公民个人利益的角度，要在全社会形成一个人人保护所有知识产权的氛围。因此，要在公民中树立起同所有知识产权侵权行为作斗争的意识，即使侵犯的是他人的知识产权也应如此。当然，这是知识产权保护意识中对公民的较高要求。

5.2.5　知识创新意识

从认识论角度看，知识是人类认识的成果，是人类智慧和经验的结晶。创新是人们在认识过程中的一个否定旧我、超越自我的过程，是人类主观能动性的高级表现形式。知识创新是对现存知识的突破，具有价值性和创造性。知识创新为人类认识世界、改造世界提供新的理论和方法，为民族与国家进步和社会发展提供不竭动力。知识创新意识是人们进行知识创新的意向、愿望和设想等心理要素的总称，是知识产品产生的源泉[②]。而没有丰富的知识产品作为基础，知识产权就会成为无本之木、无源之水。随着知识经

---

① 林炳辉：《知识产权文化读本》，北京：知识产权出版社，2008 年版，第 209 -213 页。

② 林炳辉：《知识产权文化读本》，北京：知识产权出版社，2008 年版，第 117 页。

济时代的到来，公民的知识创新意识的重要性与日俱增，不仅要培育公民的知识产权认知、尊重和保护意识，还要培育知识创新意识。

知识创新意识与知识产权法律制度有着天然的内在联系，知识创新意识应该成为公民知识产权法律意识培育内容的重要组成部分。首先，知识产权法律制度本身就是在知识创新意识的引导下进行知识创新的结果。各种知识创新一直伴随着人类社会的发展，但是直到近代才产生了一种知识创新，那就是授予知识产品创造者财产权，使其在一定时间内独占知识产品，以此来激励创新，推动社会更快发展，这就是知识产权法律制度。其次，知识产权法律制度产生后又反过来保护和激励着知识创新，孕育了更多公民的知识创新意识。知识产权法律制度所追求的重要价值之一就是保护知识创新成果，从而激励创造者的创造热情。知识产权法律制度对知识创新的激励首先体现在商标权中对商标的显著识别性要求、专利权中对发明创造的创造性和新颖性要求、著作权中对作品的独创性要求，只不过对知识创新要求的程度有所不同而已。当这些知识创新的标准通过知识产权法确立并得到保护后，知识创新成果转化为知识产权并且商业化，获得利润从而反哺知识创新活动，就会对创新者形成激励。因此，知识创新是知识产权的灵魂，培育公民的知识产权法律意识就应该培育知识创新意识。

需要注意的是，许多公民认为知识创新是高不可攀的，是科技界、文艺界的事，与自己无关。也就是说，公民普遍都有有形的物质产品的生产意识，但无形的知识产品的创造意识非常薄弱。这种与知识创新过于疏离的观念使公民无法通过直接参与创新而树立起知识创新意识，是我们需要纠正的错误意识。其实，知识创新并不是高不可攀的，取得知识产权也不是什么神秘的事。虽然知识产权法对知识创新提出了要求，但对创新程度是有高低不同的要求的。如专利中的发明专利对创新程度要求较高，也许需要专业人士去创造；但专利中还有外观设计专利和实用新型专利，这两种专利对创新性要求相对低一些，普通公民完全有可能创造出来。又如人人都可参与设计商标、向报刊投稿，只要处处留心、勤于思考即可。在这一点上，日本公民做得比较好。日本曾经在 20 世纪 70 年代开展了"一人一专利"活动，鼓励全体公民进行创新、拥有个人专利，这项活动大大提高了公民的创新意识和专利意识。如日本的一位家庭妇女就曾经因为在使用洗衣机过程中发明了洗衣机用的除屑网，每月获得了高达 60 万～100 万日元的专利使用费。① 事实上，我国十一二岁的小学生拥有外观设计专利或实用新型专利的情况也越来越多。例如，2012 年 9 月新学期开学不久，宁波市解放南路小学的 4 名学生收到了国家知识产权局授权的实用新型专利。这其中有二年级学生发明的定时插座和太阳能动感汽车，四年级学生发明的一种具有清扫功能的橡皮擦和一种具有清洁围布的杯皿。据悉，拥有国家专利在该小学已不是新鲜事。该小学已有 45 项小发明申请了专利，其中多数是实用新型专利。"创意就在身边"，生活中的一点一滴都能成为创造的源泉。解放南路小学从学校的特色出发，将创造发明教育融入综合实践活动课堂，以班级授课的形式进行教育，"让每一个孩子都动起来"。以一堂"文具总动员"课为例，老师先让同学们集思广益，讨论现有文具的缺陷。"如果……能……就好了……"通过这样的假设展开头脑风暴，学生们确定了自己需要改造的文具。接着，老师引导学生"加一加""减一减"，来实现文具的多功能性。"在水笔上装一个类似于移动电话的装置，这样可以随时随地与家长保持联系""可以将橡皮、卷笔刀和刷子组合在一起，变成一个多功能的文具""可以将自动铅笔的笔头应用于圆规中，来代替笔芯"……孩子们的设想，或制作实物，或绘制图纸，或描绘图画，三种不同梯度的展现方式，让每个孩子的想象力都得以发挥，创造性得以发展，动手能力和实践能力得以证明。该校将"创造发明教育"定位为适合小学生的创造发明，是以提高学生乐于观察、善于质疑、勤于动手、勇于实践等能力为目标的创造发明课。该校在普及小发明科技创新活动的基础上，发现一些对创造发明有特长的学生，组成小发明科技创新兴趣组，有计划、有步骤地采用科学方法开发学生的创造能力。② 虽然目前像这样着力培育孩子知识创新意识的学校还不普遍，但我们至少可以从中发现知识创新并不是高不可攀的。我们当前需要做的就是采取多种形式大力宣传普通公民所创造的小发明如何实现市场价值的典型实例，吸引普通公民参与知识创新，来培育普通公民的知识创新意识。

因此，我们不但要面向知识产权的权利人培育知识创新意识，还要面向知识产品的消费者和使用者，将其视为潜在的知识创新者，培育其知识创新意识。我们要使每一个公民意识到，自己不仅是知识产品的消费者和使用

---

① 马秀山：《我国知识产权教育的思考及对策研究》，载《知识产权》，2007 年第 2 期，第 85 页。

② 周浩、池瑞辉：《创意火花催生"小学生专利"》，载《东南商报》，2012 年 9 月 22 日，第 A18 版。

者，还会是知识产品的创造者，人人皆可拥有知识产权。最终要使每一个公民充分发挥自己的聪明才智，形成一个人人推崇创新、追求创新和乐于创新的社会氛围。

总之，将公民知识产权法律意识培育的理想化为实施蓝图的决定性步骤是构建合理的培育内容。我们所培育的知识产权法律意识不是抽象的，而是具有实在内容的。具体来说，要使公民在认知知识产权法和知识产权法律现象的基础上，将知识产品视为商品，按商品经济规律办事，尊重和保护知识产权，并形成知识创新意识。因此，我国公民知识产权法律意识的培育应该包含知识产权认知意识、知识产品商品化意识、知识产权尊重意识、知识产权保护意识和知识创新意识五个方面的基本内容。其中知识产权认知意识在整个培育内容体系中居于最为基础的地位，知识产品商品化意识是培育内容中的核心，知识产权尊重和保护意识是培育内容中的两个关键，知识创新意识体现了在培育内容基础上对公民的较高要求。这五个方面是一个相辅相成、不可分割的有机整体，共同构成完整的培育内容体系。

第6章　我国公民知识产权法律意识培育的途径与方法

公民知识产权法律意识培育的目标与内容、途径与方法共同构成培育系统中的培育介体。其中培育的目标与内容决定着应该采取何种培育途径与方法，而培育途径与方法又反过来影响着培育目标的实现、培育内容的传输。这两方面是相互制约、相互影响的。也就是说，公民知识产权法律意识的培育途径正确、培育方法得当，可以使培育内容较好地被公民所接受，早日实现培育目标。因此当进行公民知识产权法律意识的培育时，不仅要注意培育目标和内容的科学性，还必须深入研究培育途径和方法的选择。

6.1　我国公民知识产权法律意识培育途径的完善

培育途径是指教育者施加教育影响于被教育者所经渠道的总称①。公民知识产权法律意识的培育途径也是指培育主体在培育公民的知识产权法律意识的过程中所经渠道的总称。人的本质是其社会关系的总和，公民的知识产权法律意识是在其与外界的互动中完成的，公民时常处在家庭、学校和社会之中，并与之发生互动，培育公民的知识产权法律意识就要从这三条途径考虑。家庭培育是公民知识产权法律意识培育的基础和起点，学校培育是公民知识产权法律意识培育的主渠道，社会培育对公民知识产权法律意识起到强化和成型的作用，三条途径缺一不可。邓小平同志也曾指出："法制教育要从娃娃开始，小学、中学都要进行这个教育，社会上也要进行这个教育。"②但是，公民在这三条途径中所接受的知识产权法律意识的培育若不一致甚至有冲突，就会消解培育效果。因此要从家庭、学校和社会三方面通盘考虑、系统规划，协同各条途径的力量，构建家庭、学校、社会三位一体的培育网络，形成培育的合力。根据当前公民知识产权法律意识培育的状况，具体来说就要加大对家庭培育的重视程度，改革学校培育，进一步完善社会培育。

---

① 顾明远：《教育大辞典》，上海：上海教育出版社，1997年版，第780页。
② 《邓小平文选》（第3卷），北京：人民出版社，1993年版，第163页。

6.1.1 重视家庭培育

家庭是人的社会化的初始单位，是人生的第一课堂。在家庭中，个体总是易于接受家庭成员的态度和价值观念并将其内在化，家中长辈尤其是父母可以通过言传身教和生活实践对后代的知识产权法律意识的形成施加影响。家庭培育可从公民成长之初利用亲情进行长期、连续的知识产权法律意识培育，对公民进行春风化雨、润物无声般的极为深远、终身的影响，并可以强化学校培育和社会培育的效果，是学校培育和社会培育所不可替代的。

当前，家庭培育在公民知识产权法律意识培育中并没有受到应有的重视。这主要是由两方面原因造成的：一是受历史文化传统、知识产权法治教育滞后等因素的影响，家长的知识产权法律意识本身就不高，很难对子女进行家庭培育。二是在子女升学考试的压力之下，家长往往认为与升学考试直接相关的知识才最重要，才值得学习掌握。知识产权不是考试的必考科目，甚至连平常所理解的"副课"都不是，自然不能受到重视。这样，很少有家长能够有意识地对子女进行知识产权法律意识方面的培育，这使得我们长期以来失去了家庭这一重要的培育阵地，而过分依赖学校甚至社会培育。因此，唤起对家庭培育的重视是当前我们开展家庭知识产权法律意识培育工作首先要解决的问题。针对家长是广泛性群体这一特征，可利用大众传媒、子女所在学校、家长所在单位和社区等多种途径向家长呼吁和宣传知识产权法律意识的重要性。我们要使家长意识到，知识产权法律意识不仅关系到知识产权的权利人的个人利益，更是在知识经济环境下全面提升孩子个人素质、建设创新型国家、提升我国国际竞争力的需要，使家长能够自觉地将知识产权法律意识培育的内容融入家庭培育之中。

对知识产权法律意识的家庭培育更多的是一种启蒙教育。家长是子女的第一任老师，但家长的知识产权知识相对于专业人士要薄弱一些，孩子的理论知识和理解力也是有限的，只能采取启蒙教育方式略去一些论证过程直接向孩子灌输结论。因此，家长可以通过类比的方式向子女讲解和通过行为示范知识产权法的一些最终的价值观念，如知识产品的市场交易意识、知识产权的尊重和保护意识等，重点不在于讲解理论上的原因。

在知识产权法律意识的家庭培育过程中，家长既要做到言传，又要做到身教。言传强调家长对子女进行知识产权法律观念和意识的讲解和传授，身教是家长以身作则，遵守知识产权法，以自身的行为影响、感化子女。家长不要以为只有同子女正式谈话、讲解或者吩咐、叮嘱子女的时候才能培育子女的知识产权法律意识，在日常生活中每一瞬间家长的所有行为都会对子女产生影响，家长的率先垂范、以身作则是最好的培育形式。相对于物权、债权等有形产品的财产权，并不是每个家长和子女都拥有知识产权，单纯的讲授对孩子来说显得有些抽象，而家长一次拒买盗版的行为就能给予孩子深刻的教育。因此，家长做到言传与身教并重和统一，才更具有说服力和感染力，才能对子女产生潜移默化的教育和影响。再者，知识产权法律意识的家庭培育还具有灵活性、生活化的特点，可以充分调动生活中各种素材作为培育的题材随时随地进行。比如在共同的休闲时间或者遇到生活中和社会上的知识产权热点问题时，家长可及时对子女进行分析、评论和讲解，纠正子女的错误意识，引导其树立正确的知识产权法律意识。

当然，要进行家庭培育，还要注重家长知识产权法律意识的提升。家长作为家庭中的培育者，首先自身必须具有较高的知识产权法律意识，但现实情况是当前家长的知识产权法律意识普遍不高，因此需要提升。由于家长是一个广泛的群体，其职业、居住地、文化水平差异较大，提高其知识产权法律意识采取集中培训的方式效果较好。如可以创建家长学校，利用家长学校对家长举办专门有效的知识产权培育课程，提高家长的知识产权法律意识，进而影响和教育子女。这其实是将知识产权法律意识的家庭培育和学校培育结合了起来，可见家庭培育和学校培育并不是完全割裂的，而是紧密联系并可以实现良性互动的。

6.1.2　改革学校培育

学校教育是一种专门的教育活动，以课堂教育为主，使用规定的教学大纲、教材，有专职的师资及相应的教学设施，其目的性、组织性、系统性和专门性决定了通过学校培育公民知识产权法律意识具有较强的有效性，也奠定了其培育的主渠道地位。对公民知识产权法律意识的学校培育主要包括中小学培育和大学培育两部分。根据其培育状况，还需要作进一步的改革。

1. 中小学培育

中小学教育作为基础教育，是每个公民的必经阶段，因此通过中小学培育公民的知识产权法律意识具有受众面广的优点。同时，少年儿童往往积极向上，好奇心强，并且易于接受新知识，正是增长知识、养成良好道德品质和行为习惯、形成价值观念和自我意识的关键时期，此时接受的教育会对其一生产生深刻影响。正因为中小学时期对一个人的素质培养、人格塑造和价值观念养成具有重要意义，所以此时就应该开展知识产权法律意识培育，从娃娃抓起会收到事半功倍的效果。有些学者认为知识产权涉及法律、科技、信息、管理等专业知识，这种多种学科知识融合交叉的知识结构决定了知识产权教育应该在高校而不在中小学，从中小学生抓起的观点显得有些牵强。[①] 诚然，知识产权专业知识教育确实应该在大学进行，但知识产权的基本价值和理念、知识产权的法律意识培育并不需要以高深的专业知识为基础，只要掌握最为简单的基础知识即可，完全可以从中小学生抓起。

当前对知识产权法律意识的中小学培育总体来说还处于探索和起步阶段，与发达国家相比还有较大差距。在中小学，知识产权教育的师资数量严重不足，担任知识产权教育的教师也缺乏专业知识背景和实际教学经验，许多学校甚至没有开展知识产权方面的教育。中小学校对实施知识产权法治教育的重要性认识不到位，知识产权法治教育还没有完全被摆上议事日程。受功利主义和精英主义的影响，人们对学生的评价主要看他们的学习成绩，中小学实际上还处在应试教育体制之下。社会对学校教育的评价主要以升学率为标准，在升学竞争的压力之下学校将智育作为发展的硬指标，而德育、知识产权素养、造就合格公民被视为软指标，往往以学习成绩代替甚至掩盖学生的总体素质。总体来看，当前对中小学知识产权法治教育的探索仅在广东、北京等地的少数学校零散地进行。

因此，将知识产权法治教育以及法律意识培育列入中小学教学计划、纳入学校教育评价体系就显得很有必要。在具体设计教学内容时要充分考虑到中小学生的心理特点和认知水平，内容逐步加深，符合学生的认知规律。对于中小学生来说，知识产权法律知识比较艰涩难懂，要将培育重点放在让学生懂得知识产权的作用和意义、了解知识产权法的基本价值和理念、树立尊重和保护知识产权法律意识、提高知识产权法律素质上。当然，这些都要以一定的知识产权法律法规知识为基础，但只要讲授一些最为基础的知识产权法律知识即可，始终要防止以知识产权专业知识教育代替知识产权法治教育和法律意识培育。

针对目前中小学知识产权法律意识培育较为薄弱的情况，可采取逐步推进的思路。首先确定一批中小学校作为知识产权法治教育的试点学校，进而探索出适合中小学实际情况的培育方式，充分发挥试点学校的示范带头作用，逐步推广到全国中小学。由于基础薄弱，也不可能刚开始就在中小学设

---

① 谭华苓：《构建我国高校知识产权教育体系》，载《天津大学学报（社会科学版）》，2008年第4期，第341页。

置知识产权课程，可将知识产权法律意识的相关培育内容融入其他课程之中进行。如在历史课程中可强调知识产权对近代人类社会发展的巨大推动作用、知识产权法律制度与中国科技发展史、著名创新发明者的历史等；在政治课程中突出公民的知识产权权利和义务，讲解知识产权与知识经济的密切关系；在科学课程中突出专利在科学发展中的重要作用；在思想品德课程中突出培育学生尊重和保护知识产权的品质以及知识产权荣辱观。此外，可进行各种形式的知识产权的课外活动和社会实践活动，以及利用宣传橱窗、校报、墙报、学校网络等开展内容丰富多彩的知识产权宣传教育，来减轻课堂教学的负担，提高培育的效果。

当然，在条件具备的地区可开设专门的知识产权课程。广东的部分地区编写了《知识产权教育读本》，开设了知识产权课，形成了独特的培育模式，对培育中小学生的知识产权法律意识进行了初步探索。2002 年以来，广东省知识产权局开展中小学知识产权教育试点工作，首先在佛山、广州、云浮等地中小学开展试点。知识产权教育的指导思想是使青少年从小树立尊重和保护知识产权的意识，将来成长为创新和发展的主力军，既可身体力行，又可向周围的人宣传，从而期待从个人到家庭再到社会的"乘法效应"。即遵循"教育一个学生，影响一个家庭，带动整个社会"的思路，"从娃娃抓起"，其超前的意识和积极的行动引起了国际国内广泛关注。为了使中小学知识产权教育的试点工作落到实处，广东省知识产权局、广东省佛山市南海区教育局、广东省佛山南海区知识产权局组织编写了《知识产权教育读本》的"初级版""中级版"和"高级版"。初级版主要是面向四年级以上的小学生，全书分为专利、商标、版权、技术秘密等 6 个专题，每学期开展一个专题，采取常识介绍与综合实践活动相结合的方式，寓知识产权基本知识于小学生喜爱的活动中。其内容最大的特点是以讲故事的形式介绍知识产权的理论知识，如利用专利技术创业的故事、名牌创立的故事等，这样使教学内容显得更加形象生动，便于学生学习和接受。《知识产权教育读本》的中级版和高级版分别面向初中生和高中生。广东在中小学知识产权教育的试点工作中还注意到尽量不加重学生的学习负担，将知识产权教育课程列入小学、初中的综合实践活动课和高中的研究性学习课中，使其形成了从小学到高中一以贯之的系统工程。在课时方面，按照每学期学习 1 个主题单元，1 个单元约 3 个课时，小学四年级到六年级上半学期共 5 个学期、初中一年级和二年级共 4 学期、高中一年级和二年级共 4 个学期来设计读本的单元内容。除了课堂教学外，还采取评选知识产权优秀录像课例、聘请学生担任知识产权义务宣传员、开展"要不要盗版"的辩论、建立知识产权教育网站等多种形式培育学生的知识产权法律意识。佛山市的中考中更出现了知识产权试题，政府借此向社会明确传达了加强公民知识产权意识培养的信号。同时，为了保障中小学知识产权教育工作的持续进行，还制定了详细的试点工作方案，加强了知识产权课程的师资培训。① 应该说，广东的中小学知识产权教育走在全国前列，这与广东作为知识产权大省、重视公民知识产权法律意识的培育是分不开的。目前，北京、上海的部分中小学开始学习广东中小学知识产权教育的经验，也进行了类似的试点工作。但是，总体来看，我国中小学的知识产权法律意识的培育工作还是非常滞后的。我们应该在借鉴已有试点经验的基础上，改革学校教育，着力探讨符合中小学生的培育规律，在全国逐步推广和普及中小学生知识产权法律意识的培育工作。

2. 大学培育

相对于中小学生来说，大学生的心理发展较为成熟，思维和认知水平较高，具有一定的专业知识和社会经验，而且作为创新基地的大学，其所属的知识产权研究和教学机构为开展公民知识产权法律意识的培育工作提供了坚实的保障。因此，大学是培育公民知识产权法律意识的重镇。2004 年教育部、国家知识产权局联合下发了《关于进一步加强高等学校知识产权工作的若干意见》，其中强调了要提高大学师生的知识产权法律意识。2008 年的《国家知识产权战略纲要》也明确提出在高等学校中开设知识产权相关课程，将知识产权教育纳入高校学生素质教育体系，推动知识产权文化和意识建设。通过大学培育公民的知识产权法律意识，具体可分为课堂教学和非课堂教学两条途径。

如果说学校教育是开展公民知识产权法律意识培育的主渠道，那么课堂就是开展公民知识产权法律意识培育的主阵地。针对当前大学课堂教学在培育知识产权法律意识方面效果不理想的状况，应采取三种方式进行改革。

一是普及知识产权选修课，并逐步过渡为必修的通识课，通过知识产权课培育学生的知识产权法律意识。当前大学里针对非法学专业和非知识产权类专业的知识产权选修课覆盖面较窄，主要集中在一些政法类大学和综合性大学，大量的理工科大学开设的比例很低，因此首先要将知识产权选修课普及到所有大学。另外，即使开设了知识产权选修课的学校，由于师资力量的

---

① 贺林平：《广东知识产权教育从小学抓起》，载《人民日报》，2005 年 11 月 30 日，第 18 版。

限制，再加上选修课的性质，决定了能否接受知识产权教育在很大程度上取决于学生的自愿，而学生往往认为选修课用处不大，将其视为挣学分的工具，这就导致最终选修的人数较少。而且选修课的考评机制比较宽松，学生学习的积极性和动力不足，导致教学效果欠佳。以笔者所在学校为例，一期知识产权选修课最多可容纳 100 多人，与全校同一级学生人数相比是微乎其微的。因此，随着知识产权师资队伍建设的不断加强，要在条件成熟的大学逐步将知识产权选修课过渡为通识教育课，使其成为公共必修课。

二是将知识产权法律意识的相关内容渗透进专业教育中。人们往往以为创新仅是科技创新，将知识产权等同于专利权，因而认为知识产权法律意识培育与理工科专业的关系最为密切。其实，知识产权包含的种类是很多的，不仅仅是专利权，因而所有专业都需要知识产权法律意识培育。在专业教育过程中，可将知识产权法律意识的内容渗透进相关的专业知识点中，这样可激发学生的学习热情，学生可真正体验知识产权的作用、意义和基本理念，容易形成知识产权法律意识。具体来说，可将专利、专有技术、计算机软件保护意识渗透进理工科专业知识的讲授中，使学生成长为合格的科技研发人才；将商标、域名、商业秘密、地理标志、知识产权管理意识渗透进经济管理类专业知识的讲授中；将著作权、外观设计专利、文化产业意识渗透进中文、历史、美术、新闻、音乐、广告、建筑、设计类专业知识的讲授中；等等。

三是将知识产权法律意识培育与其他素质教育相结合。知识产权素质本身就是当代大学生的基本素质之一，将知识产权法律意识培育与大学其他素质教育相结合，可在整体上提高大学生的综合素质，也有利于知识产权法律意识的形成。首先，与大学思想道德和法律素质教育结合。大学本科阶段都开设"思想道德修养与法律基础"课，要保证里面的知识产权内容都讲授给学生，不要删节；可在研究生阶段开设的"现代科技革命与马克思主义"课程中加入适当的知识产权内容，形成一种互补与互动的相互促进关系。其次，在培养学生文献检索能力的过程中，补充知识产权尤其是著作权和专利方面的知识，以此提高学生的知识产权法律意识。最后，基于我国当前正在进行的创新型国家发展战略，大学都在开展创新教育，可将知识产权法律意识培育结合在创新教育之中。知识产权与创新有着天然的内在联系，若缺少创新，知识产权制度就失去了存在的价值，因此创新教育应该成为培育知识产权法律意识的重要途径。

此外，由于没有像中小学那么大的升学考试的压力，大学里丰富多彩的课外活动、社会实践活动等非课堂教学方式是另一条培育知识产权法律意识的重要途径。通过与课外活动、社会实践的对接，实现课堂教学的有效延伸，以此来潜移默化地熏陶学生，从而形成知识产权法律意识。具体来说，可组织学生去专利事务所参观，去法院旁听知识产权案件的庭审；也可邀请知识产权行政管理部门、法院和有关知识产权中介机构的专家到学校来，举办知识产权系列讲座，介绍国内外知识产权保护与利用方面的最新进展与典型案例；还可依托学校的社团组织举办知识产权知识竞赛、知识产权模拟法庭、知识产权论坛、创新比赛；等等。

6.1.3 完善社会培育

本书中的社会培育是指除家庭培育和学校培育以外的所有有目的、有计划、有组织的公民知识产权法律意识培育，将政府部门和企事业单位的培育也包括在内。社会培育是在家庭培育和学校培育的基础上对公民的知识产权法律意识的进一步强化，是最后一条培育途径，对公民的知识产权法律意识的成型具有重要作用。社会培育的培育主体非常广泛，涉及知识产权局、工商局、版权局、海关、科技局、企业、事业单位、社区、大众传媒等，因而其具体的培育途径繁多而复杂。目前社会培育途径还存在许多不足之处，需要进行完善。为了便于完善，可将众多的社会培育途径概括总结为四个部分：知识产权的相关部门培育、职业继续教育、社会文化设施和社区教育、大众传媒宣传教育。

知识产权的相关部门培育是指与知识产权相关的行政、事业、社会团体等部门对公民进行的知识产权法律意识培育。知识产权的相关部门具体包括知识产权局、工商局、版权局、海关、文化部门、质量监督局、科技局、科学技术协会等。这些部门都是对知识产权相关工作进行管理、监督、提供服务的，但也进行公民的知识产权法律意识培育工作。这些部门的官方网站具有很强的知识产权法律意识培育功能，应加强建设，丰富内容；这些部门也到社区、街道、企事业单位举办知识产权讲座、知识产权展览、知识产权宣讲活动；又如近年来知识产权局加大了知识产权的培训教育力度，并实施了"百千万知识产权人才工程"；科技局也在每年的"科技活动周"向公民宣传知识产权。显然，培育部门众多而又分属不同系统，很容易使培育工作各自为政，缺乏统一规划和协调。再者，知识产权的相关部门和机构往往采取研讨会、官方网站、报栏等形式来进行知识产权法律意识的培育工作，其中有些方式与普通公民的工作和生活圈子离得较远，导致培育的效果不够好。这就需要整合各部门的培育资源，协同各部门的培育工作，改革和完善培育的具体方式，形成培育合力。

职业继续教育是指企业、行政、事业单位对本单位领导干部、各级管理人员和普通员工进行在职的知识产权培训和教育工作时，培育其知识产权法律意识。当前通过职业继续教育培育知识产权法律意识还没有完全做到常规化，如有些企业只有在当前的工作急需用到知识产权知识和意识时，才对员工进行知识产权培训；有些行政事业单位只有在上级发文要求学习时，才举办知识产权培训和教育。显然，这种突击式的培育很难使公民形成知识产权法律意识，应该保证定期培育并将知识产权指标纳入员工的任期考核内容。此外，职业继续教育容易陷入过于重视知识产权的技术和应用，而忽视知识产权法律意识的培育。如企业对员工进行知识产权培训时，考虑的往往是如何解决工作中的知识产权问题，注重应用。虽然通过掌握知识产权的技术和应用也有助于形成知识产权法律意识，但毕竟不直接，培育效果不好，应该在培训知识产权知识的同时突出知识产权法律意识。

社会文化设施和社区教育是指利用科技馆、文化馆、图书馆、博物馆等社会公益设施，或通过社区活动等形式进行公民知识产权法律意识的培育。科技馆等社会文化设施是开展公民知识产权法律意识培育的一种非常有效的形式，所有公民都可以不受约束地在这里接受教育。但目前总体来看，社会文化设施总量相对于公民数量显得不足且发展不平衡，知识产权教育活动不足而且缺乏创新，知识产权法律意识培育功能未能充分发挥。有些地方的这些社会文化设施甚至还没有完全做到对公民免费开放，知识产权主题的展览、培训、报告讲座还比较少，这都是需要进一步完善之处。社区是公民较为集中的居住地，是法治教育的重要场所。我国长期以来就有街道办事处、居民委员会、村民委员会等基层社区组织，在社区法治教育方面也积累了一些经验，因此公民知识产权法律意识的培育可以充分利用这一有利的社会资源。近年来，全国许多社区在每年 4 月 20 日至 26 日的"保护知识产权宣传周"、每年 4 月 26 日的"世界知识产权日"、每年 12 月 4 日的"法制宣传日"开展了知识产权宣传教育活动，提高社区成员的知识产权法律意识。但知识产权宣传教育活动的形式略显单一，应加大活动策划的力度，丰富活动内容。此外，应该认识到，社区教育可以把家庭培育、学校培育和其他社会培育广泛地联合起来，如联合学校或知识产权局在社区举办知识产权专题讲座、咨询、展览等。因此，除应加强社区工作人员的知识产权素质外，还需要加强他们的组织和协调能力。

大众传媒宣传教育是指利用电视、报纸、广播、电影、书刊、互联网等大众传播媒介对公民进行知识产权法律意识的培育。在信息网络技术日益发达的当代社会，大众传媒的作用和影响已深入到社会生活的各个角落，越来越成为法治教育的重要途径。利用大众传媒培育公民的知识产权法律意识，具有受众面广、不受时间限制、容易引起社会关注、影响深远等优点。大众传媒可通过各种专栏或专题提升公民的知识产权法律意识，如中央电视台的《今日说法》《焦点访谈》《经济与法》《社会经纬》，《人民日报》的《人民论坛》，《中国青年报》的《冰点》，《光明日报》的《每月聚焦》，等等，有些电视台还专门开设了法制频道。大众传媒还可针对一些社会上的知识产权热门新闻事件，尽可能多地进行报道、宣传和引导，或邀请公民作为嘉宾参与法制节目中的案例点评，以此传播法律理念，推动公民知识产权法律意识的提高。例如，高某于 1990 年 1 月调入重庆某小学从事小学语文教学工作。按照校方的规定，高某每学期期末都将载有自己所写教案内容的教案本上交给校方供其检查，十余年间共计上交 48 本，但校方在例行检查之后并未将这些教案本返还给高某。后来高某因总结教学经验并撰写论文，需要参考自己历年所写教案，遂向校方要求返还自己上交的教案，但校方最终只返还了 4 本，其余的教案或被销毁或被卖给了废品回收站。高某认为校方不尊重教师劳动成果，侵犯其对于自己所写教案的知识产权及载有教案内容之教案本的所有权，遂与校方发生纠纷，将校方诉至人民法院。本案历时近四年，先后经过一审、二审、抗诉、重审等七次审理，三级人民法院和检察院参与才得以尘埃落定。作为全国首例教案纠纷案，本案触及多处法律及司法实践方面的空白，焦点在于教案是否属于作品、教案是否受著作权法的保护、教案著作权的归属、校方毁失教案本的行为是否构成侵犯著作权及载有教案内容的教案本的归属等。此案之所以能成为社会热点，除了案件本身的特殊性外，大众传媒的报道和宣传也功不可没。据李雨峰教授的统计，登载或者转载高某与小学之间教案纠纷的报刊至少包括《重庆晚报》《重庆日报》《重庆商报》《重庆晨报》《重庆经济报》《重庆法制报》《重庆青年报》《华西都市报》《教师报》《中国教育信息报》（后改为《中国教师报》）、《中国青年报》《现代工人报》《公民导刊》《法制日报》等，报道次数达 50 多次。除此之外，中央电视台 1 频道的《今日说法》栏目、中央电视台 2 频道的《经济与法》栏目、中央电视台 12 频道的《中国法治报道》栏目、上海电视台的《律师视点》栏目、重庆有线电视台的《拍案说法》栏目、山东电视台的《道德与法制》栏目等都做过专门的报道。同时，各大网络媒体也进行了报道和宣传。以高某教案作为关键词进行搜索，在谷歌网站有 1 870 项内容，在百度网站有 3 020 项内容。网络媒体除进行新闻报道外，还引导网民展开讨论。① 通过大众传媒对本案的理性的报道，公民时刻关注本案的发展走向。同时，大众传媒引导公民思考并参与讨论本案中反映出的著作权问题，使公民的知识产权尤其是著作权法律意识水平得以提高。当前在培育公民知识产权法律意识过程中，大众传媒需要改进和完善之处主要有以下几方面：一是有些大众传媒可能从考虑收视率、阅读量、点击率等出发，过多报道和宣传刑事案件，对知识产权民事案件涉及太少。虽然严重的知识产权侵权行为会成为刑事犯罪，但毕竟只占少数，知识产权问题大多还是民事和行政问题。大众传媒应重视社会责任，多报道和宣传一些知识产权领域的问题。二是专门针对少年儿童的知识产权法治教育栏目较少，大多是从成人视角宣传教育。少年儿童是祖国的未来，他们的知识产权法律意识水平的高低也预示着整个民族明天知识产权法律意识的状况，因此大众传媒要对少年儿童的知识产权法治教育给予足够的重视。三是要加强互联网这种新型传媒的知识产权法律意识的培育功能，大力创办丰富多彩的网络知识产权法治教育栏目，理性并正确引导网民深入思考知识产权问题，提升公民知识产权法律意识。

6.2　我国公民知识产权法律意识培育方法的选择

列宁认为："方法也就是工具，是在主体方面的某个手段，主体方面通过这个手段和客体相联系。"② 毛泽东同志将方法比喻成过河的桥或船，他说："我们不仅要提出任务，而且要解决完成任务的方法问题。我们的任务是过河，但是没有桥或没有船就不能过。不解决桥或船的问题，过河就是一句空话。不解决方法问题，任务也只是瞎说一顿。"③ 因此，公民知识产权法律意识的培育方法是培育主体为了实现培育目标、传输培育内容所采用的手段和方式的总和，是培育主体和培育客体相联系的中介因素，制约和影响着培育目标的实现程度和培育效果的好坏。从广义上看，思想政治教育方法

---

① 李雨峰：《权利是如何实现的——纠纷解决过程中的行动策略、传媒与司法》，载《中国法学》，2007 年第 5 期，第 59 页。

② 《列宁全集》（第 55 卷），北京：人民出版社，1990 年版，第 189 页。

③ 《毛泽东选集》（第 1 卷），北京：人民出版社，1991 年版，第 139 页。

包括思想政治教育认识方法、实施方法和调节评估方法三个方面。[①] 本书重点研究狭义的思想政治教育方法，即思想政治教育的实施方法。思想政治教育的方法是由思想政治教育的特点和人的思想活动的规律决定的。公民知识产权法律意识的形成受多种因素的决定和影响，其培育内容包括多个方面，因此培育方法不能是单一的，需要综合运用多种方法、多管齐下才能取得培育的预期目标和效果。具体来说，要紧密结合知识产权及其法律意识的特性，采取以下五个组合方法：理论教育与体验教育相结合的方法、法治教育与道德教育相结合的方法、常规教育与主题教育相结合的方法、思想意识教育与利益引导相结合的方法、普适性与差异性相结合的方法。

6.2.1　理论教育与体验教育相结合的方法

理论教育方法和实践教育方法是思想政治教育的一组[②]，在思想政治教育工作中这两种方法经常相结合运用，这也是理论与实践相结合的要求在思想政治教育中的体现。作为实践教育方法的一种，体验教育通过实践体验使教育对象获得真实、深刻的感受，在培育公民的知识产权法律意识过程中要将理论教育与体验教育相结合。首先，公民与以有形物为主要客体的物权、债权接触较为频繁和紧密，每个公民都拥有物权和债权，容易形成物权和债权法律意识；而相对来说公民与以无形的知识产品为客体的知识产权接触较少，并不是每个公民都拥有知识产权，不易形成知识产权法律意识。体验教育是一种参与式教育方法[③]，通过实践体验可使公民对知识产权的认识更加全面和深刻，有利于形成知识产权法律意识。其次，理论教育虽然可以使公民形成对知识产权的一些感受，但知识产权法律意识作为一种意识和观念，它的形成最终还是需要公民对知识产权法的价值和理念的认同和内化，而仅仅靠理论的灌输是很难做到这一点的。体验教育同时也是一种隐性教育方法，通过真实体验知识产权，公民可在潜移默化中认同知识产权法的主张、理念和意义，并将其纳入自己的意识体系，从而形成相对稳定的知识产权法律意识。因此，理论教育与体验教育相结合能够大大增强公民知识产权法律

---

① 郑永廷：《思想政治教育方法论》，北京：高等教育出版社，1999年版，第20-21页。

② 张耀灿、郑永廷、吴潜涛等：《现代思想政治教育学》，北京：人民出版社，2006年版，第366页。

③ 张耀灿、郑永廷、吴潜涛等：《现代思想政治教育学》，北京：人民出版社，2006年版，第383页。

意识培育的效果。

在对公民的知识产权法律意识的理论教育过程中开展体验教育的方式是多种多样的。如可以鼓励公民拥有一项知识产权，再严谨细致的说教都是抽象的，只有当公民付出了创造性劳动，并以自己的劳动成果取得知识产权法的认可时，才能更加深刻地体验到知识产权法的作用和价值，形成自己的知识产权法律意识。又如近年来国际金融危机给我国经济造成了很大影响，以简单加工为主的劳动密集型企业纷纷陷入亏损、停产状态，而具有较强知识产权法律意识和拥有自主知识产权的企业表现出了较强的抗风险能力，效益不减反增。对此，企业在职业继续教育的过程中，可引导职工切实体验知识产权在现代经济中的作用和意义。学校也可在课堂讲授理论之外，组织学生去这些企业参观、实习，体验知识产权的价值。当然，学校也可以开辟各种知识产权体验课堂，来培育学生的知识产权法律意识。还可以鼓励并组织公民参与到知识产权立法、修法和诉讼中去，通过听证、讨论、评议、旁听等方式使公民体验知识产权法的产生过程和知识产权纠纷的解决过程，从而激发公民了解、评价、亲近知识产权法的热情，树立起知识产权法律意识。此外，在许多情况下公民是不清楚自己侵权会对他人造成多大损失的，若知晓这些就较容易树立起知识产权法律意识而不去侵权。我们可将重点放在让公民切实体验到侵犯知识产权的危害性，通过这种反向体验的方式教育公民，使公民树立起知识产权法律意识。

6.2.2　法治教育与道德教育相结合的方法

知识产权法律意识是法律概念，公民知识产权法律意识的培育属法治教育，应该以法治教育的方式进行公民知识产权法律意识的培育，这是显而易见的。但是，进行法治教育的同时，还应结合道德教育来培育公民的知识产权法律意识。首先，思想政治教育的培养目标就是促进人的自由全面发展[①]。全面发展就包括了人的法律素质和道德素质的发展，就要进行法治教育和道德教育。在进行思想政治教育的过程中，法治教育与道德教育是相互渗透、相互补充、相辅相成的，公民知识产权法律意识的培育也应如此。其次，当公民面对有形物时，还能坚守心中的道德准则，不会轻易去侵犯他人有形物的财产权；但当面对无形的知识产品时，心中的道德准则早就被抛到

---

① 张耀灿、郑永廷、吴潜涛等：《现代思想政治教育学》，北京：人民出版社，2006 年版，第 141-142 页。

一边，违背道德侵犯他人知识产权的现象愈演愈烈，甚至演变为群体性侵权。当前，许多公民把这种可耻的盗窃行为视为是符合道德规范的，大家都这样做，甚至可以由不道德变为"道德"，产生了可怕的群体性无意识，整个社会也没有真正对知识产权侵权行为形成有力的道德批判。郑永廷教授认为："从总的发展趋势上看，是一定的时代内容、理论内容、环境内容决定一定的方法。"① 因此，面对这种现状，单靠法治教育的手段是不易使公民树立起知识产权法律意识的，应该同时结合道德教育。公民对知识产权有了道德责任感，就有了形成知识产权法律意识的根基，就容易认同和内化知识产权法的价值和理念。再者，公民的知识产权法律意识本身就是一种意识和观念，不是知识产权知识，与道德观念有着天然的内在联系，在培育过程中结合道德教育可以收到事半功倍的效果。

当前，许多公民还没有对侵犯他人知识产权产生耻辱感，还没有将侵犯知识产权与侵犯有形物的财产权视为性质等同的行为。面对这种状况，我们在一如既往地进行法治教育的同时，还要进行道德教育，其中关键是要在公民中倡导知识产权荣辱观。所谓倡导知识产权荣辱观，是在全体公民中弘扬以创新、诚实守信、尊重和保护知识产权为荣，以剽窃、假冒欺骗、侵犯知识产权为耻的道德观念，帮助公民树立正确对待知识产权的是非观念。具体来说，一是将知识产权荣辱观融入知识产权的家庭教育、课堂课外教育、社会教育之中。二是搭乘东风，将知识产权荣辱观融入当前以八荣八耻为主要内容的社会主义荣辱观的宣传教育之中。因为知识产权荣辱观所倡导的观念与社会主义荣辱观所倡导的崇尚科学、辛勤劳动、诚实守信、遵纪守法等观念是相契合的，两者有共通之处。三是强化知识产权的道德与社会舆论监督，形成对知识产权侵权行为强有力的道德批判和谴责。现实中，对于严重的知识产权侵权行为，人们首先想到的措施是罚款、起诉、销毁侵权物品等，对于轻微的知识产权侵权行为则是熟视无睹，缺乏有效的道德与社会舆论的监督和谴责。因此要在知识产权宣传教育的基础上辅以道德和社会舆论的监督和批判手段，来规范公民的日常行为，弘扬知识产权荣辱观。总之，要使知识产权荣辱观深入人心，形成一个人人认为侵犯知识产权可耻、尊重和保护知识产权光荣的社会氛围。

需要注意的是，我们在培育公民知识产权法律意识的过程中强调道德的

---

① 郑永廷：《思想政治教育方法论》，北京：高等教育出版社，1999 年版，第 55 页。

作用，是指树立起公民的知识产权荣辱观和道德责任感。但是，公民道德观念中的某些方面可能符合基本的道德规范，却不一定符合知识产权理念，对此不能盲目放大和滥用，适当的时候甚至要进行必要的约束，否则会对知识产权法律意识的培育造成冲击。例如，2010 年 8 月，一段翻唱著名歌手汪峰创作的歌曲《春天里》的视频被上传到网络上，其质朴无华的演唱风格打动了所有人，翻唱者农民工组合"旭日阳刚"也一夜之间成为网络红人，之后汪峰邀请旭日阳刚在自己的演唱会上同台演唱《春天里》。走红后的"旭日阳刚"也在多家电视台演唱这首歌曲，包括中央电视台的《星光大道》节目，甚至登上了中央电视台 2011 年的春节联欢晚会，并获得一等奖。名气一路飙升的"旭日阳刚"的商业演出更多了。但是，面对"旭日阳刚"频繁的商业演出，汪峰方面通知"旭日阳刚"，以后未经授权不能在商业演出等活动中以任何形式演唱《春天里》这首歌曲。消息一出，立即引发公民的热议。许多公民为"旭日阳刚"抱不平，说汪峰"不仗义""小心眼""得了红眼病""羡慕嫉妒恨""太狭隘自私"。根据人民网的调查，有 35.4% 的公民认为汪峰"小气"，支持"旭日阳刚"；有 25.7% 的公民认为从版权法角度，可以不授权；有 32.7% 的公民认为双方可以再协商；有 6.2% 的公民认为无所谓。①《著作权法》明确规定："使用他人作品演出，表演者（演员、演出单位）应当取得著作权人许可，并支付报酬。演出组织者组织演出，由该组织者取得著作权人许可，并支付报酬。"一首脍炙人口的歌曲，往往蕴含着创作者的巨大心血。如果未经许可随意使用他人作品演出并获利，著作权得不到保护，创作的动力就会枯竭，好的歌曲就会越来越少，甚至绝迹。显然，作为原创者，汪峰无可争议地拥有这首歌的完整著作权，汪峰制止"旭日阳刚"的翻唱行为并无不妥，是无可指摘的。相反，"旭日阳刚"未经授权翻唱他人作品进行商业演出，不仅有违商业道德，而且涉嫌侵权。可是，为什么有这么多的公民反而力挺"旭日阳刚"而指责汪峰呢？其实，他们并不是不明白这个简单的知识产权法理，而是他们的道德观念占据了上风，把知识产权法暂时抛到了一边。人们都有同情与体恤弱势群体的天性，对于打拼在社会底层的农民工组合"旭日阳刚"也是如此，这是符合基本道德规范的要求的。但是，这种同情心不能滥用。不能因为是弱势群体，他们的涉嫌侵权行为就应该得到同情和支持；不能因为同情弱者而丧失知识产权法律意

①《〈春天里〉争议的背后——一场理智与情感的博弈》，人民网：http://ip.people.com.cn/GB/136672/136673/214097/index.html，访问时间 2013 年 12 月 21 日。

识，甚至破坏法律规则。只有站在知识产权法的规则基石上，同情和体恤等人文价值才是靠得住的。如果一个人维护自己的著作权益，还要冒着道德批判的风险，那么长此以往，谁还敢站出来维护自己的著作权？优秀的作品又从何而来？公民的知识产权法律意识何日才能真正形成？因此，树立公民的知识产权荣辱观，要适当限制和约束公民道德观念中不符合知识产权理念的部分，树立公民正确的道德观。也就是说，要找到知识产权理念与公民道德观念的平衡点，这是我们在法治教育与道德教育相结合的过程中要努力做到的。

6.2.3 常规教育与主题教育相结合的方法

公民知识产权法律意识培育是一项长期的系统工程，不是一朝一夕就能完成的，需要以常规教育的方式保证培育工作的正常开展。在进行常规教育的同时，还要结合主题教育才能收到较好的培育效果。因为首先，对于普通公民来说，知识产权是艰涩难懂的，不论是其概念、特征，还是其客体范围、保护范围，都是不易理解的，形成知识产权法律意识更加不易。在单纯的常规教育中，公民容易感觉沉闷枯燥，培育效果不佳。如果在常规教育中结合主题教育，可将知识产权法律意识的培育目标和内容分解、细化，在每次活动中只有一个主题，不需要掌握全部内容，这样降低了公民理解的难度，便于认同和内化知识产权法律意识。其次，公民知识产权法律意识培育针对的是全体公民，成分较为复杂，当前对于处在学校以外的公民还不能完全保证全部接受规范的知识产权常规教育。而主题教育形式灵活多样，主题可大可小，覆盖面较大，实施起来较为容易，有利于对全体公民进行知识产权法律意识培育。最后，主题教育按照知识产权法律意识的培育目标设定主题，创设培育氛围，让公民在动态情境中接受教育，具有很强的实践性、时效性、针对性和显著的导向性作用。在知识产权法律意识的常规教育中引入主题教育，可以凝聚公民，引起公民对知识产权的广泛关注，提高培育的吸引力、感染力和影响力。因此，在接受知识产权法律意识常规教育的基础上，开展主题鲜明、形式得当、内容新颖的主题教育，对于提高公民知识产权法律意识培育工作的实效性具有重要意义和价值。

在常规教育中推行知识产权法律意识的主题教育。首先，要确定主题。在确定主题时要与知识产权法律意识常规教育内容紧密结合，保证主题教育不偏离培育目标。为了保证主题教育的可行性，可以借鉴项目立项的方式确定主题。为了提高主题教育的吸引力和影响力，还可以针对时事新闻和社会热点问题凝练和设置主题。如针对近年来我国神舟飞船、登月计划的成功，可在全民开展创新、自主知识产权方面的主题教育；针对举办奥运会，我们开展了保护奥林匹克标志的主题教育；针对举办世博会，我们开展了保护世博会标志和与世博会有关的外观设计专利等方面的主题教育；针对当前计算机正版软件的使用率太低的现象，可开展"正版软件进电脑"的主题宣传活动；针对当前社会上的"山寨现象"，可进行分析"山寨"危害、保护知识产权方面的主题教育活动；等等。又例如，2013 年 10 月 22 日，国家版权局与国家发展和改革委员会联合发布了《教科书法定许可使用作品支付报酬办法》，对编写出版九年制义务教育和国家教育规划教科书使用已发表作品支付报酬问题进行了明确与规范。使用他人作品需要征得著作权人许可并支付报酬，是著作权法律制度的一项基本原则。但是，为解决特定情形下使用作品的问题，《著作权法》还规定了法定许可制度。在法定许可制度下，使用他人作品无须征得著作权人许可，但须支付报酬，并不得侵犯著作权人的其他合法权利。《著作权法》规定了五种情形下的法定许可，其中之一就是教科书法定许可。教科书法定许可使用他人已经发表的作品不需要征得其许可，这使得著作权人无法与使用者通过谈判确定付酬等事宜。如果由使用者单方决定给著作权人的报酬显然是不公平的，因此必须由第三方制定出台相应的付酬办法。由于各种原因所限，这个付酬办法一直没有出台。之前参照适用的是 1999 年由国家版权局发布的《出版文字作品报酬规定》，而该规定已经不适应我国经济社会的发展现状。现实中教科书、编写出版单位往往不主动联系作者支付稿酬，更未公开教科书选用作品篇目供作者查询，大多数作者在作品被教科书选用后并没有获得稿酬。还有很多出版社对于选用的文章从标题到内容进行大幅删改，甚至有不给作者署名的情况，侵犯作者的署名权、修改权和保护作品完整权等现象比较常见。此外，该规定仅涉及文字作品，对其他类型作品未作规定。新出台的《教科书法定许可使用作品支付报酬办法》规定了教科书汇编者支付报酬的具体标准，还规定报酬自教科书出版之日起两个月内向著作权人支付。教科书汇编者未按照规定向著作权人支付报酬，应当在每学期开学第一个月内将其应当支付的报酬连同邮资以及使用作品的有关情况交给相关的著作权集体管理组织。教科书汇编者支付的报酬到账后，著作权集体管理组织应当及时按相关规定向著作权人转付，并及时在其网站上公告教科书汇编者使用作品的有关情况。著作权集体管理组织收转报酬，应当编制报酬收转记录。此外，该办法还将支付报酬的作品范围扩充为文字作品、音乐作品、美术作品和摄影作品。《教科书法定许可使用作品支付报酬办法》的出台可以说是一石激起千层浪，意味着教科书几乎免费使用作品的时代行将终结，引起了社会的广泛关注。每个公民的成长中都曾使用过教科书，教科书中选用的作品给作者支付了报酬吗？如果支付了，是如何支付的？支付的数额有多少？现在新的规定又是如何支付的？这些焦点问题引起了公民的好奇和关注。此时知识产权法律意识的培育部门应及时抓住这一社会热点，可从不同角度进行分析，凝练出适当的教育主题。这样，对公民知识产权法律意识的培育效果将会更佳。

其次，在确定好主题后，知识产权主题教育往往采取活动的方式，要做好主题活动的设计策划、实施落实和事后评价等各个环节的工作，做到有始有终，保证主题教育的效果。

最后，在常规教育的过程中可选择多种主题教育的途径和载体，丰富知识产权主题教育的内容。如学校可以通过主题班会、各种课外活动和社会实践举办知识产权法律意识的主题教育；学校、社会可通过创办专门的知识产权主题教育网站开展主题教育；也可利用科技馆、文化馆、博物馆等社会公益设施，采取主题展览等方式向公民进行知识产权主题宣传；还可在每年的知识产权日、知识产权周开展主题明确的教育；等等。

6.2.4 思想意识教育与利益引导相结合的方法

公民知识产权法律意识的培育首先是一种思想意识教育，在培育过程中要强调价值观、法制观和法律信仰，强调人的先进性和崇高精神，这是必然的。但在进行思想意识教育的同时，还须结合利益引导的方法。首先，这是因为公民的知识产权法律意识属社会意识的范畴，由社会存在所决定。任何思想意识都不是凭空产生的，与人的实际利益密切相关，物质利益是人类生存和发展的根本条件。对此，马克思指出："人们奋斗所争取的一切，都同他们的利益有关。"[①] 他还进一步指出："'思想'一旦离开'利益'，就一定会使自己出丑。"[②] 其次，思想意识教育与利益引导相结合的方法是我们思想政治教育工作的优良传统。早在革命战争时期，我们除了提出共产主义的崇高理想外，还进行了"打土豪、分田地"的利益引导，解决了群众的实际利益需要，取得了巨大的成绩。在当前的社会主义现代化建设时期，进行思想政治教育工作也要注意利益引导。邓小平同志指出："不讲多劳多得，不

---

① 《马克思恩格斯全集》（第1卷），北京：人民出版社，1956年版，第82页。
② 《马克思恩格斯全集》（第2卷），北京：人民出版社，1957年版，第103页。

重视物质利益，对少数先进分子可以，对广大群众不行，一段时间可以，长期不行。革命精神是非常宝贵的，没有革命精神就没有革命行动。但是，革命是在物质利益的基础上产生的，如果只讲牺牲精神，不讲物质利益，那就是唯心论。"①公民知识产权法律意识的培育也应如此。最后，知识产权本身就是一种财产权，与人的实际利益密切相关；知识产权法体现了理性精神，平衡着权利人与非权利人之间的利益。培育公民的知识产权法律意识，自然不能忽略利益引导。

　　培育公民的知识产权法律意识，在思想意识教育的同时进行利益引导，可采取肯定性引导和否定性引导两种方式。肯定性引导包括两个方面：一是对知识产权的权利人的肯定性引导，如保证知识产权法在现实中畅通地施行，使知识产权的权利人获取其应得的知识产权许可使用费、投资收益、转让收益等物质利益，并对在知识产权的创造、管理和运用方面做出突出贡献的权利人给予物质奖励，从而激发他们对知识产权法的认同，引导他们形成知识产权法律意识。二是对守法的非知识产权权利人的肯定性引导，对遵守知识产权法的行为给予高度肯定和认可，给予他们物质奖励、树立榜样等。如评选知识产权守法先进个人、保护他人知识产权先进个人，给予物质奖励，并弘扬他们的事迹。通过这种多次重复性的正面物质激励和强化，使公民对知识产权法产生认同感和依赖感，形成知识产权法律意识。否定性引导主要针对违法的非知识产权权利人，使他们对其侵权行为承担赔偿（尤其是惩罚性赔偿）、罚款、罚金等物质利益方面的法律制裁。通过对知识产权违法行为的否定性评价，尤其是通过多次重复性的负面物质刺激和强化，提高违法成本，使违法公民主动地回避、排斥并反思知识产权违法行为而选择守法，进而引导他们形成稳定的知识产权法律意识。当前，我们的否定性引导的对象主要是以营利为目的的知识产权侵权人，如制造、销售盗版的人，对不以营利为目的而购买、使用侵权产品的广大公民还未纳入否定性引导的对象。从培育更多人的知识产权法律意识、遏制侵权源头的角度来看，应通过立法加强对购买、使用侵权产品的广大公民的否定性引导。当然，在培育公民知识产权法律意识的过程中，利益引导的影响力不仅仅涉及获取物质利益或受到物质利益方面制裁的当事人，还会对当事人的亲朋好友、左邻右舍以及知晓的公民产生影响，可以引导他们树立起知识产权法律意识，这其实是一种间接的引导。因此，在思想意识教育的同时要注重利益引导的方法，以

---

　　① 《邓小平文选》（第 2 卷），北京：人民出版社，1994 年第 2 版，第 146 页。

此增强公民知识产权法律意识培育的效果。

6.2.5 普适性与差异性相结合的方法

公民知识产权法律意识培育的具体方法的适用情形是不同的，有些方法在任何情形下都能适用，是普适性方法；有些方法只能在特殊情形下适用，或在特殊情形下适用效果最佳，是差异性方法。公民知识产权法律意识的形成和培育具有普遍规律性，应使用普适性方法，这是显而易见的。但是，同时还应结合差异性方法，以取得最佳培育效果。首先，公民知识产权法律意识的培育目标是分层次的，有基本目标和最终目标，培育内容也是分为知识产权认知意识、知识产品商品化意识、知识产权尊重意识、知识产权保护意识和知识创新意识五个具体的不同方面的。而方法是人们实现目标、完成任务的手段和方式，是为目标、任务内容服务的，受目标任务的制约。在培育公民知识产权法律意识的过程中应该根据培育目标和内容来选择具体的培育方法，这是目标、内容与方法之间辩证关系的要求。不同层次的培育目标、不同方面的培育内容就决定了要选择在不同情形下适用的差异性方法。其次，公民知识产权法律意识培育的对象是全体公民，其年龄、职业等不同，其文化知识状况、个性特点、家庭环境、个人经历等也不同，选择培育方法时就应考虑这些差异化因素，针对培育对象中的不同群体使用不同的差异性方法。总之，在培育公民知识产权法律意识的过程中，将普适性方法与差异性方法相结合，是合乎公民知识产权法律意识的形成发展规律的，是科学性的体现，实际上也是实事求是原则的运用。

思想政治教育的一般方法可以作为公民知识产权法律意识培育的普适性方法使用。这些方法也叫通用方法，主要包括疏导教育法和比较教育法、典型教育法、自我教育法、激励教育法和感染教育法等。[①] 在培育过程中使用这些普适性方法的同时，可以针对公民中的不同群体和不同情形使用一些差异性的方法，这些方法往往都是具体的操作方法和应用方法。如中小学生正处在生理和心理快速成长发育的时期，他们感性思维丰富、理性思维不发达，可采取讲故事、播放动漫等生动活泼、寓教于乐的知识产权宣传教育方式，也可组织实施类似"明天小小科学家"的比赛活动来激发他们的创新意识。大学生的心理发展已经较为成熟，思维和认知水平也较高，接受新事物

---

① 郑永廷：《思想政治教育方法论》，北京：高等教育出版社，1999 年版，第 137 - 154 页。

的能力也较强，可利用网络、微博等新的宣传手段对其进行知识产权法律意识的培育。又如企业员工对其所在企业最为熟悉和关心，可通过向其宣传知识产权对企业产值的巨大贡献来培育其知识产权法律意识。还比如对于农民，可向其宣传地理标志、集体商标、动植物新品种、民间文学艺术、非物质文化遗产等与其生产、生活密切相关的知识产权保护，以此作为切入点来提升农民的知识产权法律意识。

第7章 我国公民知识产权法律意识培育的环境与保障

公民知识产权法律意识的培育总是在一定的培育环境中进行的，离开培育环境，就不可能开展知识产权法律意识的培育工作。培育环境是公民知识产权法律意识形成和发展的客观基础，并作为公民知识产权法律意识培育的重要组成部分，对培育主体的培育工作和公民的思想行为变化起着重要的强化和促进作用。同时，还必须注意到，即使有明确的公民知识产权法律意识的培育目标、规范的培育内容、完善的培育途径与方法，也会由于缺乏必要的保障而使培育工作流于形式。保障条件决定着公民知识产权法律意识的培育从可能性向现实性转化的程度。因此，本章重点研究我国公民知识产权法律意识培育的环境与保障。

7.1 我国公民知识产权法律意识培育环境的优化

公民知识产权法律意识的培育环境是指影响培育活动运行和公民知识产权法律意识形成发展的外部条件的总和。马克思认为："人创造环境，同样，环境也创造人。"① 这就说明人和环境进行交互作用，处在一定环境中的人会受到环境的影响而使自己的思想发生变化。从系统论的角度来看，"思想政治教育过程在运行中始终发生着和外界环境信息、能量和物质的交换。当环境影响与思想政治教育过程目标相一致时，会加速教育过程目标的实现，反之，会阻碍过程的运行。"② 同样，公民知识产权法律意识的培育也离不开培育环境这一重要因素，并受培育环境的影响。影响培育活动运行和公民知识产权法律意识形成发展的外部条件不是单方面的，而是多种多样的，因此培育环境具有综合性。按照诸多外部条件的影响范围的不同，公民知识产权法律意识的培育环境可分为宏观环境和微观环境。微观环境在前文已有所涉及，本章的研究重点在于宏观环境方面。具体来说，公民知识产权法律意

---

① 《马克思恩格斯选集》（第 1 卷），北京：人民出版社，1995 年版，第 92 页。
② 张耀灿等：《思想政治教育学前沿》，北京：人民出版社，2006 年版，第 229 页。

识的培育环境包括经济环境、制度环境、文化环境、执法与司法环境等，这些环境还存在诸多不完善之处，需要进一步优化。

7.1.1　加快知识产权的市场化和产业化发展

作为社会意识的公民知识产权法律意识，是由一定的社会存在决定、影响其形成和发展的。处在一个知识产权市场交易频繁、便利、规范的经济环境中的公民，更容易树立起知识产权法律意识。针对当前我国知识产权市场发展的滞后状况，优化培育的经济环境关键是加快知识产权市场化和产业化发展。知识产权市场化和产业化高度发展的经济环境，对公民知识产权法律意识的培育具有重要的强化和促进作用。

知识产权市场是现代市场经济的一个有机组成部分，要在我国社会主义市场经济的框架内发展知识产权市场，加快知识产权市场化发展。首先，要加快知识产权供给的市场化。知识产品的创造者要熟悉市场经济运作规律，了解市场需求，尽量创造符合市场需要的知识产品，使知识产品能够畅通地流向市场。其次，要加快知识产权交易的市场化。在这一方面，近年来国家采取了各种扶持措施，有些地区也做出了一些探索。例如，2013 年 4 月，北京市部署启动推进市属国有企业使用正版软件工作，前后共有 161 家市属国有企业参与了 2013 年度市属国有企业软件正版化专项工作，其中有 156 家企业注册成为软件采购平台用户，并分别根据自身需求通过采购平台上的协议采购、批量采购和集团预购等方式采购了所需软件产品。这里所说的软件采购平台是由北京软件和信息服务交易所推出的正版软件采购平台，市属国有企业可以通过这个平台向微软、金山等软件企业进行软件"团购"，来购买正版软件。而且，采用软件"团购"方式可以比市场优惠 30％ 以上的价格买到正版软件，交易量在短期内已经达到上千万元。软件"团购"是北京软件和信息服务交易所在软件采购形式上的创新，正版软件采购平台是交易所软件商城的一个重要组成部分。这种形式将许多软件用户的需求集中在一起，就有了与软件供应商谈判的资本，从而节约了采购成本，提高了采购效率，让软件交易更容易，促进买卖双方用市场化手段解决正版化问题，对人们知识产权法律意识的形成具有重要的促进作用。软件"团购"是买卖双方通过公开、透明的正版软件采购平台进行的市场行为，软件企业可以自行报价，用户自愿选择，其实是由市场来主导的。北京市新闻出版（版权）局副局长王野霏表示，通过正版软件采购平台进行线上下单、线下交易可以"有效地破解软件采购中的采购流程不透明、用户在谈判中处于弱势等不少难题，有利于正版化工作的常态化、制度化"。其实，正版软件采购平台只是北京软件和信息服务交易所软件商城的一个重要组成部分，后面还要推进软件产品的标准化和交易标准化，解决买卖双方对需求理解不一致、产品开发出现偏差等问题，从而让买方可以买到自己真正需要的软件产品，让卖方在提供产品和服务的过程中更加规范化。① 应该说，北京的这一创新性做法值得推广。当然，他们的知识产权交易的中介组织的公信力和影响力还须进一步加强。因此，总体来说，加快知识产权交易的市场化，要进一步完善知识产权评估和市场竞价机制，丰富知识产权交易方式。要加快建设知识产权交易的中介组织，发挥其沟通协调、提供信息、促进转化、咨询服务等作用，同时培育知识产权经纪人队伍，完善知识产权的技术支撑和服务体系。还要健全知识产品的营销网络，保证公民能够很便利地购买到知识产品，形成付费使用知识产品的良好意识。最后，要建立规范的知识产权市场监管机制，打击知识产权侵权行为和不正当竞争行为，尤其是打击对知识产权侵权产品的地方保护和部门保护，限制非市场的行政手段过多地干预知识产权市场的发展。同时，由于知识产权本身就是一种有期限的垄断权，权利人容易凭借其知识产权的优势地位限制竞争，损害社会公共利益。尤其是当前国际上一些发达国家实施国际知识产权霸权主义，对我国市场进行垄断和经济控制，阻碍了我国的知识产权市场和产业的健康发展。因此要采取各种措施防止知识产权的权利人利用知识产权垄断市场，要限制权利人的各种知识产权滥用行为，平衡好权利人的利益和社会公共利益，使竞争真正成为知识产权市场的活力之源，形成统一、开放、有序竞争的知识产权市场格局。

知识产权的产业化就是要使知识产权从创造、确权到转让、许可，再到转化、运用，形成一个完善的产业链，把知识产权转变为现实的生产力。知识产权产业化与知识产权市场化本质上是一个问题的两个方面，市场化为产业化提供平台，产业化带动市场化的进一步发展。当前我们对知识产权产业化的重要性认识不足，没有意识到知识产权创造、运用、保护、管理是一个有机整体，应该形成一个良性循环。创造并取得知识产权不是工作的结束，关键在于将众多束之高阁的知识产权运用和产业化，提高知识产权的实施率。加快知识产权的产业化发展，需要各级政府、各有关部门加大资金投入力度，建立知识产权实施专项资金，实行促进自主创新的政府采购制度，建

---

① 刘仁：《北京用市场手段解决正版问题》，载《中国知识产权报》，2013 年 10 月 11 日，第 11 版。

立知识产权转化的风险保障机制，支持自主知识产权成果的产业化。要加快支撑知识产权产业化的基础设施和平台的建设，以政策性融资和担保为导向拓宽知识产权产业化的资金供给渠道，同时也可以利用财政政策手段引导风险投资等社会资金流入，鼓励地方经济结合本地区的优势发展知识产权产业化。要大力发展以市场为导向、产学研相结合的技术创新体系，充分发挥企业的潜力，加快自主知识产权成果的产业化。

7.1.2　完善知识产权法律、政策和管理制度

公民知识产权法律意识除了受到社会存在的决定性影响和制约以外，与上层建筑中的其他因素的联系也是十分紧密的，如法律制度、政策等。这些因素共同构成培育公民知识产权法律意识的制度环境。这里的制度是从广义上理解的，是指人类相互交往的规则①，包括了法律制度、政策和管理制度等。根据当前我国公民知识产权法律意识培育的制度环境的状况，可从知识产权法律制度、知识产权相关政策和知识产权管理制度三方面优化培育的制度环境。

从培育公民知识产权法律意识的角度来看，我国知识产权法律制度还需要进一步完善。一是要加强知识产权新兴领域的立法工作，为公民形成全面的知识产权法律意识提供法制环境。我国虽然已经基本建立起知识产权法律体系，但在当前知识快速更新的环境下，知识产权立法已显得相对滞后。具体来说要加强数据库、域名、互联网商标权、生物多样性、遗传资源、非物质文化遗产、商业方法等领域的知识产权立法。二是知识产权法要解决在互联网条件下，由于网络传输的无国界性导致的知识产权侵权行为的认定和法院管辖权的确定等难题，保证知识产权侵权行为必能受到法律制裁，为公民树立知识产权法律意识提供保障环境。三是加强知识产权的反垄断立法，做好知识产权法与反垄断法的衔接工作，兼顾知识产权保护与防止知识产权滥用。由于知识产权法的私法属性，决定了其难以完全解决知识产权领域的社会公共利益问题，必须与具有公法性质的反垄断法结合起来治理知识产权垄断问题。四是健全知识产权法的配套法规，帮助公民树立知识产权法律意识。如产学研结合中的知识产权归属问题；又如我国现行刑法将侵犯知识产权的犯罪放在破坏社会主义市场经济秩序罪之中，而不是放在侵犯财产罪

---

① 柯武刚、史漫飞：《制度经济学：社会秩序与公共政策》，北京：商务印书馆，2000 年版，第 35 页。

中，这就使公民不易形成知识产品也是财产、知识产权也是财产权的意识，不利于公民树立起知识产权法律意识。

"政策是国家机关、政党及其他政治团体在特定时期为实现或服务于一定社会政治、经济、文化目标所采取的政治行为或规定的行为准则，它是一系列谋略、法令、措施、办法、方法、条例等的总称。"① 与知识产权法律制度相比，知识产权方面的政策更具有灵活性，数量更多，并且弥补了知识产权法律制度的不足之处。与知识产权相关的政策主要涉及科技政策、产业政策、文化教育政策、外贸政策等，要对其进行进一步的完善，通过政策引导公民树立知识产权法律意识。在科技政策方面，应采取措施鼓励公民的科技成果的产权化，并保证职务发明人可以参与利益分配，提高其知识创新的积极性。在产业政策方面，应加快保障知识产权产业化的政策体系建设，尤其要健全鼓励知识产权创造、转让和许可的财政、金融、税收等政策体系，以及支持知识产权抵押、质押等担保融资的金融体系。在文化教育政策方面，应采取措施鼓励公民多进行文化创新，推动文化产品的版权化和市场化。在外贸政策方面，应扶持具有自主知识产权、自主品牌的商品扩大出口，通过获取的高额利润使公民意识到知识产权的含金量，树立起知识产权法律意识。

企业、高校、科研院所等机构创造和使用着知识产权，也都进行知识产权管理工作，应完善其知识产权管理制度。当前许多企业的知识产权管理制度不健全或缺乏，企业员工的知识产权意识淡薄，导致企业自主创新能力不足。应加强企业知识产权管理制度建设，使知识产权管理制度在员工心目中与薪酬管理制度、生产管理制度、劳动合同制度等处于同样重要的地位，对有些企业来说甚至处于更重要的地位，为企业员工提高知识产权法律意识创造良好环境。当前高校和科研院所的知识产权管理制度和人才评价体系中体现出明显的重视科研论文、科研成果鉴定和成果奖励这种非知识产权激励方式，而轻视专利申请和成果转化，甚至将论文、评奖与科研人员的职称、工资、住房等待遇挂钩。这就使许多科研人员取得科研成果后不去申请专利，而急于将科研成果发表论文，进行成果鉴定。这样就会因为公开而丧失新颖性，最终无法通过专利申请的审核。试想在这样的环境下，科研人员能树立起知识产权法律意识吗？从知识产权管理制度设计上予以矫正，是改变这种

---

① 陈振明：《政策科学——公共政策分析导论》，北京：中国人民大学出版社，2003 年版，第 50 页。

不合理现状的一条重要思路。因此，要在制度中强调专利权和成果转化的重要性，加大专利在职称评定、计算工作量时的比例，使科研人员重视起知识产权来，帮助其树立知识产权法律意识。同时，还要整合高校和科研院所的相关部门，组成专门的知识产权管理部门，配备专职人员对知识产权进行管理；要建立和完善专利奖励制度，对科研人员予以奖励，激励科研人员申请专利以及争取获权的积极性；建立专利查新检索制度，使科研人员树立在研究选题前深入了解已有专利的意识，防止重复研究造成的人力、物力、财力的浪费；要完善专利申请制度，确保专利申请先于论文发表和成果鉴定，防止知识产权流失，以此来促进科研人员知识产权法律意识的形成和提高。

7.1.3 加强知识产权文化建设

文化环境是内外质态的统一，向内是特定的意义和精神质态，向外表现为由语言、习俗、文学、艺术等一定的载体所承载。[①] 文化环境渗透在公民知识产权法律意识的培育系统之中，并影响着培育工作。公民总是处在一定的社会文化背景之下，会接受所处的那个环境的文化，这就要求我们必须加强知识产权文化建设，以此来促进公民知识产权法律意识的形成。文化可以从广义、中义和狭义三个层次来理解，刘华等学者对此作了深入的分析和总结。他们认为，广义的文化观将文化定义为人类创造的物质财富和精神财富的总和，此时文化直接被看作"某一时期的某一特殊社会生活方式的整体称谓"。显然这种定义过于宽泛，不具有理论分析和具体实践的可操作性。中义的文化观认为文化是指人类在长期的历史实践过程中所创造的精神财富的总和，是指社会的意识形态，以及与之相适应的制度和组织机构。中义文化观"将文化的焦点集中在人类精神创造方面，将人类的思维和与这种思维相联系的制度、组织机构等融为一体"。但是，"文化本身就包括制度，再去探讨文化与制度的关系，即社会观念形态、社会制度和社会组织机构对社会制度的影响，这种选择可能会使分析的路径陷于混乱，无助于文化与制度关系问题的厘清"。狭义文化观认为文化就是指社会的意识形态或观念形态，文化本身是由某种知识、规范、行为准则、价值观等人们精神或观念中的存在所构成的。"狭义的文化观将文化的中心放置于人类的观念、意识层面，这种理解具有更广泛性的趋势"，如果考虑文化建设，更应该使用狭义这种严格意义的文化的理解。狭义的理解"与文化的固有内涵不相违背，而且正体

---

① 张耀灿等：《思想政治教育学前沿》，北京：人民出版社，2006 年版，第 394 页。

现了文化的创造性本质特征"。因此，知识产权文化是关于知识产权法律的传统或习惯性思想和行为，是有关知识产权的价值观念、法律意识、学术思想、心理结构、行为模式等要素的有机整体。[①] 世界知识产权组织在 2003 年 9 月通过的《经修订的 2004—2005 年计划和预算草案》中首次提出了"建立一种明达的知识产权文化"的思路，鼓励各个国家发展适合其需要的知识产权文化。

文化具有传承性，不能被割裂，这是由社会意识的相对独立性决定的。正如前文所述，我国传统文化中除具有积极因素外，还具有过度的知识共享观念、不全面的知识价值观等不利于知识产权文化建立的消极因素，也没有给知识产权法律意识的生存和发展留下足够的空间。但是，文化同时还具有发展性，并不是一成不变的，而是随着社会经济的发展而不断发展变化。因此，我们在继承传统文化的基础上，应该对其中的消极因素进行改造，实现传统文化的创造性转换，形成现代知识产权文化。我国 2008 年颁布的《国家知识产权战略纲要》将加强知识产权文化建设作为五大战略目标之一，并且明确提出建设尊重知识、崇尚创新、诚信守法的知识产权文化。

根据当前我国知识产权文化建设的状况，我们首先要采取各种途径和方式对全民进行知识产权文化的宣传和教育，通过校园知识产权文化、企业知识产权文化、社区知识产权文化、村镇知识产权文化、家庭知识产权文化等的建设，使传统文化中的消极因素转变为尊重知识、崇尚创新、诚信守法的现代知识产权文化。其次，要将知识产权文化建设与当前我国相关的战略规划一同推进。当前，我国部署了国家知识产权战略、创新型国家战略、文化大发展大繁荣战略等与知识产权文化密切相关的战略规划，各级地方政府也推出了相应地方发展战略，知识产权文化本身就是这些战略规划的重要内容。因此，应该以推动这些战略规划为契机，从战略的高度来建设知识产权文化。这样，就可以用知识产权文化推进这些战略规划的实施，同时用这些战略规划实施的成果丰富知识产权文化的内涵，使知识产权文化成为全体公民思维方式和评价体系形成的最佳外部环境，最大程度地推进知识产权文化建设。最后，知识产权文化建设应与公民知识产权法律意识培育工作结合起来进行。因为思想政治教育可以生成文化环境，具体来说思想政治教育主体

---

① 刘华、周洪涛：《论我国知识产权制度的困境与出路——基于知识产权文化视角的分析》，载《华中师范大学学报（人文社会科学版）》，2007 年第 1 期，第 29 - 30 页。

间的交往实践生成文化环境，并且思想政治教育创造文化环境。[①] 同样，公民知识产权法律意识的培育一方面受文化环境的影响，另一方面也可以生成知识产权文化环境。不应将知识产权文化建设与公民知识产权法律意识培育工作割裂开来，各自单独进行，而应融合、结合起来进行，相互促进，共同发展。总之，通过以上措施最终要在全社会形成一个现代知识产权文化环境，促进公民知识产权法律意识的培育。

7.1.4　规范知识产权执法与司法行为

公民知识产权法律意识的培育毕竟是一种法律意识的培育，需要在一个完善的执法与司法环境下进行。我国对知识产权保护的一大特色是行政保护和司法保护的双轨制保护模式，这样就相应地存在知识产权行政执法和司法行为。当前完善和优化公民知识产权法律意识培育的执法与司法环境，关键是规范知识产权执法与司法行为。首先，毋庸讳言，当前我国知识产权行政执法和司法过程中确实存在不完善甚至不合法之处，急需规范。如对于知识产权侵权行为，只是没收、查封、罚款了事，缺乏对当事人及周围公民从知识产权法律意识角度进行说明和宣传。更有甚者，在有些知识产权行政执法和司法过程中有法不依、执法不严，存在对侵权行为的地方保护和部门保护等不合法现象。其次，更为重要的是，知识产权行政执法和司法不仅仅是对知识产权的保护，还影响着公民知识产权法律意识的形成。凡是关注或者参与知识产权行政执法和司法活动的公民，总能获得有关知识产权法律规范的信息，进而在其直接往来的公民之间加以传播、体验，最终总会使人们形成一定的知识产权法律意识。培根认为："一次不公的司法裁判比多次不平的举动为祸尤烈。因为这些不平的举动不过弄脏了水流，而不公的裁判则把水源败坏了。"[②] 如果一些知识产权侵权行为没有得到严惩，权利人的利益得不到有效保护，不论是权利人、侵权人，还是社会公众，都不会树立起知识产权法律意识。可见，知识产权行政执法和司法行为在很大程度上影响了公民知识产权法律意识的形成，需要对其规范。

在规范知识产权行政执法行为之前，首先需要规范行政执法机关自身的知识产权行为。只有行政执法机关自身知识产权法律意识强，严格遵守相关

---

①　张耀灿等：《思想政治教育学前沿》，北京：人民出版社，2006 年版，第 442 - 447 页。

②　培根：《培根论说文集》（水天同译），北京：商务印书馆，1983 年版，第 193 页。

知识产权法，才有底气和实力去监管和教育他人，从而帮助公民形成知识产权法律意识。孔子认为："其身正，不令而行；其身不正，虽令不从"。① 如果行政执法机关自身的知识产权素养不够高、法律意识不够强，带头做出一些有违知识产权法的行为，那么必将失去公信力和权威，而且更会沉重打击普通公民的知识产权法律信仰，不利于其知识产权法律意识的形成。当前我国一些行政执法机关对自身约束不够强，甚至存在使用盗版软件等与知识产权法律要求不一致的情况。为此，2013 年 8 月 15 日，国务院办公厅印发了《政府机关使用正版软件管理办法》（以下简称《办法》）。该《办法》规定：各级政府机关的计算机办公设备及系统必须使用正版软件，禁止使用未经授权和未经软件产业主管部门登记备案的软件。各级政府机关工作人员不得随意在计算机办公设备及系统中安装或卸载软件。该《办法》明确了各级政府和机关的职责：国务院各部门、地方各级政府及其部门对本部门和本地区政府机关使用正版软件工作负总责，其主要负责人是使用正版软件工作的第一责任人；负责信息化工作的部门及其负责人具体负责本地区、本单位使用正版软件的推进工作。该《办法》还加强了软件采购环节的要求：各级政府机关采购软件应当严格遵守国家软件产品管理制度，采购软件产业主管部门登记备案的软件产品。各级政府机关应当规范政府采购软件行为，建立健全相关工作机制，准确核实拟采购软件的知识产权状况，防止侵权盗版软件产品进入政府采购渠道。各级政府机关购置计算机办公设备时，应当采购预装正版操作系统软件的计算机产品，对需要购置的办公软件和杀毒软件一并做出购置计划。该《办法》还规定了各机关单位在使用正版软件中的具体职责：著作权行政管理部门会同推进使用正版软件工作机制各成员单位负责政府机关使用正版软件情况，包括日常监管、督促检查及培训工作。工业和信息化部门负责软件产品质量管理工作，督促软件生产商和供应商提高软件产品质量、做好售后服务；会同著作权行政管理等部门做好新出厂计算机预装正版操作系统软件的管理工作。财政部门负责软件采购资金保障和使用的监督检查，指导软件集中采购工作，研究制定规范软件资产管理的指导意见和政府机关办公通用软件的配置标准等。审计部门负责对政府机关采购软件资金管理使用和软件资产管理情况进行审计监督，并将相关审计结果纳入审计报告。工商部门负责依法查处垄断和不正当竞争行为，维护软件市场公平竞争秩序。机关事务主管部门按照本级政府分工做好软件资产管理相关工作。该

① 出自《论语·子路》。

《办法》的印发体现出对政府机关使用正版软件的严格要求，规范了行政执法机关的知识产权行为，这将非常有利于维护行政执法机关的知识产权公信力和权威，从而促进公民知识产权法律意识的形成。

具体来说，规范知识产权行政执法行为，一是要建立知识产权行政执法协调机制。当前我国知识产权行政执法涉及多个部门，行政执法多头化，体系较为分散。知识产权局负责专利和集成电路布图设计领域的行政执法，工商局之下的商标局负责商标领域的行政执法，版权局负责著作权领域的行政执法，农业部门负责农业植物新品种领域的行政执法，林业部门负责林业植物新品种领域的行政执法，质量监督局负责地理标志领域的行政执法，海关负责进出境过程中的知识产权行政执法，等等。如果侵权产品是跨地区的，还要涉及各地区的各行政执法部门。这种多头管理缺乏协调，具体操作时往往会权责不明，难以形成合力，从而降低了知识产权行政执法的效率。而在香港特别行政区，知识产权行政执法只有海关和知识产权署两个部门。因此，要建立知识产权行政执法协调机制，加强各行政执法部门的协同配合，加强跨地区执法协作，必要时联合知识产权行业协会，有效遏制知识产权侵权行为，正向引导公民树立知识产权法律意识。二是要加强知识产权行政执法的规范化与程序化建设。当前我们在知识产权行政执法的有些方面缺乏法律法规进行规范，应当完善相关立法，用法律将知识产权行政执法的权限、程序、范围等确定下来。尤其是对跨地区、跨部门的知识产权侵权行为的查处，更需要通过立法使其规范化。同时，要制定完善、系统的知识产权行政执法的程序规范，使其程序化。三是要建立知识产权行政执法的长效机制。我们打击知识产权违法行为往往习惯于采取专项治理行动的方式，如近年来国家版权局联合相关部门对网络侵权和盗版光盘的专项治理行动、公安部门打击商标侵权犯罪的"山鹰"行动、公安机关为打击知识产权侵权行为而发起的"专案集群战役"等。当然，这些专项治理行动确实取得了阶段性成果，但毕竟只是短期的、不连续的行为，还不能从根本上解决当前较为严重的知识产权侵权问题。因此，各行政执法机关要建立长效的执法机制，为公民树立知识产权法律意识提供良好的环境。

规范知识产权司法行为，一是通过推进知识产权审判体制改革来进行。我国当前的审判体制是将知识产权民事、行政和刑事案件由不同审判庭来审理。由于审理知识产权案件需要知识产权专业知识，这种审判体制使得本来就奇缺的专业审判人员更加分散，使知识产权审判标准在实践中适用起来存在较大差异，容易导致同一案件的判决结果千差万别，影响了司法的公信力。再者，这种审判体制使得知识产权救济程序更为复杂，提高了维权成本，使一些权利人失去了维权的信心，也等于是降低了侵权成本，不利于公民知识产权法律意识的形成。因此，在全国各级法院设立统一的知识产权审判庭或者审理知识产权案件的合议庭，专门审理知识产权的民事、行政和刑事案件，就能更好地规范知识产权司法行为。二是通过加强知识产权审理的公开性和透明性来进行。要对一些有社会影响的知识产权案例，主动邀请普通公民、专家学者、人大代表、政协委员等旁听庭审，经得起群众监督，增进司法公开。对于一些不涉密的生效知识产权判决书要及时通过法院的网站公开，以此来接受监督、规范司法行为。三是通过提高知识产权司法人员的素质来进行。知识产权司法行为的规范与否，在很大程度上是由司法人员的素质决定的。针对目前知识产权专业审判力量不足、素质不高的现状，应选拔一些具有理工科专业背景，并且法律和外语基础较好的法官，进行重点培养。尽量让他们参与审理一些专业性较强的知识产权案件，使他们的知识产权素质尽快得以提升。同时应制订长期培训规划，加强对司法人员的知识产权专业知识和审判技能的培训，提高其素质，使其知识产权司法行为规范化。这样也就提高了知识产权司法的社会威望，从而促进公民知识产权法律意识的形成。

7.2 我国公民知识产权法律意识培育的保障体系建设

从系统的角度来看，公民知识产权法律意识的培育是一种整合家庭、学校、社会等各种培育资源而对公民产生整体性影响的活动，并非各种培育资源的简单相加。为了防止公民知识产权法律意识培育系统的诸多构成要素在运行中出现不协调、堕入畸形发展的情况，需要一个强有力的保障体系使培育工作有序化、可持续进行，从而保障培育目标得以实现、培育成效得以取得。根据我国公民知识产权法律意识培育的现状，当前重点要从组织保障、队伍保障、制度保障、物质保障这几方面展开保障体系建设。

7.2.1 健全知识产权法律意识培育的组织机构

公民知识产权法律意识培育虽然是在培育主体和培育客体之间进行的，但培育工作并不仅仅是培育主体和培育客体的事，特别是在我国推进为主型的模式下，组织机构是进行培育工作不可或缺的保障条件之一。组织保障是为了实现公民知识产权法律意识的培育目标，通过完善领导体制和工作机制，使培育工作达到目标明确、齐抓共管、协同配合、职责分明。但是，由于公民知识产权法律意识培育工作涉及的机构、部门众多，再加上我国地域广阔、经济教育发展不平衡，使得培育的组织机构还很不健全。目前还没有一个机构或部门能够完全整合各个部门的知识产权法治教育资源。因此，当前加强组织保障，主要是健全知识产权法律意识培育的组织机构。

经过 30 年的努力，我国建立起了知识产权保护体系，但对公民的知识产权法治教育才刚刚开始。知识产权法治教育是一项复杂的社会系统工程，需要从整体上进行系统规划。这就需要一个机构统一组织、规划和协调，来对全体公民进行系统教育，防止各自为政影响教育效果。考虑到我国当前的实际情况，可在各级人民代表大会下设置知识产权教育委员会，教育、文化、知识产权局、工商局、版权局、科技局、科学技术协会、司法、财政、大众传媒等相关机构负责人担任委员。知识产权教育委员会除推行知识产权知识的普及教育外，还应对知识产权法律意识培育进行统一组织、规划、协调、监督。这样，就可以把各自分散的培育机构凝聚起来，并且有了统一的领导体制和工作机制，有利于培育工作的开展。委员会要采取措施改变当前政府和社会对知识产权法治教育不够重视的状况，还要组织制定公民知识产权法律意识培育的目标，设计具体的培育内容，组织编写统一的培育教材和资料。当前，广东省知识产权局、佛山市南海区知识产权局和南海区教育局联合编写了《知识产权教育读本》，虽然这仅是几个部门的联合，还没有上一级机构的统一组织，但对委员会组织编写培育教材和开展工作提供了经验和借鉴。

健全知识产权法律意识培育的组织机构，还要重视基层组织机构的建设。当前，城市基层的法治教育和知识产权法律意识培育主要由街道办事处的宣传、司法部门及居民委员会的有关人员组织实施，农村基层主要由乡镇的宣传、司法部门及村民委员会的有关人员组织实施。但这些部门和人员仅是在日常工作之外兼顾法治教育和知识产权法律意识培育，不是专职机构和人员。这就使得基层知识产权法律意识培育工作缺乏组织保障，不能切实落实。因此，可在街道办事处和乡镇设置专门的法治教育部门，负责本辖区的法治教育和公民知识产权法律意识培育工作的组织规划，并指导、监督下属居民委员会和村民委员会的培育工作。在居民委员会和村民委员会里也应配备专职人员负责法治教育和公民知识产权法律意识培育工作，使组织机构建设落实到最基层。

7.2.2　加强知识产权法律意识的培育队伍建设

公民知识产权法律意识的培育必须要有一支适应培育需要、良好素质和较高水平的培育队伍，为培育工作提供队伍保障。培育人员既要懂知识产权法，又要具备一些自然科学和经济管理知识。由于我国开展知识产权教育起步较晚，目前大多中小学还没有专职的知识产权法治教育师资，大学知识产权法治教育师资数量不足，社会培育人员更是严重缺乏。因此，不论从数量上还是从知识结构上看，从事知识产权法律意识培育的队伍都明显不能满足现实需要，必须加强培育队伍的建设。

首先，大学既面临自身知识产权法律意识培育队伍的建设，又有为中小学和社会输送合格培育人员的任务。一是要加快大学知识产权专业人才的培养，为培养合格的培育人员奠定基础。有条件的大学应设立知识产权专业，加快知识产权硕士点、博士点的建设工作，培养更多的知识产权专业人才。应加强大学师范类专业学生的知识产权内容的培养，使其以后能将知识产权法律意识的培育融入课堂教学之中。二是要选择有培养前途的知识产权教师出国深造或攻读知识产权学位，学习国外先进的知识和教学经验，提高教师的业务水平。也可引进优秀的知识产权出国留学人员为知识产权法治教育服务。三是要加强对知识产权专业人才的法治教育培训，使其尽快从知识产权人才转变为知识产权法治教育人才。

其次，要加强培育人员的在职培训。具体可通过职业继续教育的方式使培育人员更新知识产权知识，提高培育水平，推动培育事业的长远发展。也可由知识产权教育委员会牵头设置专门的培训中心，并拨专项经费，有计划、有步骤地开展培训工作。这一点对于中小学培育人员和社会培育人员尤为重要，因为他们所处的环境缺乏提高自身业务水平的机会。对于家庭培育的主体家长，可以通过创建家长学校，采取集中培训的方式，提高家长的培育水平。

再次，要发掘兼职培育人员的潜力。公民知识产权法律意识的专职培育人员是培育的支柱，但也不能忽视兼职培育人员，他们的工作是培育工作的重要组成部分。尤其在我国当前培育人员非常缺乏的情况下，兼职培育人员更显得重要。可以聘请有一定理论水平和丰富实践经验的知识产权行政管理和行政执法人员、法官、律师、知识产权代理人和著名企业的知识产权管理人员加入培育队伍，到学校、社区、企事业单位、科技馆等场所开展培育工作。此外，还可吸引利益相关者加入培育队伍。作家、出版社、发明家、科技型企业、拥有驰名商标的企业等，他们一方面经常与知识产品打交道，具有一定的知识产权知识和意识；另一方面深受知识产权侵权的危害，有培育公民知识产权法律意识的动力，是培育工作的利益相关者。因此，可邀请他们加入到培育工作中来，并提供培育平台，给予扶持。

最后，要采取各种措施稳定培育队伍。要解决好培育人员的待遇、专业职务等问题，消除其后顾之忧。加大对培育人员的宣传和奖励力度，使他们的工作得到全社会的尊重，增强他们的事业心和使命感，吸引更多的新生力量加入。

7.2.3　完善知识产权法律意识的培育制度

公民知识产权法律意识的培育是科学的，是有规律可循的，因而应该有一套规范的培育制度。培育制度是公民知识产权法律意识培育的规则和程序，培育制度保证了培育工作持续、健康、有序地进行，使培育措施落到实处。制度保证了行为的确定性、稳定性和长期性，没有制度和规则的约束，行为就会随意，这是显而易见的。通过制定各项培育制度，明确了公民知识产权法律意识培育的工作职责，规范了培育行为，并形成了高效率的工作机制，从而保证了培育工作的有序运行。

当前我们的公民知识产权法律意识的培育制度还很不完善，有些方面甚至是缺失的。而公民知识产权法律意识的培育具有长期性，甚至需要三五代人的努力，临时性的措施是不能从根本上解决问题的。但由于培育制度的不完善，许多社会培育往往表现为突击式、运动式的急功近利的方式，随意性较大，并且持续性较差。如在每年的"知识产权日"，知识产权局、工商局、科技局等机构都下到社区、街道进行知识产权宣传教育，大众传媒也通过其平台集中宣传知识产权。但等"知识产权日"过去了这样的教育活动也就终止了，缺乏长效机制。这种培育活动虽然对公民知识产权法律意识的形成有所帮助，但公民得不到持续和系统的教育，其知识产权法律意识就很难有根本性提高。学校培育的制度也存在不完善之处，当师资紧张时就会压缩知识产权选修课的班级，对课程的考核也较随意。因此，要完善知识产权法律意识的培育制度，按规章制度进行培育，使培育工作程序化、规范化、科学化。

完善知识产权法律意识的培育制度，一是要完善培育责任制，使各项培育工作都有人负责并落到实处。尤其要明确领导干部的责任，使他们重视起知识产权法律意识的培育工作，保证培育工作的顺利开展。二是要完善培育的运行制度。公民知识产权法律意识培育涉及社会的众多领域和组织，头绪多，情况复杂；同时培育工作本身也涉及具体培育目标和内容的确定、培育渠道的拓展、培育方法的选择等许多方面。因而要对整个培育工作统筹安排，建立完善的运行制度。三是完善培育的考核、评估制度。要将公民知识产权法律意识培育工作纳入各级地方政府、企事业单位的绩效考核中去。同时也要列入学校的教学计划和教学大纲，成为学校的"硬任务"，使学生从小学到大学都能够接受到系统的知识产权法律意识培育。公民的知识产权法律意识虽然较为抽象，但有实在的外在表现，因此要设计一套完善的指标体系来评估培育工作的实效。四是完善培育的监督、奖惩制度。人们总以为公民的知识产权法律意识偏软一些，不好衡量，培育工作干好干坏一个样，容易走形式。因此除了纠正这种错误观念外，完善监督制度就显得极为重要。当然，培育工作还需要通过完善的奖惩制度从正向和反向进行激励。五是要克服培育制度建设中的不平衡性，完善针对流动人口、中小城市和农村的培育制度，消除公民知识产权法律意识培育的盲点和盲区。

7.2.4　保证知识产权法律意识的培育经费

公民知识产权法律意识的培育工作要正常开展，必须有一定的经费投入，改善工作条件，为培育工作提供物质保障。在社会主义市场经济条件下开展培育工作，更是要加强物质保障。进行公民知识产权法律意识的培育，需要知识产权法律意识的理论教育经费、调研和教育理论研究的经费、开展宣传教育活动的经费，需要培育人员的培训费、表彰奖励费，还需要培育部门、培育设施和设备、培育平台、活动场所、培育基地等方面的建设费。但目前我国知识产权法治教育过程中，这些经费都投入不足，西部地区更显得不足。学校的教育经费主要投向知识教育，知识产权法治教育的经费一再被挤压。各种社会培育由于经费不足，经常时断时续，甚至陷入停顿状态。有了经费投入，才能支撑公民知识产权法律意识培育工作的长远发展，因此要采取各种措施保证培育经费。

保证知识产权法律意识的培育经费，首先，要确定培育经费的最低标准，把培育经费纳入财政预算，作为财政支出的重点领域予以优先保障，并随经济发展适时增加。各部门、各单位也要安排知识产权法律意识的专项培育经费，并确保培育经费专款专用，使培育工作顺利进行。其次，除政府投入外，要建立多渠道筹集培育经费体制。社会投入是培育经费的一个重要来源，要广泛利用社会资源，吸收社会捐款，建立培育基金，多渠道、多形式增加培育经费的投入。再次，要有重点地保证知识产权法律意识的培育经费。相比较于企事业单位、行政机关，知识产权的社会团体和行业协会、科技馆和博物馆等社会文化设施、基层社区更欠缺培育经费。应当重点保证和落实他们的培育经费，从而培植和壮大公民知识产权法律意识的培育力量。最后，要加强培育经费的管理，节约培育经费。要保证培育经费用在编写和出版培育教材、开展理论教育、建设案例库和信息资源库、社会调研、培训和奖励培育人员、建设培育基地和培育设施等方面，防止培育经费的浪费和挪用。此外，还可采取措施实现各地区、各部门培育资源的共享，提高培育资源的开发利用率，减少培育经费的重复投入。尤其在当前网络环境下进行公民知识产权法律意识的培育工作，许多培育用的电子资源可以方便地实现资源共享。已经建成的培育基地和培育设施、设备也可在同一区域内的不同培育部门之间进行共享使用，或向社会开放使用，保证充分利用，以此来减轻培育经费投入方面的负担。

附　　录

附录 1　国家知识产权战略纲要
国发〔2008〕18 号

为提升我国知识产权创造、运用、保护和管理能力，建设创新型国家，实现全面建设小康社会目标，制定本纲要。

一、序言

（1）改革开放以来，我国经济社会持续快速发展，科学技术和文化创作取得长足进步，创新能力不断提升，知识在经济社会发展中的作用越来越突出。我国正站在新的历史起点上，大力开发和利用知识资源，对于转变经济发展方式，缓解资源环境约束，提升国家核心竞争力，满足人民群众日益增长的物质文化生活需要，具有重大战略意义。

（2）知识产权制度是开发和利用知识资源的基本制度。知识产权制度通过合理确定人们对于知识及其他信息的权利，调整人们在创造、运用知识和信息过程中产生的利益关系，激励创新，推动经济发展和社会进步。当今世界，随着知识经济和经济全球化深入发展，知识产权日益成为国家发展的战略性资源和国际竞争力的核心要素，成为建设创新型国家的重要支撑和掌握发展主动权的关键。国际社会更加重视知识产权，更加重视鼓励创新。发达国家以创新为主要动力推动经济发展，充分利用知识产权制度维护其竞争优势；发展中国家积极采取适应国情的知识产权政策措施，促进自身发展。

（3）经过多年发展，我国知识产权法律法规体系逐步健全，执法水平不断提高；知识产权拥有量快速增长，效益日益显现；市场主体运用知识产权能力逐步提高；知识产权领域的国际交往日益增多，国际影响力逐渐增强。知识产权制度的建立和实施，规范了市场秩序，激励了发明创造和文化创作，促进了对外开放和知识资源的引进，对经济社会发展发挥了重要作用。但是，从总体上看，我国知识产权制度仍不完善，自主知识产权水平和拥有量尚不能满足经济社会发展需要，社会公众知识产权意识仍较薄弱，市场主体运用知识产权能力不强，侵犯知识产权现象还比较突出，知识产权滥用行为时有发生，知识产权服务支撑体系和人才队伍建设滞后，知识产权制度对经济社会发展的促进作用尚未得到充分发挥。

（4）实施国家知识产权战略，大力提升知识产权创造、运用、保护和管理能力，有利于增强我国自主创新能力，建设创新型国家；有利于完善社会主义市场经济体制，规范市场秩序和建立诚信社会；有利于增强我国企业市场竞争力和提高国家核心竞争力；有利于扩大对外开放，实现互利共赢。必须把知识产权战略作为国家重要战略，切实加强知识产权工作。

二、指导思想和战略目标

1. 指导思想。

（5）实施国家知识产权战略，要坚持以邓小平理论和"三个代表"重要思想为指导，深入贯彻落实科学发展观，按照激励创造、有效运用、依法保护、科学管理的方针，着力完善知识产权制度，积极营造良好的知识产权法治环境、市场环境、文化环境，大幅度提升我国知识产权创造、运用、保护和管理能力，为建设创新型国家和全面建设小康社会提供强有力支撑。

2. 战略目标。

（6）到 2020 年，把我国建设成为知识产权创造、运用、保护和管理水平较高的国家。知识产权法治环境进一步完善，市场主体创造、运用、保护和管理知识产权的能力显著增强，知识产权意识深入人心，自主知识产权的水平和拥有量能够有效支撑创新型国家建设，知识产权制度对经济发展、文化繁荣和社会建设的促进作用充分显现。

（7）近五年的目标：

——自主知识产权水平大幅度提高，拥有量进一步增加。本国申请人发明专利年度授权量进入世界前列，对外专利申请大幅度增加。培育一批国际知名品牌。核心版权产业产值占国内生产总值的比重明显提高。拥有一批优良植物新品种和高水平集成电路布图设计。商业秘密、地理标志、遗传资源、传统知识和民间文艺等得到有效保护与合理利用。

——运用知识产权的效果明显增强，知识产权密集型商品比重显著提高。企业知识产权管理制度进一步健全，对知识产权领域的投入大幅度增加，运用知识产权参与市场竞争的能力明显提升。形成一批拥有知名品牌和核心知识产权，熟练运用知识产权制度的优势企业。

——知识产权保护状况明显改善。盗版、假冒等侵权行为显著减少，维权成本明显下降，滥用知识产权现象得到有效遏制。

——全社会特别是市场主体的知识产权意识普遍提高，知识产权文化氛围初步形成。

三、战略重点

1. 完善知识产权制度。

（8）进一步完善知识产权法律法规。及时修订专利法、商标法、著作权法等知识产权专门法律及有关法规。适时做好遗传资源、传统知识、民间文艺和地理标志等方面的立法工作。加强知识产权立法的衔接配套，增强法律法规可操作性。完善反不正当竞争、对外贸易、科技、国防等方面法律法规中有关知识产权的规定。

（9）健全知识产权执法和管理体制。加强司法保护体系和行政执法体系建设，发挥司法保护知识产权的主导作用，提高执法效率和水平，强化公共服务。深化知识产权行政管理体制改革，形成权责一致、分工合理、决策科学、执行顺畅、监督有力的知识产权行政管理体制。

（10）强化知识产权在经济、文化和社会政策中的导向作用。加强产业政策、区域政策、科技政策、贸易政策与知识产权政策的衔接。制定适合相关产业发展的知识产权政策，促进产业结构的调整与优化；针对不同地区发展特点，完善知识产权扶持政策，培育地区特色经济，促进区域经济协调发展；建立重大科技项目的知识产权工作机制，以知识产权的获取和保护为重点开展全程跟踪服务；健全与对外贸易有关的知识产权政策，建立和完善对外贸易领域知识产权管理体制、预警应急机制、海外维权机制和争端解决机制；加强文化、教育、科研、卫生等政策与知识产权政策的协调衔接，保障公众在文化、教育、科研、卫生等活动中依法合理使用创新成果和信息的权利，促进创新成果合理分享；保障国家应对公共危机的能力。

2. 促进知识产权创造和运用。

（11）运用财政、金融、投资、政府采购政策和产业、能源、环境保护政策，引导和支持市场主体创造和运用知识产权。强化科技创新活动中的知识产权政策导向作用，坚持技术创新以能够合法产业化为基本前提，以获得知识产权为追求目标，以形成技术标准为努力方向。完善国家资助开发的科研成果权利归属和利益分享机制。将知识产权指标纳入科技计划实施评价体系和国有企业绩效考核体系。逐步提高知识产权密集型商品出口比例，促进贸易增长方式的根本转变和贸易结构的优化升级。

（12）推动企业成为知识产权创造和运用的主体。促进自主创新成果的知识产权化、商品化、产业化，引导企业采取知识产权转让、许可、质押等方式实现知识产权的市场价值。充分发挥高等学校、科研院所在知识产权创造中的重要作用。选择若干重点技术领域，形成一批核心自主知识产权和技术标准。鼓励群众性发明创造和文化创新。促进优秀文化产品的创作。

3. 加强知识产权保护。

（13）修订惩处侵犯知识产权行为的法律法规，加大司法惩处力度。提高权利人自我维权的意识和能力。降低维权成本，提高侵权代价，有效遏制侵权行为。

4. 防止知识产权滥用。

（14）制定相关法律法规，合理界定知识产权的界限，防止知识产权滥用，维护公平竞争的市场秩序和公众合法权益。

5. 培育知识产权文化。

（15）加强知识产权宣传，提高全社会知识产权意识。广泛开展知识产权普及型教育。在精神文明创建活动和国家普法教育中增加有关知识产权的内容。在全社会弘扬以创新为荣、剽窃为耻，以诚实守信为荣、假冒欺骗为耻的道德观念，形成尊重知识、崇尚创新、诚信守法的知识产权文化。

四、专项任务

1. 专利。

（16）以国家战略需求为导向，在生物和医药、信息、新材料、先进制造、先进能源、海洋、资源环境、现代农业、现代交通、航空航天等技术领域超前部署，掌握一批核心技术的专利，支撑我国高技术产业与新兴产业发展。

（17）制定和完善与标准有关的政策，规范将专利纳入标准的行为。支持企业、行业组织积极参与国际标准的制定。

（18）完善职务发明制度，建立既有利于激发职务发明人创新积极性，又有利于促进专利技术实施的利益分配机制。

（19）按照授予专利权的条件，完善专利审查程序，提高审查质量。防止非正常专利申请。

（20）正确处理专利保护和公共利益的关系。在依法保护专利权的同时，完善强制许可制度，发挥例外制度作用，研究制定合理的相关政策，保证在发生公共危机时，公众能够及时、充分获得必需的产品和服务。

2. 商标。

（21）切实保护商标权人和消费者的合法权益。加强执法能力建设，严厉打击假冒等侵权行为，维护公平竞争的市场秩序。

（22）支持企业实施商标战略，在经济活动中使用自主商标。引导企业丰富商标内涵，增加商标附加值，提高商标知名度，形成驰名商标。鼓励企业进行国际商标注册，维护商标权益，参与国际竞争。

（23）充分发挥商标在农业产业化中的作用。积极推动市场主体注册和使用商标，促进农产品质量提高，保证食品安全，提高农产品附加值，增强市场竞争力。

（24）加强商标管理。提高商标审查效率，缩短审查周期，保证审查质量。尊重市场规律，切实解决驰名商标、著名商标、知名商品、名牌产品、优秀品牌的认定等问题。

3. 版权。

（25）扶持新闻出版、广播影视、文学艺术、文化娱乐、广告设计、工艺美术、计算机软件、信息网络等版权相关产业发展，支持具有鲜明民族特色、时代特点作品的创作，扶持难以参与市场竞争的优秀文化作品的创作。

（26）完善制度，促进版权市场化。进一步完善版权质押、作品登记和转让合同备案等制度，拓展版权利用方式，降低版权交易成本和风险。充分发挥版权集体管理组织、行业协会、代理机构等中介组织在版权市场化中的作用。

（27）依法处置盗版行为，加大盗版行为处罚力度。重点打击大规模制售、传播盗版产品的行为，遏制盗版现象。

（28）有效应对互联网等新技术发展对版权保护的挑战。妥善处理保护版权与保障信息传播的关系，既要依法保护版权，又要促进信息传播。

4. 商业秘密。

（29）引导市场主体依法建立商业秘密管理制度。依法打击窃取他人商业秘密的行为。妥善处理保护商业秘密与自由择业、涉密者竞业限制与人才合理流动的关系，维护职工合法权益。

5. 植物新品种。

（30）建立激励机制，扶持新品种培育，推动育种创新成果转化为植物新品种权。支持形成一批拥有植物新品种权的种苗单位。建立健全植物新品种保护的技术支撑体系，加快制订植物新品种测试指南，提高审查测试水平。

（31）合理调节资源提供者、育种者、生产者和经营者之间的利益关系，注重对农民合法权益的保护。提高种苗单位及农民的植物新品种权保护意识，使品种权人、品种生产经销单位和使用新品种的农民共同受益。

6. 特定领域知识产权。

（32）完善地理标志保护制度。建立健全地理标志的技术标准体系、质量保证体系与检测体系。普查地理标志资源，扶持地理标志产品，促进具有地方特色的自然、人文资源优势转化为现实生产力。

（33）完善遗传资源保护、开发和利用制度，防止遗传资源流失和无序利用。协调遗传资源保护、开发和利用的利益关系，构建合理的遗传资源获取与利益分享机制。保障遗传资源提供者知情同意权。

（34）建立健全传统知识保护制度。扶持传统知识的整理和传承，促进传统知识发展。完善传统医药知识产权管理、保护和利用协调机制，加强对传统工艺的保护、开发和利用。

（35）加强民间文艺保护，促进民间文艺发展。深入发掘民间文艺作品，建立民间文艺保存人与后续创作人之间合理分享利益的机制，维护相关个人、群体的合法权益。

（36）加强集成电路布图设计专有权的有效利用，促进集成电路产业发展。

7. 国防知识产权。

（37）建立国防知识产权的统一协调管理机制，着力解决权利归属与利益分配、有偿使用、激励机制以及紧急状态下技术有效实施等重大问题。

（38）加强国防知识产权管理。将知识产权管理纳入国防科研、生产、经营及装备采购、保障和项目管理各环节，增强对重大国防知识产权的掌控能力。发布关键技术指南，在武器装备关键技术和军民结合高新技术领域形成一批自主知识产权。建立国防知识产权安全预警机制，对军事技术合作和军品贸易中的国防知识产权进行特别审查。

（39）促进国防知识产权有效运用。完善国防知识产权保密解密制度，在确保国家安全和国防利益基础上，促进国防知识产权向民用领域转移。鼓励民用领域知识产权在国防领域运用。

五、战略措施

1. 提升知识产权创造能力。

（40）建立以企业为主体、市场为导向、产学研相结合的自主知识产权创造体系。引导企业在研究开发立项及开展经营活动前进行知识产权信息检索。支持企业通过原始创新、集成创新和引进消化吸收再创新，形成自主知识产权，提高把创新成果转变为知识产权的能力。支持企业等市场主体在境外取得知识产权。引导企业改进竞争模式，加强技术创新，提高产品质量和服务质量，支持企业打造知名品牌。

2. 鼓励知识产权转化运用。

（41）引导支持创新要素向企业集聚，促进高等学校、科研院所的创新成果向企业转移，推动企业知识产权的应用和产业化，缩短产业化周期。深入开展各类知识产权试点、示范工作，全面提升知识产权运用能力和应对知识产权竞争的能力。

（42）鼓励和支持市场主体健全技术资料与商业秘密管理制度，建立知识产权价值评估、统计和财务核算制度，制定知识产权信息检索和重大事项预警等制度，完善对外合作知识产权管理制度。

（43）鼓励市场主体依法应对涉及知识产权的侵权行为和法律诉讼，提高应对知识产权纠纷的能力。

3. 加快知识产权法制建设。

（44）建立适应知识产权特点的立法机制，提高立法质量，加快立法进程。加强知识产权立法前瞻性研究，做好立法后评估工作。增强立法透明度，拓宽企业、行业协会和社会公众参与立法的渠道。加强知识产权法律修改和立法解释，及时有效回应知识产权新问题。研究制定知识产权基础性法律的必要性和可行性。

4. 提高知识产权执法水平。

（45）完善知识产权审判体制，优化审判资源配置，简化救济程序。研究设置统一受理知识产权民事、行政和刑事案件的专门知识产权法庭。研究适当集中专利等技术性较强案件的审理管辖权问题，探索建立知识产权上诉法院。进一步健全知识产权审判机构，充实知识产权司法队伍，提高审判和执行能力。

（46）加强知识产权司法解释工作。针对知识产权案件专业性强等特点，建立和完善司法鉴定、专家证人、技术调查等诉讼制度，完善知识产权诉前临时措施制度。改革专利和商标确权、授权程序，研究专利无效审理和商标评审机构向准司法机构转变的问题。

（47）提高知识产权执法队伍素质，合理配置执法资源，提高执法效率。针对反复侵权、群体性侵权以及大规模假冒、盗版等行为，有计划、有重点地开展知识产权保护专项行动。加大行政执法机关向刑事司法机关移送知识产权刑事案件和刑事司法机关受理知识产权刑事案件的力度。

（48）加大海关执法力度，加强知识产权边境保护，维护良好的进出口秩序，提高我国出口商品的声誉。充分利用海关执法国际合作机制，打击跨境知识产权违法犯罪行为，发挥海关在国际知识产权保护事务中的影响力。

5. 加强知识产权行政管理。

（49）制定并实施地区和行业知识产权战略。建立健全重大经济活动知识产权审议制度。扶持符合经济社会发展需要的自主知识产权创造与产业化项目。

（50）充实知识产权管理队伍，加强业务培训，提高人员素质。根据经济社会发展需要，县级以上人民政府可设立相应的知识产权管理机构。

（51）完善知识产权审查及登记制度，加强能力建设，优化程序，提高效率，降低行政成本，提高知识产权公共服务水平。

（52）构建国家基础知识产权信息公共服务平台。建设高质量的专利、商标、版权、集成电路布图设计、植物新品种、地理标志等知识产权基础信息库，加快开发适合我国检索方式与习惯的通用检索系统。健全植物新品种保护测试机构和保藏机构。建立国防知识产权信息平台。指导和鼓励各地区、各有关行业建设符合自身需要的知识产权信息库。促进知识产权系统集成、资源整合和信息共享。

（53）建立知识产权预警应急机制。发布重点领域的知识产权发展态势报告，对可能发生的涉及面广、影响大的知识产权纠纷、争端和突发事件，制订预案，妥善应对，控制和减轻损害。

6. 发展知识产权中介服务。

（54）完善知识产权中介服务管理，加强行业自律，建立诚信信息管理、信用评价和失信惩戒等诚信管理制度。规范知识产权评估工作，提高评估公信度。

（55）建立知识产权中介服务执业培训制度，加强中介服务职业培训，规范执业资质管理。明确知识产权代理人等中介服务人员执业范围，研究建立相关律师代理制度。完善国防知识产权中介服务体系。大力提升中介组织涉外知识产权申请和纠纷处置服务能力及国际知识产权事务参与能力。

（56）充分发挥行业协会的作用，支持行业协会开展知识产权工作，促进知识产权信息交流，组织共同维权。加强政府对行业协会知识产权工作的监督指导。

（57）充分发挥技术市场的作用，构建信息充分、交易活跃、秩序良好的知识产权交易体系。简化交易程序，降低交易成本，提供优质服务。

（58）培育和发展市场化知识产权信息服务，满足不同层次知识产权信息需求。鼓励社会资金投资知识产权信息化建设，鼓励企业参与增值性知识产权信息开发利用。

7. 加强知识产权人才队伍建设。

（59）建立部门协调机制，统筹规划知识产权人才队伍建设。加快建设国家和省级知识产权人才库和专业人才信息网络平台。

（60）建设若干国家知识产权人才培养基地。加快建设高水平的知识产权师资队伍。设立知识产权二级学科，支持有条件的高等学校设立知识产权硕士、博士学位授予点。大规模培养各级各类知识产权专业人才，重点培养企业急需的知识产权管理和中介服务人才。

（61）制订培训规划，广泛开展对党政领导干部、公务员、企事业单位管理人员、专业技术人员、文学艺术创作人员、教师等的知识产权培训。

（62）完善吸引、使用和管理知识产权专业人才相关制度，优化人才结构，促进人才合理流动。结合公务员法的实施，完善知识产权管理部门公务员管理制度。按照国家职称制度改革总体要求，建立和完善知识产权人才的专业技术评价体系。

8. 推进知识产权文化建设。

（63）建立政府主导、新闻媒体支撑、社会公众广泛参与的知识产权宣传工作体系。完善协调机制，制定相关政策和工作计划，推动知识产权的宣传普及和知识产权文化建设。

（64）在高等学校开设知识产权相关课程，将知识产权教育纳入高校学生素质教育体系。制订并实施全国中小学知识产权普及教育计划，将知识产权内容纳入中小学教育课程体系。

9. 扩大知识产权对外交流合作。

（65）加强知识产权领域的对外交流合作。建立和完善知识产权对外信息沟通交流机制。加强国际和区域知识产权信息资源及基础设施建设与利用的交流合作。鼓励开展知识产权人才培养的对外合作。引导公派留学生、鼓励自费留学生选修知识产权专业。支持引进或聘用海外知识产权高层次人才。积极参与国际知识产权秩序的构建，有效参与国际组织有关议程。

附录2 全国知识产权教育培训指导纲要
国家知识产权局

各省、自治区、直辖市及计划单列市、副省级城市、新疆生产建设兵团知识产权局，局机关各部门，专利局各部门，局直属各单位、各社会团体：

为贯彻落实《知识产权人才"十一五"规划》，推动知识产权教育培训工作在全社会深入广泛开展，加强知识产权人才队伍建设，增强全社会的知识产权意识，现印发《全国知识产权教育培训指导纲要》，请结合实际，参照施行。

特此通知。

二〇〇七年四月九日

在经济全球化趋势深入发展、科技进步突飞猛进、国际竞争更加激烈的形势下，知识产权制度作为鼓励和保护创新、促进经济社会发展的基本法律制度，在增强我国自主创新能力、建设创新型国家、提高国家核心竞争力中的地位越来越重要，作用越来越突出。全面加强知识产权制度建设，制定和实施国家知识产权战略，大力提高知识产权创造、管理、保护和运用的能力，需要进一步加大知识产权教育培训工作的力度，加强知识产权人才培养和队伍建设，增强全社会的知识产权意识。为适应在全社会深入广泛开展知识产权教育培训的需要，根据《知识产权人才"十一五"规划》，制定《全国知识产权教育培训指导纲要》（以下简称《指导纲要》）。

一、指导方针

面向社会开展知识产权教育培训，要坚持以下指导方针：

（1）全面落实科学发展观，围绕全面建设小康社会、建设创新型国家、制定和实施国家知识产权战略的重大工作任务，着眼于国家经济科技和社会发展及知识产权事业发展的需要，进一步深入广泛地开展知识产权教育培训，积极宣传普及知识产权知识，大力增强全社会的知识产权意识，提高企事业单位运用知识产权制度的能力和水平，形成有利于推动自主创新和拥有自主知识产权的创新文化。

（2）充分动员和利用社会多种教育培训资源，发挥各方面积极性，建立政府部门和社会组织共同推动、良性发展的知识产权教育培训工作格局，形成自下而上、分层次、多渠道的社会知识产权教育培训工作体系，综合运用社会宣传、专题培训、学校教育等形式，推动知识产权教育培训工作不断向深度和广度发展。

（3）加强在社会范围开展知识产权教育培训工作的宏观指导和统筹协调，加大对知识产权教育培训的投入，强化师资队伍建设、教材建设和教育培训基地建设；紧跟形势发展的需要，不断创新教育培训方式方法，增强教育培训的针对性，提高教育培训的质量，加强知识产权教育培训的国际交流与合作。

二、工作目标

通过实施《指导纲要》，加强对社会知识产权教育培训工作的指导，促进知识产权教育培训工作的科学化、制度化和规范化，为在全社会普及知识产权知识、开展知识产权教育培训提供支持和服务，促进社会知识产权教育培训工作的发展。

三、培训对象和内容

根据面向不同领域、不同层次人员开展知识产权教育培训的需求，主要针对以下六类培训对象，确定教育培训内容。

（一）知识产权行政管理部门

1. 知识产权行政管理部门领导干部、管理人员和行政执法人员的知识产权业务培训，分为基础培训和提高培训两个层次。

（1）基础培训。

主要内容包括了解知识产权制度的历史沿革与发展趋势；学习和掌握知识产权的基本概念，我国专利法、商标法、著作权法等主要知识产权法律法规的基本内容及相关法律法规；把握知识产权工作面临的国际国内形势和任务；了解我国知识产权工作体系建设、知识产权行政管理及行政执法的职责要求、工作任务、政策规章等。

培训目标是，通过基础培训，使培训对象了解知识产权制度在经济社会发展中的重要作用，全面掌握知识产权的基本概念及法律知识，具备从事知识产权行政管理和行政执法工作的基本素质和能力。

新进入知识产权行政管理部门的业务人员都应接受基础培训，培训课程应不少于 24 学时。

（2）提高培训。

主要内容包括全面深刻把握国际国内知识产权制度的发展趋势和热点问题，掌握国家知识产权战略的基本内容和要求，学习和掌握主要知识产权国际公约的相关内容，深入了解与知识产权相关的国内其他法律法规知识，了解我国知识产权申请、审批、利用等相关实务知识。

培训目标是，通过提高培训，使培训对象在接受基础培训的基础上，全面了解国家知识产权战略的总体构想和主要内容，进一步扩展知识产权知识，加深对知识产权制度的理解和认识，提高知识产权行政管理和公共服务的能力和水平。

知识产权行政管理部门的业务人员应定期参加提高培训，培训课程应不少于 24 学时。

2. 知识产权行政管理部门领导干部、管理人员、执法人员可以根据岗位职责和工作需要，在培训中增加其他内容。

(1) 领导干部增加的主要培训内容包括了解世界知识产权组织和世界贸易组织等主要国际组织的基本情况及知识产权国际规则，世界主要发达国家知识产权制度及知识产权战略的主要内容；掌握企业知识产权制度运用与战略制定的基本要求。

(2) 管理人员增加的主要培训内容包括专利文献与信息利用等知识产权实务知识与知识产权信息检索技能等。

(3) 行政执法人员增加的主要培训内容包括专利申请的复审与专利权无效宣告请求的程序、审查原则及法律规定，商标撤销和商标注册无效的理由、程序和效力，知识产权法律诉讼程序及典型案例研讨等内容。

3. 基础培训以脱产授课为主，并利用中国知识产权远程教育平台开展远程培训。提高培训除脱产培训外，还可运用专题研讨、实地考察和境外培训等方式进行。

(二) 企事业单位

企业、科研机构、高等学校等单位的负责人，知识产权管理人员、科技研发人员的培训，根据实际需要，分为基础培训和实务培训两个方面。

1. 基础培训。

主要内容包括学习掌握知识产权制度的基本概念及法律法规基本知识，了解国际国内知识产权工作的形势，把握国家知识产权战略、企业知识产权战略的基本内容，了解掌握专利文献与信息利用的实务和技能等。

培训目标是，通过基础培训，使培训对象建立和增强知识产权意识，了解知识产权制度对提高企业自主创新和市场竞争力的作用，提高运用知识产权制度的水平和能力。

培训课程应不少于 24 学时。

2. 实务培训。

主要内容包括了解把握世界知识产权制度发展与变革的趋势，掌握国家知识产权战略的指导思想和目标任务；学习掌握知识产权申请、审批的程序和法律规定，专利申请的复审与专利权无效宣告请求的程序、审查原则及法律规定，商标撤销和商标注册无效的理由、程序和效力，了解著作权法等其他相关知识产权法的基本知识；了解知识产权法律诉讼程序、知识产权行政执法和司法保护的内容与程序；学习掌握专利文献和信息利用及检索技能；了解知识产权许可证贸易的基本知识、企业运用知识产权制度的经验及典型案例分析。

培训目标是，通过实务培训，使培训对象掌握运用知识产权制度的实际技能，熟悉我国知识产权行政和司法保护的法律规定及程序，深入了解知识产权战略的基本内容，提高运用知识产权制度的能力。

培训课程应不少于 48 学时。

3. 基础培训以脱产授课为主，并利用中国知识产权远程教育平台开展远程培训。实务培训除脱产授课外，还可运用专题研讨、考察学习等方式进行。

有条件的地方和单位，应当将企事业单位知识产权管理人员的培训纳入知识产权管理职业资格培训工作之中，加强管理，建立和健全培训制度。

（三）知识产权中介服务机构

知识产权中介服务机构从业人员的培训，分为专业培训和提高培训两个层次。根据培训对象所从事的不同工作，有重点地选择培训内容。

1. 专业培训。

主要内容包括了解知识产权制度的历史沿革与发展趋势，学习掌握知识产权的基本概念和主要内容，熟悉主要知识产权国际公约的相关内容、世界知识产权组织和世界贸易组织等主要国际组织的基本情况；系统掌握专利制度基本知识，熟悉专利申请、审批、复审与专利权无效宣告的法律规定、程序及手续，掌握专利文献与信息利用及检索技能，了解专利分类、专利代理条例及有关法律法规；系统掌握商标及商标法基本知识，熟悉商标注册、续展与变更、注销与无效的法律规定、程序及手续，商标专用权、侵权及假冒的救济及驰名商标等有关法律法规；系统了解著作权基本知识、著作权保护等有关法律法规；了解《中华人民共和国民法通则》《中华人民共和国合同法》《中华人民共和国民事诉讼法》《中华人民共和国行政复议法》《中华人民共和国行政诉讼法》等其他相关法律法规的相关内容；了解我国知识产权工作体系、行政与司法保护程序、知识产权中介服务机构的工作性质和职责要求。

培训目标是，通过专业培训，使培训对象系统掌握知识产权法律法规基本知识，全面了解知识产权中介服务机构的工作性质和工作职责，具备知识产权中介服务的从业资格和水平要求。

培训课程应不少于 64 学时。

2. 提高培训。

提高培训可按专题进行培训或研讨。主要专题分为知识产权法律法规、与知识产权相关的其他法律法规等，知识产权实务，知识产权诉讼、知识产权行政保护与司法保护，知识产权资产评估、知识产权转让许可等，知识产权国际条约、有关国家知识产权法律法规、国际知识产权的申请、知识产权国际纠纷处理、国内外知识产权中介服务经验和机构建设等。专题培训或研讨应结合有关法律制度建设的新发展、实践中产生的新问题及典型案例进行。

培训目标是，通过提高培训，使培训对象不断更新和扩展知识产权业务知识，及时跟踪了解国内外知识产权及相关法律法规的发展变化趋势，深入掌握知识产权国际规则，增强知识产权中介服务的从业能力和水平，提高服务水平和质量。

培训课程应不少于 24 学时。

专业培训以脱产授课为主，并利用中国知识产权远程教育平台开展远程培训；提高培训可结合知识产权中介服务机构从业人员在职培训等方式开展，以专题学习为主，注重加强国际交流。

知识产权中介服务机构从业人员的培训，应当纳入职业培训制度之中，鼓励产业协会、知识产权中介服务行业协会及知识产权中介服务机构分领域、分层次开展知识产权职业培训。

（四）党政领导干部

各级政府及相关行政部门党政领导干部的知识产权培训，重在普及知识产权基本知识，增强知识产权观念和保护意识。

主要内容包括了解和把握国际国内知识产权工作的形势和任务，领会和理解知识产权制度在增强自主创新能力和国家竞争力方面的作用；学习知识产权基本知识，了解有关知识产权国际条约及国际规则；掌握国家知识产权战略的基本要求、目标任务，了解发达国家及跨国公司的知识产权战略。

培训目标是，通过普及培训知识产权知识，使各级党政领导干部增强知识产权观念和保护意识，掌握知识产权基本知识，提高运用知识产权制度和战略的能力，促进自主创新，推动经济社会发展。

党政领导干部的知识产权普及培训，应当纳入党校、行政学院、普法培训等各类干部教育培训中，或根据需要，采取其他多种形式开展。

（五）知识产权师资

具有较好法律基础和知识产权理论基础，具有实践经验和授课能力的知识产权行政管理部门的领导干部或业务骨干，以及高等学校及社会其他培训机构从事知识产权教学的教师的培训，可分为基础培训和专业培训。

1. 基础培训。

主要内容包括熟悉知识产权制度和法律法规的历史沿革和发展；了解国际国内知识产权制度发展的形势和任务，学习了解知识产权战略的基本内容；系统掌握知识产权的基本概念，专利法、商标法、著作权法等主要知识产权法律法规的基本内容，专利的申请、审查、复审与无效宣告的法律规定及程序，商标注册、续展与变更、注销与无效的法律规定、程序及手续；熟悉《中华人民共和国民法通则》《中华人民共和国合同法》《中华人民共和国民事诉讼法》《中华人民共和国行政复议法》《中华人民共和国行政诉讼法》等相关法律法规中有关知识产权的内容；了解我国知识产权行政执法与司法保护的程序；了解知识产权协议等有关知识产权国际条约、世界知识产权组织和世界贸易组织等有关国际组织及发达国家的知识产权法律法规；交流知识产权教学培训经验。

培训目标是，通过基础培训，使培训对象系统掌握知识产权法律基本知识，了解知识产权工作体系、行政执法与司法保护程序，掌握知识产权制度在国家经济社会发展中的作用，具备知识产权教学的基本素质和能力。

培训课程应不少于80学时。

2. 专业培训。

主要内容包括了解国际国内知识产权制度发展趋势及知识产权热点问题；深入掌握有关国家知识产权法律制度建设的最新情况，跟踪了解知识产权理论研究成果及知识产权典型案例；掌握知识产权文献与信息利用等实务技能；学习交流国内外知识产权教育概况及知识产权教学培训经验。

培训目标是，通过专业培训，使培训对象不断提高知识产权理论水平，及时了解国内外知识产权最新理论研究成果，交流教学经验，提高教学水平。

培训课程应不少于24学时。

3. 基础培训以脱产授课为主，并利用中国知识产权远程教育平台开展远程培训；专业培训除授课外，还应结合专题培训、教学研讨、国际交流等方式进行。

（六）其他社会公众

对在校大、中、小学生及社会公众的教育培训，主要是普及知识产权知识，培养知识产权意识和创新意识。

1. 对高等学校学生的教育培训。

主要内容包括了解知识产权制度的基本知识，《专利法》《商标法》《著作权法》等主要知识产权法律法规的基本内容，专利、商标等知识产权的申请和审批，知识产权文献与信息利用等实务知识等。

培训目标是，通过知识产权知识普及教育，使高校学生能建立知识产权意识，了解知识产权制度及法律法规的基本知识，掌握一定的知识产权实务技能，树立尊重劳动、尊重知识、尊重人才、尊重创造的观念，增强创新的意识和能力。

高校应开设知识产权选修课程，在校学生都应接受一定学时的知识产权知识普及教育，培训方式以面授、开展知识产权远程教育为主。

2. 对中小学生的教育培训。

主要内容包括建立知识产权概念，学习了解专利、商标、著作权等主要知识产权的基本知识，树立创新意识。

培训目标是，通过开展知识产权知识普及教育，使中小学生从小树立知识产权意识，培养发明创造的兴趣和能力，培育尊重劳动、尊重知识、尊重人才、尊重创造的思想观念。

培训方式应以生动活泼、形式多样、寓教于乐的教学和宣传为主。

3. 对广大社会公众主要是开展普及性宣传培训。

主要内容包括了解知识产权制度及相关法律的基本内容、知识产权制度对科技创新与经济社会发展的作用，了解知识产权获得、运用、创造的基本知识和实务技能等。

培训目标是，通过宣传培训，使广大社会公众建立起知识产权意识和观念，了解知识产权制度和保护知识产权的基本知识、实务技能，满足培训对象对知识产权相关知识的需要。

应当充分利用世界知识产权日、普法宣传日等专题宣传契机和报刊、影视等多种宣传媒体，向广大社会公众进行宣传，有针对性地面向不同社会群体举办讲座、报告等活动，利用知识产权远程教育平台及其他网络途径进行宣传培训。

四、师资队伍与教材建设

（一）师资队伍建设

（1）加强知识产权师资队伍建设，建设一支适应知识产权教育培训工作需要、高素质的专兼职师资队伍。从事知识产权培训的教师，应当具有较高的知识产权理论水平和法律法规知识、扎实的专业基础和丰富的实践经验，并具有一定的教育培训能力。要充分发挥学校、培训机构专职教师的作用，充分利用知识产权研究、行政管理、司法、行业协会及中介服务机构等部门和单位的师资力量和教育培训资源，积极引进国外知识产权师资人才。

（2）加强对知识产权师资的继续教育，通过举办定期培训、开展课题研究、进行学术讨论和业务交流等活动，不断提高知识产权教育培训师资的理论、专业及教学水平。在中国知识产权培训中心建立"全国知识产权师资教育培训基地"，为全国知识产权教育培训师资提供规范、系统的培训，开展教学及业务研讨与交流。

（3）建立全国知识产权教育培训师资库，加强知识产权教育培训的信息交流，促进各部门、各地区教育培训资源的共享。

（二）教材建设

（1）加强知识产权教育培训教材建设，健全知识产权教育培训教材体系。注重知识产权教育培训教材的权威性、系统性、针对性和实用性，做到专业与普及相结合、理论与实务相结合、基础与提高相结合。

（2）加大知识产权教育培训教材建设的投入力度，紧密结合经济社会发展及知识产权事业发展的需要，及时编辑出版各类适时、实用的知识产权教材，满足开展社会各级各类知识产权教育培训的需要。

五、工作要求

（1）实行加强指导、统筹协调、分级负责的工作机制，国家知识产权局要加强对全国知识产权教育培训工作的协调和指导，适时调整和更新《指导纲要》的内容，加强教育培训工作的信息交流，为发展社会知识产权教育培训工作提供支持，搭建服务平台，促进教育培训师资、教材等资源的优势互补和共享。

（2）各省区市知识产权局要结合本地实际，加强知识产权教育培训工作的规划和指导，加强知识产权教育培训资源的开发和利用，推动知识产权教育培训深入广泛开展。

（3）要加强中国知识产权培训中心等培训机构的建设，充分发挥知识产权教育培训基地的重要作用。中国知识产权培训中心在实施《指导纲要》中承担教学研究和课程设计工作，开展知识产权远程教育，加强中国知识产权远程教育平台建设，推广优质适用的课程和教育培训模式，开展好各类知识产权培训。知识产权出版社等出版机构要积极承担相关知识产权培训教材的编写出版工作，为知识产权教育培训提供教材保障。

附录3　教育部、国家知识产权局关于进一步加强高等学校知识产权工作的若干意见

各省、自治区、直辖市教育厅（教委），新疆生产建设兵团教育局，有关部门（单位）教育司（局），教育部部属各高等学校：

为深入贯彻党的十六大提出的"鼓励科技创新、在关键领域和若干科技发展前沿掌握核心技术和拥有一批自主知识产权"的要求，加快实施国家知识产权战略，进一步贯彻落实《高等学校知识产权保护管理规定》（1999年教育部3号令），全面提高高等学校科技创新能力，充分发挥高等学校在国家科技进步和经济社会发展中的作用，现就加强高等学校知识产权工作提出如下意见：

一、从战略高度认识和开展知识产权工作

1. 保护知识产权是尊重知识和尊重人才的重要体现。全面建设小康社会，加快经济建设和社会发展，实现中华民族的伟大复兴，最根本的是要依靠科技，依靠人才，鼓励创新，发展高新技术产业。拥有和保护知识产权是建设国家创新体系的重要目标和保证，也是尊重知识、尊重人才的重要体现。

2. 将知识产权战略作为高等学校的一个重要发展战略。高等学校是产生和传播知识的重要场所，是知识产权的创造、管理、实施和保护的重要主体。高等学校拥有的知识产权是其重要的无形资产，是高等学校及其科研人员创新能力和科研水平的重要标志之一。高等学校应将知识产权战略作为学校发展的重要战略，将知识产权工作纳入高等学校管理，特别是科研管理的全过程，提高知识产权工作地位。高等学校要加强知识产权战略的研究和知识产权管理制度建设，推动专利、植物新品种、计算机软件产品、集成电路布图设计等的申请、保护和实施。

3. 知识产权工作是高等学校科技工作的重要组成部分。教育部将加强对知识产权工作的政策引导，支持开展知识产权战略研究，重视对知识产权工作的评价与考核及相关数据资料的统计。把知识产权工作，特别是发明专利的数量、质量和实施情况，作为评价高等学校科技工作的重要指标，纳入高等学校的评价、考核体系。在教育部各类研究计划或科研基地建设项目评审和验收中，项目单位、课题负责人及课题组的相关知识产权将作为重要参

考指标。

4. 学习宣传知识产权法律法规，提高师生的知识产权意识。高等学校应根据实际，组织开展知识产权法律法规的学习宣传活动，为广大师生员工开展多种形式的讲座与培训。通过宣传与学习，培养和提高广大师生，包括科技人员、各级领导，特别是主要领导的知识产权意识。

二、加强知识产权组织机构和管理制度建设，全面提高知识产权管理水平

5. 健全知识产权组织机构，完善知识产权管理制度。高等学校要设立专门的知识产权管理机构，形成人员、场所、经费三落实和管理人员专业化的知识产权管理体系。建立完善知识产权管理的各项规章制度，包括组织机构、技术秘密审查、专利申请及保护、产权归属、档案管理、人员流动、奖励、人口培训等。

6. 设立知识产权专项资金，促进专利等知识产权的申请与保护。高等学校每年要拿出一定数额的补助经费，设立知识产权专项资金，作为专利等知识产权申请和维持的费用，特别是应用于鼓励一些重要发明成果在境外申请专利，以及对境外重要专利的保护。

7. 加强科技项目的知识产权管理，注重专利文献的利用。高等学校要把知识产权工作贯彻在科技项目管理的全过程，要将知识产权数量和质量作为项目的重要验收指标。重大科技项目要设立知识产权联络员，使其从立项开始就进行有效的知识产权管理。高等学校要建立专利数据库，加强专利文献的收集、检索和利用。要重视在立项申请阶段和研发过程中的专利查新，优先支持能够形成产生自主知识产权的项目，避免重复投入。

8. 推进知识产权和技术秘密的审查保护工作。高等学校应依法加强科技人员学术交流活动中知识产权的保护和管理工作，加强学术交流活动中涉及国家或本校知识产权内容的保密审查。规范论文发表前的保密性和专利性审查制度，避免发表论文导致泄密或使相应的专利申请丧失新颖性和创造性。科技人员在岗位变动和各种形式的国内外交流中应遵守国家法律、法规和本单位的有关规章制度，注意保守秘密，自觉维护国家、单位和个人的合法权益。

三、建立有效的激励机制，激发和保护高校科技人员发明创造的积极性

9. 强化知识产权的导向作用。高等学校在判定教师、科技人员和管理人员的业绩考核、奖励和职务聘任等业绩标准时，要把专利工作放在与承担项目、发表论文和申报科技奖励等同等重要的位置。鼓励科技人员从事专利

技术的开发工作，推动专利技术的转让和产业化。

10．加大对发明人的奖励，保护发明人的权益。高等学校应按照国家有关规定，落实对职务发明创造的发明人的奖励。对在专利自己实施，以及专利许可、专利申请权和专利权转让、专利技术的折价入股中做出贡献的发明人、设计人和其他有关人员，应根据国家相关政策给予奖励。

四、加强知识产权专业人才的培养

11．普及知识产权知识，提高广大师生的知识产权素养。高等学校要在"法律基础"等相关课程中增加知识产权方面的内容，并积极创造条件为本科生和研究生单独开设知识产权课程。

12．加强知识产权人才培养和专业人才培训，为国家提供急需的涉外知识产权人才。有条件的高等学校要开展知识产权人才培养和专业人才的培训，积极为企业和中介机构培养一大批基层知识产权专业工作者。通过多渠道、多途径，包括开展中外合作办学，努力建设一支精通国内外知识产权规则的高级专业人才队伍，将知识产权作为优先考虑的公派留学专业领域，尽快为国家输送一批涉外知识产权人才。

13．增设知识产权专业研究生学位授予点。鼓励有相应条件的高等学校整合教学资源，设立知识产权法学或知识产权管理学相关硕士点、博士点，提升知识产权的学科地位。加强知识产权师资和科研人才的培养。

14．培养学生的创造能力与创新意识。高等学校应鼓励、支持学生，特别是研究生，积极从事创新、发明活动并申请专利。在校学生获得发明专利者，学校可给予相应的奖励，或作为奖学金评定的指标，并在毕业或学位成绩中得到体现。

五、健全知识产权服务体系，促进专利技术的保护和实施

15．加强专利的信息交流，保护专利技术。支持高等学校充分利用各方面的力量，建立知识产权维权监督网络和专利信息交流网络体系，维护知识产权公平交易和实现产业化的信用环境。

16．加强高等学校技术服务机构建设，促进专利技术的实施。强化专利管理与技术转移、科技成果产业化的结合，积极推进各种形式的专利实施。鼓励在部分大学设立专利技术评估、集成、孵化机构，促进专利实施，以实施促保护。

各高等学校要根据本意见，分别制订具体的实施办法。教育部、国家知识产权局将联合对有关工作进行评估检查。

2004 年 11 月 17 日

附录 4 广东省中小学知识产权教育试点
示范工作方案（试行）

粤知（2006）76 号

一、指导思想

以邓小平理论和"三个代表"重要思想为指导，以科学发展观为统领，深入贯彻胡锦涛总书记关于加强知识产权制度建设重要讲话及国务院办公厅《保护知识产权行动纲要（2006—2007 年)》要求将保护知识产权法律的宣传教育列入中小学教育的精神，进一步落实《国务院关于基础教育改革与发展的决定》，团中央、教育部、人事部等八部委《关于进一步加强少先队工作的意见》及《广东省教育现代化建设纲要》，积极实施科教兴粤战略，推进我省未成年人思想道德建设和中小学（包括职业中学，下同）素质教育，落实"五五"法制宣传教育的有关要求，培养中小学生的知识产权意识和创新精神，普及全省中小学知识产权教育，制定本方案。

二、工作目标

在我省中小学中开展知识产权教育，树立知识产权教育从娃娃抓起的理念，让青少年从小形成尊重知识、保护知识产权的意识，培养青少年的创新精神和实践能力。同时，发挥中小学知识产权教育的辐射带动作用，通过"教育一个学生，影响一个家庭，带动整个社会"，进一步增强全社会的知识产权意识。

广东省知识产权局、广东省教育厅、共青团广东省委员会、少先队广东省工作委员会（以下简称省知识产权局、省教育厅、团省委、省少工委）在我省中小学中开展知识产权教育试点和示范学校的培育和认定工作，5 年内培育一批能带动全省中小学知识产权教育工作的试点、示范学校，并通过试点促推广，通过示范促深化，整体推进全省中小学知识产权教育工作。

在试点示范期内，各知识产权教育试点、示范学校（以下简称试点、示范学校），应建立和健全知识产权教育工作体系，使知识产权普及教育工作成为学生素质教育的有机组成部分，形成教有师资、学有课时、鼓励发明、激励创新的良好氛围，确保师生知识产权意识得到有效提高。

三、申报条件

（一）试点学校的申报条件

1. 校领导重视知识产权教育工作；

2．已开展或计划开展知识产权师资队伍的培育工作；

3．已开设或计划开设知识产权教育课程；

4．积极支持学校团队组织开展普及知识产权的体验教育和实践活动；

5．积极开展发明创新、科技竞赛活动，鼓励和激发中小学生的发明创新热情；

6．积极组织师生员工参加省内外的青少年发明创新比赛。

（二）示范学校的申报条件

1．建立校领导负责制的知识产权教育工作体系，知识产权教育工作呈现规范化和制度化的发展态势；

2．拥有一支能熟练开展知识产权教育工作的专兼职师资队伍；

3．采用形式多样的教学模式，深入开展知识产权教育工作；

4．小学（四、五年级）和初中（一、二年级）知识产权教育活动每学年不少于 4 学时，高中（一、二年级）每学年不少于 3 学时，职业中学（一、二年级）每学年不少于 6 学时；

5．利用学校网络、宣传橱窗、墙报、校报等开展内容丰富多彩、师生喜闻乐见的知识产权宣传，营造良好的知识产权普及教育氛围；

6．依托"雏鹰争章""少年科学院""争当科技小能手"等活动平台，积极开展各类与知识产权教育相关的体验实践活动；

7．建立对学生发明创造的激励机制和奖励制度，鼓励和支持学生创新成果的知识产权保护；

8．积极开展中小学知识产权教育的教学研究工作；

9．知识产权教育成效明显，师生知识产权意识不断增强，学校发明创新活动积极踊跃。

四、申报与审批程序

1．申报试点示范的学校，应据实填写申报表，制订工作方案，经所在市知识产权局、教育局、团委、少工委筛选，推荐上报省知识产权局。

2．省知识产权局、省教育厅、团省委、省少工委组成"省知识产权教育试点示范考核评定小组"（以下简称"考评小组"），依据本工作方案对各市上报的学校进行考核、评定，必要时进行现场考核，确认试点和示范学校。

3．对被确认的试点和示范学校，省知识产权局、省教育厅、团省委、省少工委联合下发批准文件，并颁发"广东省中小学知识产权教育试点学校"和"广东省中小学知识产权教育示范学校"牌匾。

五、扶持措施

1. 对纳入试点示范的学校，由省知识产权局给予适量的引导经费，专项用于知识产权教育工作。

2. 省知识产权局为各试点、示范学校提供一定数量的《知识产权教育读本》。

3. 各市知识产权局、教育局联合培育知识产权教育师资队伍。

4. 在广东省发明专利申请资助专项经费中，划拨专款用于资助和奖励中小学生发明创造和知识产权保护。

5. 充分利用报刊、网络、电视等新闻媒体，对试点、示范学校的先进做法和成功经验进行广泛宣传。

6. 适时组织试点、示范学校师生开展国内外知识产权教育交流活动。

六、组织管理与考核评价

1. 省知识产权局、省教育厅、团省委、省少工委负责全省中小学知识产权教育试点示范工作的总体规划、统筹协调和指导，"考评小组"负责试点、示范学校的评定及考核。

2. 省知识产权局、省教育厅、团省委、省少工委每年根据工作安排，发出申报通知，并在自愿申报、市级推荐和组织考评的基础上，确定试点、示范学校。

3. 省知识产权局负责筹集试点示范的引导资金，落实扶持措施，分阶段对试点、示范学校的知识产权教育工作进行检查。具体工作由省知识产权局协调管理处负责联络。

4. 各市知识产权局、教育局、团委、少工委负责当地中小学知识产权教育的组织开展和推广工作，指导学校设置知识产权课程，帮助学校培养知识产权授课老师，积极组织试点、示范学校教师员工开展知识产权教学研究和经验交流。

5. 各市知识产权局、教育局、团委、少工委应积极争取当地政府及各有关方面的支持，落实配套资金，并可参照《工作方案》开展本地区的知识产权教育试点示范工作。

6. 试点学校期限为 3 年，试点期满及试点期间条件成熟的，可申报示范学校。示范学校不设期限，"考评小组"每 3 年对示范学校进行一次考核，考核不合格的将取消其示范学校的称号。

7. 试点、示范学校每年进行一次知识产权教育工作总结，以书面形式上报"考评小组"。

8. 省知识产权局、省教育厅、团省委、省少工委对试点示范学校的成功经验进行总结，并在全省范围内进行推广。

9. 对开展中小学知识产权教育成效显著的区（县、市），省知识产权局、省教育厅、团省委、省少工委联合授予"广东省中小学知识产权教育示范区"的称号及牌匾。

七、附则

1. 学校在申报材料中弄虚作假的，经调查确认后，将取消其申报资格；已被认定的，予以撤销。

2. 本办法由省知识产权局负责解释，自发布之日起执行。

参 考 文 献

[1] 吴汉东，胡开忠. 无形财产权制度研究. 北京：法律出版社，2001.

[2] 马克思恩格斯选集：第1卷. 北京：人民出版社，1995.

[3] 托夫勒. 第三次浪潮. 朱志焱，等，译. 北京：新华出版社，1996.

[4] 马克思恩格斯选集：第4卷. 北京：人民出版社，1995.

[5] 卢梭. 社会契约论. 何兆武，译. 3版. 北京：商务印书馆，2003.

[6] 伯尔曼. 法律与宗教. 梁治平，译. 北京：三联书店，1991.

[7] 刘旺洪. 法律意识论. 北京：法律出版社，2001.

[8] 马克思恩格斯全集：第3卷. 北京：人民出版社，1960.

[9] 张耀灿，等. 思想政治教育学前沿. 北京：人民出版社，2006.

[10] 李京文，李富强. 知识经济概论. 北京：社会科学文献出版社，1999.

[11] 林炳辉. 知识产权文化读本. 北京：知识产权出版社，2008.

[12] 马克思恩格斯全集：第28卷. 北京：人民出版社，1973.

[13] 英格尔斯. 从传统人到现代人——六个发展中国家中的个人变化. 顾昕，译. 北京：中国人民大学出版社，1992.

[14] 伊林. 法律意识的实质. 徐晓晴，译. 北京：清华大学出版社，2005.

[15] 张耀灿，陈万柏. 思想政治教育学原理. 北京：高等教育出版社，2001.

[16] 黄稻. 社会主义法治意识. 北京：人民出版社，1995.

[17] 马克思恩格斯全集：第42卷. 北京：人民出版社，1979.

[18] 弗里德曼. 法律制度——从社会科学角度观察. 李琼英，林欣，译. 北京：中国政法大学出版社，1994.

[19] 耶林. 为权利而斗争. 胡宝海，译. 北京：中国法制出版社，2004.

[20] 刘鸿锋，李应宁，乔军，等. 中国知识产权高等教育论. 北京：知识产权出版社，2010.

[21] 刘华. 对我国知识产权教育问题的探讨//王立民，黄武双. 知识产权法研究：第3卷. 北京：北京大学出版社，2006.

[22] 张耀灿，郑永廷，吴潜涛，等. 现代思想政治教育学. 北京：人民出版社，2006.

［23］ 马克思恩格斯选集：第 2 卷. 北京：人民出版社，1995.

［24］ 沈宗灵. 法学基础理论. 北京：北京大学出版社，1994.

［25］ 黄稻. 社会主义公民意识. 沈阳：辽宁大学出版社，1987.

［26］ 张文显. 法哲学范畴研究. 北京：中国政法大学出版社，2001.

［27］ 郑永廷. 思想政治教育方法论. 北京：高等教育出版社，1999.

［28］ 吴汉东. 知识产权基本问题研究（总论）. 2 版. 北京：中国人民大学出版社，2009.

［29］ 列宁. 哲学笔记. 北京：中共中央党校出版社，1990.

［30］ 李秀林，王于，李淮春. 辩证唯物主义和历史唯物主义原理. 3 版. 北京：中国人民大学出版社，1990.

［31］ 孙国华. 法理学教程. 北京：中国人民大学出版社，1994.

［32］ 肖前，李秀林，汪永祥. 历史唯物主义原理. 北京：人民出版社，1983.

［33］ 马克思恩格斯选集：第 3 卷. 北京：人民出版社，1995.

［34］ Alford William P. To Steal a Book is an Elegant Offense：Intellectual Property Law in Chinese Civilization. Stanford：Stanford University Press，1995.

［35］ 罗斯扎克. 信息崇拜——计算机神话与真正的思维艺术. 苗华健，陈体仁，译. 北京：中国对外翻译出版公司，1994.

［36］ 亚里士多德. 政治学. 吴寿彭，译. 北京：商务印书馆，1997.

［37］ 顾准. 希腊城邦制度. 北京：中国社会科学出版社，1986.

［38］ 列宁全集：第 18 卷. 北京：人民出版社，1985.

［39］ 贝塔朗菲. 一般系统论——基础、发展和应用. 林康义，魏宏森，等，译. 北京：清华大学出版社，1987.

［40］ 陆庆壬. 思想政治教育学原理. 上海：复旦大学出版社，1986.

［41］ 杨雄文. 系统科学视野下的知识产权. 北京：法律出版社，2009.

［42］ 沙莲香. 社会心理学. 北京：中国人民大学出版社，2006.

［43］ 梅因. 古代法. 沈景一，译. 北京：商务印书馆，1959.

［44］ 刘丕峰. 中国古代私有财产权的法律文化研究. 济南：山东人民出版社，2011.

［45］ 沈壮海. 思想政治教育有效性研究. 武汉：武汉大学出版社，2008.

［46］ Patterson L R，Lindberg S W. The Nature of Copyright：A Law of User's Right. Atlanta：The University of Georgia Press，1991.

[47] 张中秋. 中西法律文化比较研究. 南京：南京大学出版社，1999.

[48] 马克思恩格斯全集：第 23 卷. 北京：人民出版社，1972.

[49] 侯玉波. 社会心理学. 北京：北京大学出版社，2002.

[50] 鲁杰，王逢贤. 德育新论. 南京：江苏教育出版社，1994.

[51] 列宁全集：第 55 卷. 北京：人民出版社，1990.

[52] 亨廷顿. 变化社会中的政治秩序. 王冠华，等，译. 北京：三联书店，1989.

[53] 郑成思. 知识产权论. 北京：法律出版社，1998.

[54] 余俊. 商标法律进化论. 武汉：华中科技大学出版社，2011.

[55] 马克思恩格斯全集：第 1 卷. 北京：人民出版社，1956.

[56] 袁行霈，严文明，张传玺，等. 中华文明史：第 1 卷. 北京：北京大学出版社，2006.

[57] 陈传夫. 著作权概论. 武汉：武汉大学出版社，1993.

[58] 金诤. 科举制度与中国文化. 上海：上海人民出版社，1990.

[59] 许纪霖. 20 世纪中国知识分子史论. 北京：新星出版社，2005.

[60] 马克思恩格斯全集：第 2 卷. 北京：人民出版社，1957.

[61] 徐言. 中英两国早期版权保护的比较研究//郑胜利. 北大知识产权评论. 北京：法律出版社，2004.

[62] 梁漱溟. 中国文化要义. 上海：学林出版社，1987.

[63] 邓建鹏. 财产权利的贫困：中国传统民事法研究. 北京：法律出版社，2006.

[64] 马克思恩格斯全集：第 8 卷. 北京：人民出版社，1961.

[65] 龙文懋. 知识产权法哲学初论. 北京：人民出版社，2003.

[66] 马晓莉. 近代中国著作权立法的困境与抉择. 武汉：华中科技大学出版社，2011.

[67] 黄海峰. 知识产权的话语与现实——版权、专利与商标史论. 武汉：华中科技大学出版社，2011.

[68] 袁逸. 书色斑斓. 长沙：岳麓书社，2010.

[69] 马克思恩格斯全集：第 13 卷. 北京：人民出版社，1962.

[70] 吴汉东. 知识产权基本问题研究（分论）. 2 版. 北京：中国人民大学出版社，2009.

[71] 徐海燕. 中国近现代专利制度研究（1859—1949）. 北京：知识产权出版社，2010.

[72] 谢振民. 中华民国立法史. 北京：中国政法大学出版社，1999.

[73] 齐大之，任安泰. 百年沉浮——近代中国民族工商业的发展道路. 北京：中国广播电视出版社，1991.

[74] 黄宗勋. 商标行政与商标争议. 上海：商务印书馆，1940.

[75] 马克思恩格斯全集：第 20 卷. 北京：人民出版社，1971.

[76] 谢灼华. 中国图书和图书馆史. 武汉：武汉大学出版社，1987.

[77] 中国近代经济史资料丛刊编辑委员会. 辛丑和约订立以后的商约谈判. 北京：中华书局，1994.

[78] 宋原放，李白坚. 中国出版史. 北京：中国书籍出版社，1991.

[79] 王栻. 严复集·书信：第三册. 北京：中华书局，1986.

[80] 马克思恩格斯全集：第 46 卷上册. 北京：人民出版社，1979.

[81] 任建新. 回顾中国知识产权制度的建立//刘春田. 中国知识产权二十年. 北京：知识产权出版社，1998.

[82] 郑成思. 知识产权与国际关系. 北京：北京出版社，1996.

[83] 赵元果. 中国专利法的孕育与诞生. 北京：知识产权出版社，2003.

[84] 叶坦. 儒学与经济. 南宁：广西人民出版社，2005.

[85] 刘佛丁. 中国近代经济发展史. 北京：高等教育出版社，1999.

[86] 毛泽东选集：第 1 卷. 北京：人民出版社，1991.

[87] 李约瑟. 中国科学技术史：第 1 卷. 北京：科学出版社，1990.

[88] 诺思，托马斯. 西方世界的兴起. 厉以平，蔡磊，译. 北京：华夏出版社，1999.

[89] 邓小平文选：第 2 卷. 2 版. 北京：人民出版社，1994.

[90] 南振兴，温芽清. 知识产权法经济学论. 北京：中国社会科学出版社，2010.

[91] 寇宗来. 专利制度的功能和绩效. 上海：上海人民出版社，2005.

[92] 马庆株，刘树功，谭汝为. 震惊海内外的学界打假大案始末. 北京：中国社会科学出版社，2007.

[93] 曹炯镇. 中韩两国古活字印刷技术之比较研究. 台北：学海出版社，1986.

[94] 韦伯. 儒教与道教. 王容芬，译. 北京：商务印书馆，1999.

[95] 薛理勇. 旧上海租界史话. 上海：上海社会科学出版社，2002.

[96] 蔡定剑，王晨光. 中国走向法治 30 年（1978—2008）. 北京：社会科学文献出版社，2008.

[97] 康德. 实践理性批判. 韩水法, 译. 北京：商务印书馆，1999.

[98] 邓小平文选：第 3 卷. 北京：人民出版社，1993.

[99] 柯武刚, 史漫飞. 制度经济学：社会秩序与公共政策. 北京：商务印书馆，2000.

[100] 陈振明. 政策科学——公共政策分析导论. 北京：中国人民大学出版社，2003.

[101] 培根. 培根论说文集. 水天同, 译. 北京：商务印书馆，1983.

[102] 何华. 知识产权意识的制度经济学分析. 中南财经政法大学学报，2007 (6).

[103] 黄勤南. 论提高知识产权意识和完善知识产权法律制度的几个问题. 政法论坛（中国政法大学学报），1992 (5).

[104] 郑亮. 论高校大学生知识产权意识的培养. 科教导刊，2011 (7).

[105] 吴汉东. 关于中国著作权法观念的历史思考. 法商研究（中南政法学院学报），1995 (3).

[106] 何焕锋. 我国社会应培育的知识产权意识. 法制与社会，2008 (12).

[107] Stone C R. What Plagiarism Was Not：Some Preliminary Observations on Classical Chinese Attitudes Toward What the West Calls Intellectual Property. Marquette Law Review，2008.

[108] 杨屹东. 中国古代版权意识与现代版权制度辨析. 图书馆学研究，2006 (1).

[109] 杨利华. 中国古代著作权保护及其成因探析. 金陵法律评论，2004.

[110] 李雨峰. 思想控制与权利保护. 重庆：西南政法大学，2003.

[111] 刘华, 周莹. 我国社会公众知识产权意识现状调查分析及对策研究. 中国软科学，2006 (10).

[112] 赵国玲, 王海涛. 公众知识产权意识对知识产权被害控制意义之评估. 电子知识产权，2007 (2).

[113] 赵桂芬, 安福元. 我国当前知识产权保护意识现状的实证调查与分析. 西北大学学报：哲学社会科学版，2008 (3).

[114] 李步云. 法律意识的本原. 中国法学，1992 (6).

[115] 郭玉琼. 我国知识产权教育的现状及对策思考. 广西青年干部学院学报，2008 (4).

[116] 吴华英, 沈蓉. 专利跨越式发展与知识产权教育战略的调整. 中国

冶金教育，2009（5）.

[117] 李辉生. 国家创新战略与高校知识产权教育. 中国高等教育，2006
（18）.

[118] 李恒川，王淑梅，王桂平. 浅谈高校知识产权普及教育. 科技管理
研究，2010（20）.

[119] 李晓秋，宋宗宇，李虹秀. 国家知识产权战略背景下的高校知识产权
教育改革. 重庆工学院学报，2006（7）.

[120] 金明浩. 国外知识产权普及教育的做法及其启示. 企业技术开发，
2010（3）.

[121] 秦彩萍，苏春辉，王娟，等. 美日知识产权教育的经验及对中国的
启示. 吉林工程技术师范学院学报：社会科学版，2006（10）.

[122] 叶美霞，曾培芳，李羊城. 德国知识产权人才培养模式研究及其对
我国的启示. 科学管理研究，2008（5）.

[123] 王珍愚，单晓光. 略论中国大学知识产权教育的发展与完善. 法学
评论，2009（4）.

[124] Deka Monisha. Pre – professional Intellectual Property Education.
Intellectual Property Law Review，2005.

[125] 朱玛. 国家知识产权战略与高校知识产权教育. 教育评论，2010
（3）.

[126] 林霖，张英杰，胡允银. "知识、意识、能力、行为"四位一体的知
识产权高等教育模式研究. 科技管理研究，2010（13）.

[127] 郭秋梅，杨晓研，牛广召. 高校知识产权教育状况调查分析与对策
研究. 西安建筑科技大学学报：社会科学版，2009（3）.

[128] 台新民. 校企合作：高职院校开展知识产权普及教育的路径探析.
教育理论与实践，2011（7）.

[129] 罗青兰，苏春辉，秦彩萍. 高校知识产权教育的现状与对策研究.
情报科学，2007（8）.

[130] 陈美章. 中国高校知识产权教育和人才培养的思考. 知识产权，
2006（1）.

[131] 杜荣霞，刘冰. 从群体性侵权透视知识产权文化意识的培植. 河北
法学，2010（6）.

[132] 朱景文，李正斌. 法律意识的概念与本原辨析. 中央政法管理干部
学院学报，1995（1）.

[133] 孟志中. 思想政治教育要素论. 中国青年政治学院学报, 2003 (3).

[134] 曾绪宜. 创造性劳动价值论. 探索, 1994 (1).

[135] 曾绪宜. 对《创造性劳动价值论》的再思考. 涪陵师范学院学报, 2002 (4).

[136] 冯骊. 创造性劳动与劳动价值论——对马克思劳动价值公式的补充. 河南师范大学学报: 哲学社会科学版, 2008 (5).

[137] 张香珍, 程林章. 论知识的价值及补偿. 武汉大学学报: 人文社会科学版, 2000 (3).

[138] 程广云. 知识经济与知识价值论初探. 哲学动态, 1999 (5).

[139] 陈林. 劳动价值论与知识价值论. 江西财经大学学报, 2002 (2).

[140] 汪向阳, 汪碧瀛. 知识价值论是对劳动价值论的深化和发展. 西安电子科技大学学报: 社会科学版, 2002 (4).

[141] 吴汉东, 王毅. 中国传统文化与著作权制度略论. 法学研究, 1994 (4).

[142] 曲辰. 困扰古人的著作权纠纷. 著作权, 1993 (2).

[143] 吴汉东. 知识产权法律构造与移植的文化解释. 中国法学, 2007 (6).

[144] 卫云棠, 李小贞. 广东管理人员、大学生知识产权意识调查. 五邑大学学报: 社会科学版, 2007 (3).

[145] 孟彦娟, 孟天财. 知识经济时代的大学生知识产权意识和认知状况研究. 南京理工大学学报: 社会科学版, 2011 (3).

[146] 王瑞龙, 田胜. 民族地区公民知识产权保护意识的调查与研究. 中南民族大学学报: 人文社会科学版, 2007 (6).

[147] 郭孟良. 中国版权问题探源. 齐鲁学刊, 2000 (6).

[148] 曹之. 朱熹反盗版. 出版参考, 2003 (15).

[149] 邓建鹏. 宋代的版权问题——兼评郑成思与安守廉之争. 环球法律评论, 2005 (1).

[150] 赵毓坤. 民国时期的商标立法与商标保护. 历史档案, 2003 (3).

[151] 张商策. 清朝末期对专利制度的两种意见. 知识产权, 1996 (2).

[152] 袁逸. 中国近代版权的演变时期. 法学杂志, 1985 (6).

[153] 丁进军. 清末修订著作权律史料选载. 历史档案, 1989 (4).

[154] 吴国东, 汪翔. "李约瑟难题"研究评述. 重庆师范大学学报: 哲学社会科学版, 2006 (5).

[155] 蔡宝刚. 论知识产权法制对"李约瑟难题"的破解. 南京师范大学学报: 社会科学版, 2003 (2).

[156] 林毅夫. 李约瑟之谜、韦伯疑问和中国的奇迹——自宋以来的长期经济发展. 北京大学学报：哲学社会科学版，2007 (4).

[157] 王宇红. 论大学生创新创业素质培养与高校知识产权普及教育. 中国大学生就业，2008 (4).

[158] 马秀山. 我国知识产权教育的思考及对策研究. 知识产权，2007 (2).

[159] 谭华苓. 构建我国高校知识产权教育体系. 天津大学学报：社会科学版，2008 (4).

[160] Samuelson Paul A. The Pure Theory of Public Expenditure. Review of Economics and Statistics，1954，36 (4).

[161] 刘雪松. 儒家文化传统与法治社会中的公民意识塑造. 北方论丛，2005 (2).

[162] 刘华，周洪涛. 论我国知识产权制度的困境与出路——基于知识产权文化视角的分析. 华中师范大学学报：人文社会科学版，2007 (1).

[163] 王家范. 中国传统社会农业产权辨析. 史林，1999 (4).

[164] Donaldson T. Values in Tension：Ethics Away From Home. Harvard Business Review，1996 (4).

[165] 李亚虹. 西法中移的文化困惑. 中外法学，1998 (6).

[166] 丁祖豪. 中国传统知识价值观及其影响. 淄博学院学报：社会科学版，2001 (4).

[167] 曲三强. 被动立法的百年轮回——谈中国知识产权保护的发展历程. 中外法学，1999 (2).

[168] 李雨峰. 枪口下的法律——近代中国版权法的产生. 北大法律评论，2004 (1).

[169] 冯秋季. 民国时期上海商标诉讼案透视. 信阳师范学院学报：哲学社会科学版，2005 (3).

[170] 郑万青. 行动中的知识产权法. 中国发明与专利，2007 (3).

[171] 李雨峰. 权利是如何实现的——纠纷解决过程中的行动策略、传媒与司法. 中国法学，2007 (5).

[172] 吴汉东. 设计未来：中国发展与知识产权. 法律科学（西北政法大学学报），2011 (4).